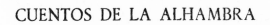

CUENTOS DE LA ALHAMBRA

WASHINGTON IRVING

CUENTOS
DE
LA ALHAMBRA

MIGUEL SÁNCHEZ, EDITOR

GRANADA

© Miguel Sánchez, Editor. Marqués de Mondéjar, 44. Granada.
Traducción, prólogo y notas: Ricardo Villa-Real
Introducción: Andrés Soria
Depósito legal: M. 38.709-1984
ISBN: 84-7169-017-9
Impreso por GREFOL, S. A.,
Pol. II, La Fuensanta. Móstoles (Madrid)
Printed in Spain

PROLOGO

*D*E este libro que te ofrezco, lector amigo, existen dos versiones. *La primera, aparecida en Londres en 1832, publicada por Colburn and Bentley; la otra, una refundición hecha en 1857 por el propio Washington Irving para el editor neoyorquino Putnan. Me he servido, lógicamente, de esta última para la presente traducción. La refundición de 1857 difiere de la edición original en la intercalación de algunos capítulos más* —Una fiesta en la Alhambra, La cruzada del Maestre de Alcántara, La leyenda del soldado encantado, El autor se despide de Granada—; *en la adición de ciertos párrafos y orden de los capítulos y en la ampliación detallada del relato e incidencias del viaje.*

Sobresale el autor en las bellas páginas descriptivas, de pintoresco sabor local, y en aquellas otras en que da rienda suelta a su fogoso temperamento romántico de la mejor ley. No falta tampoco, en este delicioso volumen, un definitivo humour anglosajón que, en ocasiones, adquiere calidades estéticas insuperables. Con todo, su vocabulario es restringido, limitado, reiterativo. Abundan, en corto espacio, idénticas expresiones, una redacción a veces uniforme y hasta monótona y el uso y abuso del adjetivo con valor artístico y estilístico. Pero al lado de estas levísimas tachas, se admira su profundo poder de observación y la mezcla graciosa y original, honda y emotiva, de sus impresiones directas y de su rara habilidad de narrador.

Ha sido preocupación mía, desde un principio, captar el ambiente y circunstancia en que Washington Irving viviera

7

durante su estancia en el palacio nazarita que cautivó su espíritu
y donde se sumió en uno de los más deliciosos sueños de su
vida. He procurado trasladar a mi versión toda la perspectiva,
el colorido y fantasía románticos de 1832. Es posible que nues-
tro gusto difiera, en una anacrónica actitud temperamental, del
concepto ideal de los románticos. Pero el romanticismo, más
que un módulo poético o una revolución literaria, es un concep-
to de la vida y de los hombres, no adscrito precisamente a un
determinado momento de la centuria decimonónica en que triun-
fa literaria y artísticamente, sino patrimonio privativo de todos
los que valoran, en su esencia íntima, en su subjetivismo tras-
cendente, el mundo idealizado y soñador del espíritu, ante el
paisaje—proyección espiritual y confidente del romántico—,
ante la mujer y el amor, ante la misma historia. Un perfil acu-
sado de la temática romántica era la apasionada efervescencia
por el orientalismo—Diván de Goethe, apogeo de Las guerras
civiles de Granada *de Ginés Pérez de Hita,* Orientales *de Víctor*
Hugo, Zorrilla, Arolas, Cantos populares *de Fauriel, Chateau-*
briand, vida y muerte de lord Byron, etc.—de una precisa geo-
grafía, con España y Granada en primer plano.

Irving no tiene inconveniente en declarar una y mil veces
su admiración y simpatía por los árabes, dueños legítimos de
este paraíso terrestre que es la Alhambra. Confiesa paladina-
mente en varios pasajes de su libro, que se ha documentado
en las viejas y polvorientas crónicas olvidadas de los historiado-
res musulmanes, fuente, para él, veraz y rigurosa. Pero se trata
de un ingenuo y pícaro subterfugio, porque consta por su pro-
pia declaración (Cf. el capítulo titulado El patio de los leones)
que no conocía el árabe y se vio obligado a recurrir a las tra-
ducciones. Lo innegable es que, muchas de las anécdotas y acon-
tecimientos de sabor más o menos histórico que Irving refiere,
están tomados de la obra de José Antonio Conde Historia de
la dominación de los árabes en España, *aparecida en Madrid*
en 1820-21, en la que su autor enfoca los hechos desde el punto
de vista del campo musulmán, de donde recoge las crónicas de
más nombradía y autoridad. Capítulos hay en la obra del nor-
teamericano—tales los que se refieren a Mohamed y Yusuf,

constructor y finalizador de la Alhambra, respectivamente—
que no son sino una mera transcripción literal, casi en su con-
junto, de la citada Historia de Conde; *libro éste, si se quiere,*
plagado de errores, pero en vías de reivindicación por los ara-
bistas actuales que encabeza García Gómez. Piénsese que la
obra de Conde apareció tan sólo unos ocho años antes de la ve-
nida a España de Washington—era, pues, un libro de actuali-
dad, de moda—y doce de la primera edición en Londres de The
Alhambra, *expresamente redactado para unos lectores anglosa-*
jones de muy determinada psicología. He anotado curiosamente
unos veintitantos pasajes de la obra española, hábilmente re-
creados o transcritos al pie de la letra por Irving.

Como la presente versión carece en absoluto de aparato
crítico—inadecuado e irritante en un delicioso libro de imagi-
nación, colorista y descriptivo y enlazado con la cuentística tra-
dicional de raigambre orientalista, destinado a un amplio sector
de público medio—, he prescindido, muchas veces, de la nota
erudita, bibliográfica o simplemente crítica. Sólo he puesto las
suficientes—en consonancia con el espíritu del libro—para pre-
cisar el pensamiento del autor o ilustrar al lector sin excesivas
pretensiones culturales. Algunas de mis observaciones están ex-
presamente indicadas para el público no granadino; de ahí lo
que yo estimo su conveniencia y actualidad, pese a que en el
marco local pudieran ser tachadas de superfluas.

Y con esto termino, lector amigo. No quiero distraer más
tu atención. Pero antes de entregarte al grato esparcimiento y
solaz de estas páginas admirables, trenzadas de finos arabescos,
en cuya edición ha puesto el editor Miguel Sánchez todo el ex-
quisito esmero y gusto que le caracteriza, sin regatear medios
para ofrecerte un volumen bien impreso e ilustrado, no pases
por alto las agudas observaciones de la Introducción. *En ella,*
un magnífico estilista del momento actual ha superado su ele-
gante prosa al evocar un tema tan acariciado por él, como es la
Granada romántica y su más genuina y expresiva representación
literaria; correspondiendo así al ruego de su agradecido y en-
trañable amigo,

Granada, febrero, 1951.   R. V.

9

INTRODUCCION

L A primera reflexión que debe hacerse ante el famoso libro de Washington es considerar, al modo hegeliano, que la poesía enseñorea a todas las demás artes. La arquitectura, que iba a convertirse en un despojo para la arqueología, camino de ser una ruina muy bien conservada, es animada y vuelta a la vida por una imaginación poética. No hay duda de que la Alhambra es algo más que un palacio oriental encaramado sobre una colina de Occidente. Sus muros están cubiertos de poesías árabes, de qasidas maravillosas que desfilan en rítmicos versos, halagadoras alabanzas, metáforas, primores. Pero el humor sutil, el aire por esencia poético que hoy nos ofrece el monumento, fue revelado al mundo por vez primera gracias a un viajero romántico.

Sorprende considerar este embrujo emanado por el viejo alcázar, presente aún a quien se ha familiarizado con sus íntimos rincones. Y, sobre todo, es todavía un grato quehacer revisar el proceso por el que, en la pasada centuria, alcanzó su magnífico relieve, su fama imperecedera.

Son muchos los artistas que en esta época descubren o crean un ambiente de encantamiento para envolver a Granada. Pintores, dibujantes y poetas se instalan en ella hacia la primera mitad del siglo pasado y van fijando en sus álbumes y cuadernos el encanto fugitivo de sus perfiles. En esta hora romántica, la ciudad —a la que la poesía árabe había prodigado, desde muy antiguo, los requiebros gratos a una mujer—, vuelve a ser de nuevo la beldad doncella, cortejada como novia por todos estos

11

artistas. Los viajeros hacen alto ante sus murallas, la contemplan, la escudriñan, escuchan sus sonidos y en ella se quedarían para siempre.

Un viajero norteamericano llegó a Granada en la primavera de 1829. Pocos, tal vez ninguno de sus compatriotas le había precedido. Washington Irving vivió por algún tiempo en la misma Alhambra, que entonces estaba habitada. Albergaba a una pintoresca tropa de gente media y modesta. Todavía el palacio-fortaleza no había sido privado de su vida activa. Lánguida guarnición militar, sitio real abandonado, era, como sus inválidos guardianes, un reducto del pasado, con mengua de sus regias prerrogativas, pero vivo aún en su melancolía. Las ruinas clásicas invitan a la meditación, provocan el ubi sunt? de desesperada respuesta. Pero esta mansión, que resulta destartalada, inmensa para su corto vecindario; que contrasta la riqueza de sus yeserías delicadamente doradas y sus alicatados con la miseria abigarrada de los seres que pasean sus salas, no puede producir en el visitante efectos solemnes, hacer que su pensamiento se recoja y dé frutos meditativos. Washington Irving, ante la abadía de Westminster, se reduce porque aquellos claustros «disponen el espíritu a una austera contemplación», como dice en el Sketch Book. En la Alhambra él enmudecerá delante del espectáculo y dejará sus sentidos en libertad de aprehender la explosión poética significada por un mundo de historia, animado por una vida que alienta entre nostálgica e inocente.

La Alhambra es la fortaleza de la cristiandad—dice el autor al narrarnos la primera leyenda—donde más se duerme. Pudiera haber añadido: y donde más se sueña. Porque los habitantes del recinto, los «hijos de la Alhambra», pobres huéspedes de salones suntuosos, no contentos con lo que ven y poseen todos los días, amontonan los tesoros de su imaginación. Irving se complace en repetir que los hombres y las mujeres entre los que vive son extraordinariamente felices. Lo son por esto, por gozar sin límites de las noches estrelladas o del canto de los pájaros, al alba. Y por sumar a estos regalos tan inocentes las fábulas *mentidas, las fantásticas evocaciones de los días gloriosos del Alcázar.*

* * *

Washington Irving, nacido en Nueva York, casi diez años después de la independencia americana, es uno de los primeros escritores de su país en el tiempo y en la popularidad. Reúne múltiples facetas en su obra. La ternura, el humorismo de pura cepa anglosajona y la gracia asoman desde sus primeros ensayos. Con el título de Salmagundi, or the Whim-Whams and Opinions of Launcelot Langstaff and Others *publicó, junto con su hermano Guillermo y Mr Paulding, una serie de ensayos misceláneos de gran aceptación. Pero sobresale Irving como historiador y biógrafo. Su actividad historiográfica se desarrolla hasta 1836 y produce las obras más importantes, para dejar paso desde esta fecha a la biografía en la que retrata hombres de acción—el capitán Bonneville, Jorge Washington, Mahoma—y escritores como Goldsmith.*

Como historiador, Washington Irving es, quizá, el prototipo del historiador romántico. Muy lejos de la seriedad investigadora de los grandes maestros de la historia en el siglo XIX. Admirador de Walter Scott, cosmopolita, viajero infatigable, la historia se le presenta como museo de delicias. La confunde con la leyenda y, aun en los momentos más críticos, la bordea. Así narra los orígenes de su ciudad natal con el nombre de Dietrich Knickerbrocker en A History of New York from the Beginning of the World to the End of the Dutch Dynasty *(1809). Knickerbrocker es un fantástico compilador de una deliciosa historia cómica.*

Pero, a pesar de esto, nunca será bastante exaltada su personalidad de historiador, sobre todo desde España. El fue el primero en avizorar para sus compatriotas eruditos los horizontes históricos de nuestro país. Indicó el camino que habían de seguir Ticknor y Prescott y, en general, puede decirse que el acercamiento norteamericano a nuestra vieja civilización, tiene por precursor indiscutible al inquieto soñador del Hudson.

13

Aunque las obras históricas envejecen rápidamente, perdura en ellas su valor literario, de obras de arte. Así, las de Irving agradan hoy al historiador y al amante de la literatura.

Con relación a España, Washington intentó traducir la Colección de viajes y descubrimientos de Martín Fernández Navarrete, *Madrid, 1825-1837, y esto e investigaciones en archivos le permitieron escribir* Hystory of the Life and Voyages of Christopher Columbus, *London, 1828, seguido de* The Voyage and Discoveries of the Companions of Columbus, *Philadephia, 1831. En ambos libros resplandece la soñadora personalidad del Almirante.*

El lado musulmán de nuestra historia le hizo dar a la estampa la Crónica de la conquista de Granada (1829) [1] *—muestra de una afición de Irving por los temas islámicos que le llevaría después a historiar al Profeta y a sus sucesores, en un libro popular y leído hoy con agrado por el gran público de habla inglesa—.*

Por último, su etapa de contacto español se cierra con un libro redactado e impreso en 1832, The Alhambra: a series of tales and sketches of the Moors and Spaniards, *divulgado en su lengua original y en las versiones con el título universal de* Cuentos de la Alhambra.

En este libro hallamos, conforme a su título original, un doble plano de cuentos y de esbozos que abarcan a los moros y a los españoles. El conjunto se nos ofrece misceláneo, aunque centrado en el monumento. Años antes, el ardiente escritor francés Chateaubriand, que visitó Granada en 1807, se había inspirado en ella para su novela El último Abencerraje, *en la que intervenían moros y cristianos. La técnica romántica se esforzaba en presentar como contraste a las dos religiones en pugna constante bajo las arquerías alhambreñas.*

---

[1] Las dos versiones más importantes son *Crónica* de la *Conquista de Granada,* escrita en inglés por Mr. Washington Irving, traducida al castellano por don Jorge W. Montgomery; Madrid, Sancha, 1831 (2 vols.), y la *Historia de la Conquista de Granada* (extracto de la versión francesa por Adriano Lemercier; Barcelona, Subirana, 1861, con grabados anacrónicos).

Después de Irving vendrían viajeros franceses, ingleses, italianos, que no dejarían de solazarse ante la belleza de los alcázares. Pero ni el precedente de Chateaubriand, ni las páginas de Gautier, Dumas, Ford, Borrow o De Amicis tienen contacto con el libro del americano, que es único por la forma y el contenido. Llama la atención, en primer lugar, por su diversidad. Después de un relato de viaje desde Sevilla, atravesando la cadena de vegas cerradas del Genil, las hoyas abundantes de Antequera y Loja—relato que es, por su amenidad y factura, uno de los mejores entre los de su género—, el autor se pone en contacto con el mundo actual de la Alhambra. Inmediato a él, surge el contraste de las reflexiones filosóficas sobre el pueblo árabe, que el autor considera con extraordinaria simpatía. La Alhambra es un reducto oriental entre edificios góticos: escenario romántico, capaz de producir el más pintoresco de los ambientes. Ha sido construida por un pueblo que recorrió la historia con deslumbrante rapidez. El historiador Washington hace su pequeña filosofía: la milagrosa habitación donde vive y se pasea es monumento de unos hombres que pasaron fugazmente, que fueron y que, sin embargo, supieron dejar como rastro este «recuerdo elegante».

Si Irving se hubiera limitado a recrear sobre esta base un mundo de su fantasía, la mistificación apenas hubiese gozado de una fama efímera. El artificio hubiera dejado ver la falsedad de sus engarces. Las novelas históricas surgidas en torno a Granada, nacionales y extranjeras, no son leídas hoy por nadie, y su interés solicita si acaso a los especialistas. Algunas fantasías literarias, incluso las de Zorrilla—tan favorecidas por el halago de los versos fáciles—han sido relegadas al olvido, no pueden espolear la imaginación del lector como lo hacen los Cuentos de la Alhambra. No ha sido posible edificar un alcázar de poesía que supere al palacio del agua y el arrayán. Puja más la arquitectura, el campaneo de la Vela, la combinación exacta de encantos naturales y de artificio gastado por el tiempo. Sólo la Alhambra viva puede dominar a la muerta, animando a su vez sus azulejerías y sus patios. El secreto de Washington Irving fue dejar expresar a la Alhambra, no ser más que el ins-

trumento, el trujimán de esta fortaleza y palacio, únicos en el mundo.

Emilio García Gómez ha señalado cómo han perdido interés aquellas leyendas puramente moriscas, una vez alejado el gusto por lo exótico oriental, en el conjunto de los Cuentos. Y ha puesto de manifiesto que los tiempos vivos que Irving captó han conservado un atractivo inmarchito, sugiriendo la posibilidad de que fueran contadas nuevas leyendas, toda vez que, si no en el propio alcázar, en su recinto, hay moradores todavía, acaso tan dispuestos a provocar la llama de poesía como los viejos «hijos de la Alhambra» [1].

Irving no inventa las leyendas que nos narra. Todas han sido recogidas—ya comienza el fervor folklórico—de boca de los vecinos de la Alhambra. Mateo, escudero, guía y asiduo del escritor es también su historiógrafo. El autor había dicho de Dietrich Knickerbroker: «Sus historias, sin embargo, tenían por base no los libros, sino más bien los hombres, porque los primeros son lamentablemente discretos sobre sus asuntos favoritos y hay que buscar a los viejos habitantes y más aún a sus mujeres, ricas en relatos legendarios, tan preciosos para la historia verdadera» [2].

Las tradiciones locales son justificadas por Irving ciertamente con intuiciones y atisbos sobre el tradicionalismo literario, admirables desde nuestros actuales puntos de vista. El pueblo español tiene—según Irving—una tendencia oriental hacia los cuentos. Esta tendencia se desarrolla favorecida por la escasa instrucción, la incomunicación y la falta de lecturas y espectáculos que puedan disipar las fantasmagorías de los narradores. Esta «tradición analfabeta»—como recientemente la ha llamado Pedro Salinas—florece en torno a la Alhambra. Insiste Washington en resaltar el tono oriental—productor de la mayor fantasía cuentística del mundo—acentuado aquí, no sólo por

---

[1] EMILIO GARCÍA GÓMEZ: *Silla del Moro y Nuevas Escenas Andaluzas.* Madrid. Rev. de Occidente, 1948, p. 47 y ss.

[2] *The Sketch Book of Geoffrey Crayon Gent* (1819-29). Historia de Rip Van Winkle.

los incentivos exteriores, sino por un delirio de pobres, de desheredados, que sólo atesoran en la imaginación.

Las leyendas no dejan de tener un fondo más o menos histórico. Irving se excusa de su inverosimilitud, ya que el marco de todos sus relatos, la Alhambra, es por sí un palacio encantado y encantador, poetizador al mismo tiempo.

No sería difícil puntualizar las fuentes de las leyendas de Irving, especialmente de las moriscas. Algunas parecen brotadas de un pequeño germen local, desarrollado y amplificado (Leyendas en torno a las Torres: de Siete Suelos, de la Cautiva, etc.). *Otras enlazan con temas comunes a la cuentística de otros países, oriental sobre todo, por ejemplo la del Astrólogo Árabe, cuyo tema es muy parecido al de un cuento ruso popularizado por* El Gallo de Oro.

Por último, hay leyendas en las que el tema morisco no es esencial y se toca de pasada para que proporcione brillantes notas de color. Irving suele utilizar el material de unas leyendas para urdir otras. Así, la figura femenina del Astrólogo Árabe, *la misteriosa princesa hispanogoda de la lira de plata, volverá a animarse en la historia de las* Dos Discretas Estatuas. *La tímida Zorahaida, cautiva indecisa y cuyo perfil había quedado melancólicamente desdibujado en la* Leyenda de las Tres Hermosas Princesas, *será bautizada y legará su laúd mágico a* La Rosa de la Alhambra, *uno de los cuentos mejor compuestos de todo el libro, con la maestría de los cuentistas clásicos italianos o de los románticos franceses de su hora.*

Siguiendo el procedimiento de vincular las leyendas a los habitantes de la Alhambra, los personajes vivos suministran el caudal más importante del libro. Ellos le proporcionan su encanto romántico, ese fuerte atractivo pintoresco y fino. De esta parte sobresalen todos los «hijos de la Alhambra» que son estos mismos tipos sorprendidos por el lápiz del dibujante en sus pasos del bolero, en un atardecer morado, teniendo por telón de fondo la línea de torreones. O esos abigarrados conjuntos que se sientan con majestad de reyes en el ajimez partido del «Peinador de la reina». La rica iconografía de este tiempo nos

17

permite ver plásticamente esta multitud de que nos habla el autor.

Irving cuenta también las tradiciones militares de la fortaleza. El narrador es un coronel inválido que habita en la Puerta del Vino, con el que el autor simpatizó sobre todo por haber luchado en la independencia norteamericana y haber conocido personalmente a Jorge Washington. De su boca recoge las extraordinarias y divertidas andanzas del Gobernador Manco, narradas con toques que recuerdan el tono de Beaumarchais. Evocan la España del sombrero de tres picos, es decir, la España del XVIII con su colorido grácil y musical tan gustado por los extranjeros y que Irving siente tanto por su formación literaria.

* * *

De este libro aparece ahora una nueva versión castellana. Lógicamente corresponde a Granada su ejecución, como ya la realizara antaño Ventura Traveset, siendo la suya la primera trasladada del original inglés de 1832. Las generaciones actuales necesitaban, sin embargo, una versión que remozara la letra original de The Alhambra... y que fuera, al mismo tiempo que íntegra y escrupulosa traducción del pensamiento y estilo de Irving, devoto homenaje al escritor norteamericano, hecho en la ciudad que le enhechizó con su mágico ambiente y le proporcionó para solaz y estudio sus rincones «de paraíso terrestre» y los infolios de sus viejas librerías.

Todos estos cometidos se cumplen con la labor de Ricardo Villa-Real, fraternal compañero de tareas universitarias, cuyo profundo conocimiento del castellano es garantía de esta nueva versión, enriquecida con sus notas sucintas, pero exactas y plenas de la más concienzuda erudición.

Como libro esencialmente romántico, no pueden faltarle ilustraciones. Se han hecho éstas—por primera vez que sepamos, en lo que a una versión de Irving se refiere—sobre grabados contemporáneos, lo que permite unir a los frágiles y evocadores

relatos el complemento gráfico de los tipos y paisajes que dieron vida a la Alhambra romántica; vistos—unos y otros—por
ojos de peregrinos artistas, pero a pesar de ello, rendidamente
enamorados.

ANDRÉS SORIA.

A DAVID WILKIE, ESQ. R. A. [1]

Mi querido amigo:

Recordará usted que, en las andanzas que realizamos juntos una vez por algunas de las viejas ciudades de España—singularmente Toledo y Sevilla—, advertimos una fuerte mezcla de lo sarraceno con lo gótico, reliquias conservadas desde el tiempo de los moros; y que fuimos sorprendidos con frecuencia por escenas e incidentes callejeros que nos recordaban pasajes de Las mil y una noches. Entonces me estimuló usted a que escribiese algo que pudiera ilustrar estas peculiaridades, «algo al estilo de Harum al Raschid» que tuviese regusto de ese perfume árabe que todo lo impregna en España. Traigo esto a su memoria para hacerle ver cómo, en cierto modo, es usted el responsable de la presente obra, en la que he recogido algunos «arabescos» de la vida y de las leyendas, basados en tradiciones populares, pergeñadas principalmente durante mi estancia en uno de los lugares más moriscoespañoles de la Península.

Le dedico estas páginas en recuerdo de las gratas escenas que presenciamos juntos en el país de la aventura, y como testimonio de consideración por sus prendas personales, a la cual tan sólo excede la admiración por su talento.

Su amigo y compañero de viaje,

El Autor.

Mayo, 1832.

---

[1] Dedicatoria del autor a su amigo, pintor inglés, aparecida en la primera edición inglesa con el título *The Alhambra or the New Sketch Book*, Colburn and Bentley, 1832. Las iniciales corresponden a *Esquire* —título honorífico que se coloca siempre detrás del apellido—y a *Royal Academy. (N. del T.)*

LA ALHAMBRA

UNA SERIE DE LEYENDAS Y APUNTES
SOBRE MOROS Y ESPAÑOLES

EL VIAJE

E N la primavera de 1829, el autor de este libro, que se había
sentido atraído a España por la curiosidad, hizo una
excursión desde Sevilla a Granada, en compañía de un amigo,
miembro de la embajada rusa en Madrid. El azar nos había
reunido desde apartadas regiones del Globo, y movidos por
semejanza de aficiones, vagamos juntos por las románticas montañas de Andalucía. Dondequiera que lea estas páginas, ya se
encuentre ocupado en las obligaciones de su cargo, incorporado
al protocolo de las Cortes o meditando en las glorias más ge-
nuinas de la Naturaleza, sirvan ellas para recordarle los incidentes de nuestra amigable camaradería y el recuerdo de aquel
a quien ni el tiempo ni la distancia harán olvidar su valía y
gentileza.

Y ahora, antes de seguir adelante, permitidme que haga
unas previas observaciones acerca del paisaje y los viajes en
España. Muchos hay propensos a figurarse a España como una
apacible región meridional engalanada con los lozanos encantos
de la voluptuosa Italia. Antes al contrario; si se exceptúan
algunas de las provincias marítimas, es, en su mayor parte, un
áspero y melancólico país, de montes escabrosos y amplias
llanuras, desprovistas de árboles; y un silencio y soledad indes-
criptibles. que tienen muchos puntos de contacto con el aspecto
selvático y solitario del Africa. Y aumenta esta soledad y silencio, la carencia de pájaros canoros, natural por la falta de setos
y arboledas. Se ven al buitre y al águila dar vueltas en torno a
los picachos de las montañas y planear sobre las llanuras, y

bandadas de asustadizas avutardas que merodean en torno a los brezales; pero las miríadas de pajarillos que animan la amplitud del paisaje en otras tierras, se encuentran aquí tan sólo entre los huertos y los jardines que rodean la morada del hombre.

Algunas veces, en las provincias del interior, atraviesa el viajero amplios terrenos de cultivo, hasta perderse la vista, ondulados en ocasiones de verdura, y otras veces desnudos y abrasados por los rayos del sol; pero inútilmente busca la mano que labró la tierra. Divisa a lo lejos alguna que otra aldea, emplazada sobre algún altozano o sobre un escarpado despeñadero con murallas desmoronadas y ruinosas atalayas, que fue un tiempo fortaleza en la guerra civil o contra las incursiones de los moros. En la mayor parte de España se observa todavía la costumbre de agruparse los aldeanos para una mutua protección, a consecuencia de los merodeos de los bandidos.

Pero aunque una gran parte de España sea escasa en el adorno de alamedas y bosques y en los más delicados encantos del cultivo ornamental, es su paisaje, sin embargo, noble en su austeridad, de acuerdo con las características de su pueblo; y concibo al español altivo y osado, frugal y abstemio, y comprendo su desdén por todo lo que signifique afeminado abandono, desde que he contemplado el suelo que habita.

Hay algo también en los sencillos y austeros rasgos del paisaje español, que imprime en el alma un sentimiento de sublimidad. Las inmensas llanuras de las dos Castillas y de la Mancha, que se extienden hasta donde alcanza la vista, llaman la atención por su auténtica aridez e inmensidad, y poseen, en sumo grado, la solemne grandeza del océano. Al recorrer estas infinitas extensiones, se contempla acá y allá algún singular rebaño de ganado que vigila un solitario pastor, inmóvil como una estatua, con su larga y delgada vara que blande en el aire como una lanza; o una recua de mulas que camina perezosamente por el llano, como una caravana de camellos por el desierto; o un solitario jinete, armado de trabuco y puñal, que merodea por la llanura. De este modo, el país, los vestidos, el aspecto mismo de sus moradores, participa del carácter árabe.

La general inseguridad de la comarca se evidencia en el uso corriente de armas defensivas. El vaquero en la campiña, el pastor en el llano, llevan su mosquete y su cuchillo. El rico aldeano raramente se aventura a ir al mercado sin su *trabuco* [1], o tal vez acompañado de un criado a pie con otro al hombro. La mayor parte de estos viajes se emprenden con los preparativos propios de una empresa guerrera.

Los peligros del viaje ponen asimismo de manifiesto un sistema de viajar semejante, aunque en menor grado, al de las caravanas orientales. Los arrieros o trajinantes, agrupados en convoyes, emprenden la marcha en largas y bien armadas filas, en los días previamente señalados, y entre tanto, otros circunstanciales viajeros se unen a ellos y contribuyen a su mayor seguridad. Por este primitivo procedimiento se realiza el comercio del país. El arriero es el medio y el auténtico viajero que cruza la Península desde los Pirineos y Asturias hasta las Alpujarras, la Serranía de Ronda, e incluso, hasta las puertas de Gibraltar. Vive frugal y sobriamente; sus *alforjas,* por lo común de burdo paño, guardan sus parcas provisiones, y lleva además una bota de cuero, que pende del arzón de la cabalgadura, con vino o agua, suministro imprescindible cuando cruza los montes estériles o las sedientas llanuras. La manta de la mula, tendida en el suelo, es su lecho por la noche, utilizando la albarda como almohada. Su corto, pero gallardo y vigoroso aspecto, denota energía; de morena tez, tostada por el sol; firme la mirada, pero la expresión serena, excepto cuando se aviva por una súbita emoción; de francos ademanes, varonil y amable, nunca pasa sin pronunciar este grave saludo: *¡Dios guarde a usted! ¡Vaya usted con Dios, caballero!*

[1] El autor utiliza con frecuencia en el conjunto de su obra palabras y expresiones españolas que, en las ediciones inglesas, aparecen en castellano. Tienen, muchas de ellas, un marcado sabor pintoresco, colorista, o son vocablos privativos de nuestro idioma. En nuestra versión, dichas palabras o expresiones se dan en letra cursiva, con su ortografía correcta, ya que en la edición original de esta obra muchas de ellas aparecen con grafía incorrecta, prueba evidente de falsa fonética o posibles erratas. (N. del T.)

Como estos hombres llevan con frecuencia toda su fortuna comprometida en la carga de sus acémilas, tienen las armas a mano, colgadas de las sillas y preparadas para una desesperada defensa; pero les tranquiliza su número contra las pequeñas partidas de merodeadores y contra el solitario *bandolero* armado hasta los dientes y montado en su corcel andaluz, al acecho, como un pirata en torno al barco mercante, sin atreverse al abordaje.

El arriero español posee un inagotable repertorio de canciones y baladas con las que se entretiene en su incesante ir y venir. Son tonadas rudas y sencillas, de escasas inflexiones. Las canta en alta voz, con largas y pronunciadas cadencias, sentado a mujeriegas en su mula que, al parecer, las escucha con suma gravedad y las acompaña con sus pasos. Las coplas que canta son, casi siempre, viejos y tradicionales romances de moros, la leyenda de algún santo o cantilenas amorosas; o más corrientemente, alguna balada de un *contrabandista* valiente o intrépido *bandolero,* puesto que éstos son en España héroes de leyenda para la gente del pueblo. Muchas veces, esta canción del arriero es improvisada y se refiere a algún paisaje local o algún incidente del viaje. Esta facilidad para el canto y la improvisación es corriente en España, y es opinión común que ha sido heredada de los moros. Se experimenta cierta salvaje complacencia al escuchar estas canciones en medio de los áridos y solitarios parajes que describen, acompañadas del ocasional tintineo de las campanillas de las mulas.

Es asimismo muy pintoresco el tropiezo con una fila de arrieros en un puerto de la montaña. En primer lugar, se oyen las campanillas de las mulas de delante, que rompen con su sencilla melodía la paz de las colinas; o quizá la voz del mulero que grita a alguna bestia perezosa o salida de la recua, o canta alguna balada tradicional con toda la fuerza de sus pulmones. Ves, en fin, las mulas en lentos zigzags a lo largo del escarpado desfiladero, o bajando muchas veces tajos profundos hasta que su silueta se perfila sobre el horizonte, o subiendo por las simas ásperas y profundas abiertas a sus pies. Al aproximarse, se divisan los vistosos adornos de sus telas de estambre, sus borlas y jarapas, y al pasar, el *trabuco* siempre dispuesto, colgado detrás de los collarines y fardos, dando una idea de la poca seguridad del camino.

El antiguo reino de Granada, en el que íbamos a entrar, es una de las regiones más montañosas de España. Vastas *sierras*, desprovistas de árboles y veteadas de granitos y mármoles matizados, alzan sus crestas quemadas por el sol hasta el azul intenso de los cielos; pero en sus escabrosas profundidades se encuentran fértiles valles de intensa verdura en donde el páramo y el jardín tienen planteada la lucha por su dominio. Incluso la misma roca, por así decirlo, se ve forzada para que brote la higuera, el naranjo y el limonero y florezca la rosa y el arrayán.

La contemplación de ciudades y aldeas amuralladas, construidas como nidos de águilas entre las peñas y rodeadas de cresterías moriscas o de ruinosos torreones colgados de altos picachos, hace que la imaginación retroceda, en los pasos agrestes de las montañas, a los caballerescos tiempos de la guerra entre cristianos y musulmanes y a la romántica lucha por la conquista de Granada. Al atravesar estas altas *sierras,* se ve con frecuencia obligado el viajero a desmontar y a guiar su caballo por zigzagueantes subidas y bajadas, a semejanza de los quebrados peldaños de una escalera. La vereda serpentea algunas veces profundos abismos que carecen de pretil para protegerlo de la honda sima, y que luego se hunde en pronunciados declives, oscuros y peligrosos. En ocasiones, forcejea a través de abruptos *barrancos* cavados por los torrentes del invierno, sombría senda del *contrabandista,* en tanto que la presencia frecuente de alguna cruz alzada sobre un montón de piedras, fatídica señal de robo o crimen, advierte al viajero que se halla en la guarida de los bandidos, y acaso en ese preciso momento, bajo la observación de un emboscado bandolero. Algunas veces, al adentrarse en estrechos valles, se siente el viajero sobrecogido por un mugido ronco, y contempla, allá arriba, en un verde repliegue de la montaña, una manada de bravos toros andaluces, destinados a las corridas. He sentido—permitidme la expresión—un terror agradable al contemplar de cerca estos fieros animales de terrible poder, pastando en su indomable bravura, sin preocuparse apenas de la presencia del hombre; tan sólo conocen al vaquero solitario que los vigila y que, en muchas ocasiones, no se atreve a acercarse a ellos. El ronco mugido de estos toros y su aire amenazador cuando miran desde su rocosa altura, hacen más rudo el agreste paraje.

Inconscientemente me he extendido con una disquisición más amplia de lo que pretendía sobre los aspectos generales del viaje en España, pero es que hay siempre algo de poético, que subyuga la imaginación, en todos los recuerdos de la Península.

Como nuestra proyectada ruta hacia Granada pasaba por comarcas montañosas, donde los caminos son tan sólo un poco mejor que los de herradura y, según se dice, frecuentados por ladrones, tomamos las consiguientes precauciones para el viaje. Un día o dos antes, entregamos a los *arrieros* la parte valiosa de nuestro equipaje. Tan sólo conservamos las ropas, lo necesario para el viaje y el dinero para los gastos del camino, junto con una pequeña cantidad de dinero suelto, a modo de «robber purse» [1], para en caso de ser asaltados poder complacer a estos caballeros del camino. Desgraciado del viajero que, olvidada esta precaución por exceso de prudencia, cae en su poder con las manos vacías, porque lo más probable es que no le quede un hueso sano, al verse ellos defraudados en sus esperanzas. No pueden unos *caballeros* así permitirse el lujo de recorrer sin provecho los caminos, con la amenaza de ser ahorcados.

Se nos proporcionaron un par de vigorosos caballos para nuestra montura y otro para nuestro reducido equipaje, que había de conducir un robusto mozo vizcaíno, de unos veinte años; éste sería nuestro guía, caballerizo y criado, y siempre, nuestro guardián. A este fin, se había provisto el hombre de un formidable *trabuco* con el que prometió defendernos de los *rateros* (?); en cuanto a las partidas fuertes, como la de los «Niños de Ecija», nos confesó, que desde luego no entraban en el número de sus hazañas. Al comienzo del viaje, alabó con

[1] Bolsa para ladrones.

30

cierta jactancia las innumerables excelencias de su arma, aunque para su descrédito la colgase descargada detrás de su montura.

De acuerdo con lo convenido, el hombre a quien habíamos alquilado los caballos, se encargaría de su alimentación y posada durante el viaje, así como de la manutención de nuestro escudero, el vizcaíno, quien, por supuesto, fue provisto de los fondos correspondientes. Procuramos, sin embargo, hacerle una especial observación: la de que todo iría en su provecho, aunque hubiésemos cerrado el trato con su amo, porque si se portaba honrada y fielmente, tanto él como los caballos correrían a nuestro cargo, y podría así quedarse con el dinero que le habían dado para su manutención. Esta inesperada generosidad, junto con el regalo de algún que otro cigarrillo, ganaron por completo su corazón. Era, desde luego, un hombre alegre y bonachón, lleno de refranes y sentencias, como lo fue aquel dechado de escuderos, el famoso Sancho, con cuyo nombre, por cierto, le bautizamos. Aunque le tratamos con sociable familiaridad, nunca traspasó, como buen español, los límites de una respetuosa corrección, ni siquiera en sus expansiones de más franca alegría.

Tales fueron los mínimos preparativos de viaje; sobre todo, íbamos bien provistos de buen humor y de una clara predisposición a pasarlo bien. Nos decidimos a viajar como el auténtico *contrabandista,* aceptando todo como viniere, bueno o malo, y mezclándonos con gente de toda clase o condición, en este nuestro errante compañerismo. Este es, ciertamente, el verdadero modo de viajar en España. Con un estado de ánimo así, ¡qué país éste para el viajero, en el que la más mísera posada está llena de aventuras, como un castillo encantado, y donde cualquier comida es por sí sola una proeza! Quéjense otros de la carencia de buenos caminos y hoteles suntuosos y de todas las refinadas comodidades de un país culto y civilizado, pero sumido en la vulgaridad de costumbres. Por lo que a mí se refiere, prefiero trepar por ásperas montañas o vagar sin rumbo determinado, gozando de las costumbres semisalvajes, aunque francas y hospitalarias, que prestan un verdadero y delicioso encanto a la vieja y romántica España.

Así equipados y servidos, salimos a paso lento de la bella ciudad de Sevilla a las seis y media de la mañana de un radiante día de mayo, en compañía de una dama y de un caballero, ambos conocidos nuestros, que cabalgaron con nosotros unas millas y se despidieron según la costumbre española. Nuestra ruta pasaba por la antigua Alcalá de Guadaira (Alcalá del río Aira), que beneficia a Sevilla al suministrarle su pan y su agua. En ella viven los panaderos que abastecen dicha ciudad con ese pan tan delicioso que le ha dado fama; aquí se elaboran esas *roscas* que se conocen con el merecido nombre de *pan de Dios.* Por cierto que ordenamos a nuestro criado Sancho que llenase de ellas las *alforjas* de viaje. Con razón ha sido llamada esta pequeña y beneficiosa ciudad *Alcalá de los Panaderos,* porque son de este oficio la mayoría de sus habitantes, hasta el punto de que incesantes reatas de mulas y borriquillos, cargados con grandes serones de hogazas y *roscas,* recorren constantemente la carretera hasta Sevilla.

Ya he dicho que Alcalá abastece de agua a esta ciudad. Hay aquí grandes depósitos o aljibes, de construcción romana o árabe, desde los que se conduce el agua a Sevilla por medio de magníficos acueductos. Todos se muestran orgullosos de las fuentes de Alcalá, lo mismo que de sus hornos; la exquisitez de su pan se atribuye, incluso, a la pureza y claridad de las aguas.

Nos detuvimos un momento junto a las ruinas de un viejo castillo moro, lugar predilecto de excursiones para los de Sevilla, donde vivimos horas deliciosas. Sus muros, de gran extensión, horadados de aspilleras, rodeaban una gran torre cuadrada o torreón, con las ruinas de algunas *mazmorras.* El Guadaira tuerce su curso en torno a la colina, al pie de estas ruinas, suspirando entre cañas, juncos y nenúfares, acariciado de rododendros, eglantinas, mirtos amarillos y una profusión de flores silvestres y arbustos aromáticos. Y mientras, a lo largo de sus orillas, bosquecillos de naranjos, limoneros y granados, donde escuchamos el canto matutino del ruiseñor.

Un puente pintoresco va de una a otra parte del riachuelo, y en uno de sus extremos se encuentra el antiguo molino moro

del castillo, protegido por una torre de piedra amarilla; una red de pescar cuelga del muro puesta a secar y, cerca. en el río, está su barca. Un grupo de campesinas con vestidos chillones se refleja en la corriente apacible, cuando cruzan por el arco del puente. El conjunto era magnífico paisaje para un artista.

Los viejos molinos moros, que con tanta frecuencia se encuentran en los apartados cauces, son característicos en el paisaje español y evocan los azarosos días del pasado. Construidos en piedra, tienen a menudo forma de torres con aspilleras y almenas, capaces para la defensa en aquellos belicosos tiempos en los que el territorio extendido a sus márgenes estaba expuesto a los peligros de una inesperada incursión o al saqueo, cuando los hombres tenían que trabajar con sus armas a mano y cerca de algún sitio que sirviese de refugio temporal.

Nuestra próxima parada fue en Gandul, con restos de otro castillo moro de ruinosa torre, nido de cigüeñas, y desde donde se domina el panorama de una extensa *campiña* y la serranía de Ronda a lo lejos. Estos castillos fueron fortalezas que protegían las llanuras de las *talas* o saqueos a que estaban expuestas; feroces incursiones que convertían la campiña en erial, dispersaban los rebaños y manadas de las vastas praderas y, con la gente del campo cautiva, se alejaban veloces, en largas *cabalgadas,* a la orilla opuesta.

En Gandul encontramos una tolerable *posada*. Aquella buena gente no supo ni decirnos la hora que era, porque el reloj del pueblo tan sólo sonaba una vez durante todo el día, a las dos de la tarde, y hasta esa hora, todo era elaborar conjeturas. Convinimos que era hora de comer, y nos apeamos y encargamos comida. Mientras la preparaban, visitamos el palacio, residencia en otro tiempo del marqués de Gandul. Todo se encontraba en ruinas, aunque quedaban dos o tres estancias habitables, pero muy escasas de mobiliario. Sin embargo, todavía guardaba restos de un pasado esplendor: una terraza, por donde algún día pasearon bellas damas y gentiles caballeros; un estanque con peces y un ruinoso jardín con parras y palmeras cargadas de dátiles. En este sitio se nos agregó un obeso

sacerdote que cogió un ramo de rosas y lo ofreció muy gentil-
mente a la dama que nos acompañaba.

Debajo del palacio había un molino con naranjos y áloes
enfrente y una regular corriente de agua cristalina. Nos sentamos a la sombra, y los molineros, interrumpidas sus faenas,
también lo hicieron para fumar con nosotros, pues los andaluces siempre están dispuestos a charlar. Estaban esperando la
acostumbrada visita del barbero, que venía a poner orden en
sus barbas una vez por semana. Este llegó poco después; era un
muchacho de diecisiete años, montado en un borrico, deseoso
de mostrar sus nuevas *alforjas,* acabadas de comprar en la feria
por un dólar [1], y que debía pagar en junio, el día de San Juan,
ya que para esa fecha esperaba haber rapado barbas suficientes
para reunir la cantidad necesaria.

Terminamos de comer cuando dieron las dos en el lacónico
reloj del castillo. Nos despedimos, pues, de nuestros amigos
de Sevilla, y dejando a los molineros todavía en manos del barbero, seguimos camino adelante en nuestras cabalgaduras a través de la *campiña.* Era una de esas extensas llanuras, tan frecuentes en España, en la que durante millas y millas no se ve
ni un árbol ni una casa. Infeliz del viajero que ha de atravesar-
las expuesto como nosotros a los fuertes y repetidos chaparro-
nes de agua. No hay modo de evitarlo ni lugar donde guare-
cerse. Nuestra única protección eran nuestras capas españolas,
que casi cubren jinete y caballo, aunque aumentaban de peso a
cada milla. Cuando creíamos haber escapado de uno de estos
aguaceros, veíamos cómo se acercaba otro, lenta pero inevita-
blemente. Felizmente para nosotros, brillaban, en el intervalo,
los claros y radiantes rayos del sol andaluz que hacía brotar
círculos de vapor de nuestras capas, pero que también las seca-
ba algo, antes del próximo aguacero.

Llegamos a Arahal, pueblecito entre cerros, poco después
de puesto el sol. Lo encontramos animado por una partida de
migueletes que recorrían la comarca a la busca y captura de la-

---

[1] Como más adelante dice el autor, esta moneda equivalía en aquel
tiempo a cinco pesetas.

drones. La presencia de extranjeros como nosotros era algo inusitado en los pueblos del interior; un acontecimiento de este tipo asombra y pone fácilmente en conmoción a los pueblecitos españoles de esta categoría. Mi posadero, con dos o tres viejos y sesudos compinches de pardas capas, examinó nuestros pasaportes en un rincón de la *posada,* mientras que un *alguacil* tomaba nota a la débil luz de un candil. Los pasaportes en lengua extranjera los dejaron perplejos; pero nuestro escudero Sancho les ayudó en su examen y ponderó nuestras personas con la típica prosopopeya del español. En tanto, la pródiga distribución de unos cigarros puros nos captó las simpatías de todo los circunstantes, que al poco tiempo se apresuraban a darnos la bienvenida. Incluso el mismo *corregidor* se llegó a presentarnos sus respetos, y la posadera metió con ostentación, en nuestra estancia, un gran sillón con asiento de anea para el acomodo de aquel importante personaje. Cenó con nosotros el jefe de la patrulla, un despierto *andaluz,* alegre y charlatán, que había sido soldado en la campaña de América del Sur y que nos contó sus proezas bélicas y amorosas, en estilo grandilocuente, lleno de ademanes y contorsiones y con extraña contracción de ojos. Nos dijo que poseía una lista de todos los ladrones del contorno y que era su propósito capturar a todos aquellos hijos de su madre. Al mismo tiempo nos ofreció algunos soldados en calidad de escolta, mientras decía:

—Uno sólo es suficiente para protegerles, *señores:* los ladrones me conocen y conocen también a mis hombres; basta uno de ellos para esparcir el terror por toda la *sierra.*

Le agradecimos su ofrecimiento, aunque le aseguramos, con un tono de voz igual al suyo, que no teníamos miedo a todos los *ladrones* de Andalucía juntos, por la tranquilidad que inspiraba la protección de Sancho, nuestro valiente escudero.

En tanto que cenábamos con este jactancioso compañero, oímos las notas de una guitarra y el alegre repiqueteo de las castañuelas, y al momento, un coro de voces entonaba un aire popular. En efecto; nuestro posadero había conseguido reunir algunos cantores y músicos aficionados, así como a las bellas aldeanas del vecindario. Cuando salimos, el *patio* de la posada ofrecía el aspecto de una auténtica fiesta española. Tomamos asiento, junto con nuestros posaderos y el jefe de la patrulla, bajo un arco del patio. Pasó la guitarra de mano en mano y actuó como Orfeo de aquel lugar un alegre zapatero. Era un mozo de agradable continente, con grandes patillas negras, que iba arremangado hasta el codo. Manejaba la guitarra con singular destreza y nos deleitó con una cancioncilla amorosa acompañada de miradas muy expresivas al grupo de mujeres, de quienes, por las trazas, era el favorito. Bailó después un *fandango,* acompañado de una alegre damisela andaluza, que deleitó a la concurrencia. Pero ninguna de las allí presentes podía compararse con Pepita, la bonita hija de nuestro posadero, la cual se escabulló y se hizo la «toilette» que el caso requería. Volvió poco después con la cabeza cubierta de rosas y se lució bailando un *bolero,* en compañía de un joven y apuesto soldado de caballería. Por nuestra parte, ordenamos a nuestro posadero que corriesen en abundancia el vino y los refrescos entre los circunstantes. A pesar de ello, y aunque era aquélla una mezcla abigarrada de soldados, arrieros y aldeanos, nadie se excedió de los límites de una moderada alegría.

La escena era a propósito para el deleite de un artista: un pintoresco grupo de bailarinas, los soldados con sus uniformes sólo en parte militares y los campesinos envueltos en sus capas verdes. Es asimismo digna de mención, la presencia del viejo y delgado *alguacil,* con su negra capilla, que ajeno a todo lo que allí pasaba y sentado en un rincón, escribía activamente a la débil luz que despedía un velón de cobre, digno de los tiempos de Don Quijote.

La mañana siguiente amaneció fragante y luminosa, como deben ser las mañanas de un día de mayo, según los poetas. Salimos de Arahal a las siete; toda la posada estuvo en la puerta para despedirnos. Proseguimos nuestro viaje atravesando una fértil campiña de resplandeciente verdura, pero que en verano, terminadas las faenas de la cosecha y ya la tierra parda y reseca, debía ofrecer un aspecto monótono y solitario, puesto que en aquella jornada no se vieron ni casa ni personas. La mayoría de la gente se agrupa en las aldeas o en torno a las fortalezas levantadas sobre las colinas, que dan la impresión de que estas fértiles llanuras están expuestas todavía a las incursiones de los moros.

Llegamos a mediodía a un grupo de árboles situado en las márgenes de un arroyuelo que se desliza por una rica pradera. En este sitio descabalgamos para comer. Era, en verdad, un delicioso paraje, entre flores silvestres y hierbas aromáticas y poblado de pájaros cantores, el que se agitaba a nuestro alrededor. Conocedores, como éramos, de la escasez de víveres en la despensa de las posadas españolas y de los lugares deshabitados que teníamos que atravesar, adoptamos la sana precaución de abarrotar de provisiones frías las *alforjas* de nuestro escudero, así como su *bota,* que tenían la capacidad de un galón [1], llena hasta el cuello de un exquisito vino de Valdepeñas [2]. Dado que nuestro bienestar dependía más de ellas que del *trabuco* de Sancho, encargamos a éste que tuviese muy buen cuidado de que se encontraran siempre provistas en abundancia; y debo en justicia decir que, como su homónimo el glotón Sancho Panza, nunca hubo un despensero más previsor. Aunque asaltábamos con frecuencia *alforja* y *bota,* tenían, éstas, sin embargo, la extraña virtud de rellenarse, pues nuestro vigilante criado metía en el saco todo el sobrante de lo que comíamos en las posadas. De esta manera colaboraba con nosotros y participaba de nuestra comida, que hacía sus delicias durante todo el viaje.

En esta ocasión, puso en el césped, delante de nosotros, una completa y espléndida variedad de manjares sobrantes,

---

[1] Equivalente a 4,543 litros en Inglaterra y a 3,785 en Norteamérica. *(N. del T.)*

[2] Es oportuno anotar aquí que las *alforjas* son unas como bolsas redondeadas en sus puntas, de largo paño de pie y medio aproximadamente de ancho y que se forman por el revolvimiento de las extremidades del paño. Éste se echa después por encima de la albarda y, entonces, dichas bolsas cuelgan de uno y otro lado, a modo de costales. Son de origen árabe. La *bota* es un saquito o botella de cuero, portátil, de estrecho gollete. Es también oriental. De aquí la sentencia bíblica—que me dejó perplejo en mi juventud—de no echar vino nuevo en los odres viejos. *(N. del A.)*

amén de un excelente jamón adquirido en Sevilla; y entonces, sentado cerca de nosotros, gozó con fruición de lo que todavía quedaba en las *alforjas*. Varias visitas que hizo a la *bota* lo pusieron tan alegre y cantarín como un saltamontes en el rocío de la mañana.

Cuando comparé su alegría delante de las alforjas con la que experimentó Sancho ante las espumosas ollas, en las bodas de Camacho, comprobé que estaba muy versado en la historia de Don Quijote. Como la mayor parte de la gente sencilla de España, creía firmemente que aquélla era verdadera historia.

—¿Hace mucho tiempo que ocurrió eso?—me preguntó con mirada interrogante.

—Sí, hace mucho tiempo—le contesté.

—¿Más de mil años, quizá?—dijo; y había indecisión en su mirada.

—Eso por lo menos.

El escudero quedó satisfecho. Nada agradaba tanto a este criado tan sencillo como el que yo le comparase, dada su afición a los placeres de la mesa, con el famoso Sancho; y no le llamamos por otro nombre durante el viaje.

Terminada la comida, extendimos nuestras capas sobre el césped, debajo de un árbol, y echamos la *siesta* según es costumbre en España. Pero como amenazase lluvia, nos dispusimos a partir cuando comenzaba a soplar un fuerte viento del Sudeste. A eso de las cinco, llegamos a Osuna, ciudad de quince mil habitantes, situada en la falda de una montaña, con iglesia y las ruinas de un castillo. La *posada* se encontraba fuera de sus murallas y ofrecía un lúgubre aspecto. La tarde se presentaba fría; los moradores de la casa estaban reunidos en torno al *brasero*, en un rincón de la chimenea. La mesonera era una mujer vieja y seca como una momia. Al entrar en la estancia, todos los reunidos nos miraron recelosamente, como acostumbran los españoles a mirar a los extranjeros. Un saludo por nuestra parte, respetuoso y amable, llevándonos la mano al *sombrero* en señal de deferencia, tranquilizó el orgullo español; y cuando nos sentamos con ellos, pasamos la petaca por la reunión y encendimos nuestros cigarros, nuestra victoria era completa. Nunca conocí a ningún español, sea cual fuere su clase o condición, que tolere el ser superado en cortesía por otro; y para el español corriente el regalo de un cigarro *puro* es irresistible. A pesar de todo, hay que procurar no ofrecerle nunca nada con aire de superioridad o condescendencia: él es demasiado *caballero* para aceptar obsequios a costa de su dignidad.

Salimos de Osuna a primera hora de la mañana siguiente y nos internamos en la *sierra*. El camino que tomamos serpenteaba a través de un pintoresco pero solitario paraje; alguna cruz, señal de asesinato, a uno y otro lado de la senda, advertía que nos aproximábamos a las guaridas de los bandoleros. Este intrincado y agreste lugar, con sus mudas llanuras y sus valles cortados por montañas, ha sido siempre famoso por sus bandidos. Fue aquí donde Omar Ibn Hassan [1], capitán de ladrones musulmán, ejerció un cruel poderío en el siglo IX, e incluso disputó su dominio con los califas de Córdoba. También fue ésta una de las regiones saqueadas constantemente, durante el reinado de Fernando e Isabel, por Aliatar, viejo alcaide moro de Loja, suegro de Boaddil; por este motivo fue llamado el jardín de Aliatar. Aquí, en fin, José María, famoso en la historia del bandolerismo español, tuvo uno de sus escondrijos favoritos.

En el curso del día pasamos por Fuente la Piedra [2], junto a la laguna salada del mismo nombre; bella extensión de agua, que reflejaba como un espejo las lejanas montañas. Dimos vista a Antequera, la vieja ciudad de fama guerrera, situada en la fal-

---

[1] Es el célebre Omar-ben-Hafsún, muladí, que se alzó en armas con un considerable ejército de muladíes en contra de Mohamed I en el año 885. Sus hazañas fueron numerosas, y tenía su refugio en Bobastro, lugar casi inexpugnable de las montañas de Málaga. Se le agregaron muchos cristianos mozárabes, y al final, todos los que rodeaban al caudillo musulmán se bautizaron; el propio Omar también lo hizo con el nombre de Samuel. Durante muchos años tuvo en jaque a sus enemigos, resistiendo en su plaza fuerte. A su muerte, sus hijos continuaron la lucha hasta que fueron derrotados. Consta que una hija suya, Argéntea, fue llevada cautiva a Córdoba, donde sufrió el martirio. (*N. del T.*)

[2] Hoy, Fuente Piedra.

da de la gran *sierra* que atraviesa Andalucía. Ante ella se extiende una hermosa *vega,* fértil campiña incrustada en un marco de rocosas montañas. Atravesando un manso río, nos aproximamos a la ciudad por un paraje poblado de setos y jardines, donde los ruiseñores entonaban sus cantos vespertinos. Al anochecer llegamos a las puertas de la población. Todo tiene en esta venerable ciudad un marcado acento español. Se encuentra situada fuera de la ruta que frecuenta el turista extranjero, y esto explica que no se hayan perdido sus viejas costumbres. Observé en ella que los viejos llevan todavía la *montera,* antigua gorra de caza muy corriente en otro tiempo en España, en tanto que los jóvenes utilizan un sombrerillo de copa redonda con el ala vuelta, como una taza puesta al revés sobre el platillo, y que tenía los filos adornados con pequeñas borlas negras a manera de escarapelas. En cuanto a las mujeres, todas usan *mantillas* y *basquiñas.* Las modas de París no habían llegado a Antequera.

Seguimos nuestra ruta por una espaciosa calle y nos paramos en la *posada* de San Fernando. Como Antequera, según dije, es importante ciudad, pero alejada de la ruta de viaje, supuse que íbamos a encontrar mal alojamiento y comida en la posada. Recibí, pues, una grata sorpresa cuando me hallé frente a una bien provista mesa y, lo que más grato aún, con una habitación limpia y aseada y un confortable lecho. Nuestro buen Sancho se encontró tan bien servido como su homónimo cuando tuvo a su disposición la cocina del Duque, y me dijo al retirarnos que aquél había sido un buen día para las *alforjas.*

A la mañana siguiente, muy temprano—era el cuatro de mayo—di un paseo por las ruinas del viejo castillo moro, construido sobre los restos de una fortaleza romana. Allí, sentado junto a una desmoronada torre, gocé de un amplio y variado paisaje, que, además de bello, estaba cargado de recuerdos históricos. Me hallaba en el verdadero corazón de la comarca, famoso por las caballerescas contiendas entre moros y cristianos. A mis pies, sobre su regazo de colinas, descansaba la vieja ciudad guerrera que con tanta frecuencia se cita en crónicas y romances. Fuera de aquel portillo y al pie de la colina, cabalgaron aquellos caballeros del más alto linaje y fiero aspecto, que hacían correrías en los tiempos de la guerra y conquista de Granada, terminada con una matanza horrible en las montañas de Málaga, que llenó de luto a toda Andalucía [1]. Más lejos se extendía la *vega,* poblada de huertas y jardines, con sus campos de mieses y esmaltadas praderas, inferior tan sólo a la famosa *vega* de Granada. A la derecha, el Peñón de los Enamorados, tendido sobre la llanura como un áspero promontorio, desde donde la hija del alcaide moro y su amante, al verse estrechamente perseguidos, se arrojaron desesperados.

Cuando descendía, sonaron dulcemente en el aire de la mañana las campanas de las iglesias y conventos. Comenzaba la plaza del mercado a llenarse de gente que trafica con los abundantes productos de la *vega,* pues éste es el comercio de una región agrícola. Había gran abundancia de frescas rosas recién cogidas; ni una sola dama o damisela andaluza cree completo su vestido de gala sin que la rosa luzca como una perla entre sus negras trenzas.

Al regresar a la posada me encontré a Sancho en animada conversación con el posadero y dos o tres colegas suyos. Acababa de contar una maravillosa historia de Sevilla, que mi posadero se esforzaba en superar con otra, también maravillosa, de Antequera.

---

[1] Se refiere el autor en este pasaje al desastre de la Axarquía, en la campaña de primavera del segundo año de la guerra de Granada. El ejército cristiano, conducido por el marqués de Cádiz, saqueó e incendió algunas aldeas, pero sin encontrar enemigos. Fatigados, se entregaron al sueño en unos profundos barrancos, y, repentinamente, surgió un ataque feroz de los moros, emboscados en las rocosas alturas. La mortandad fue horrible, y los caballeros cristianos que no perdieron sus vidas fueron conducidos a Málaga, desangrados en los caminos o vendidos como esclavos. Es opinión común que los moros iban dirigidos por el Zagal, Boabdil «el Viejo», hermano del feroz Muley Aboul Hassan. Y «toda Andalucía estaba en gran tristeza, y no había un ojo que no llorara, así como en gran parte de Castilla» (Bernáldez: *Historia,* cap. LX). Washington Irving trató de este episodio histórico en su obra *The conquest of Granada. (N. del T.)*

41

—Había una vez—decía—una fuente de una plaza pública; se llamaba *la Fuente del Toro,* porque el agua salía por la boca de una cabeza de toro hecha de piedra. Debajo de ella se leía esta inscripción:

En frente del toro
se halla un tesoro.

Muchos cavaron frente a la fuente, pero en vano, porque no hallaron nada. Por fin, uno que se las daba de entendido descifró el enigma: «En la *frente* del toro—se dijo—es donde está el tesoro, y soy yo quien lo va a encontrar.» Y así, avanzada la noche, vino con un martillo e hizo la cabeza mil pedazos. Y ¿qué creéis que encontró?

—¡Un montón de oro y diamantes!—gritó Sancho, vehemente.

—No encontró nada—dijo el hostelero con frialdad—y destrozó la fuente.

Los amigos del posadero reventaban de risa, burlándose de Sancho, con lo que me figuro que era una de las bromas favoritas de mi patrón.

Salimos de Antequera a las ocho. Fue una deliciosa jornada, a lo largo de un riachuelo y por entre fragantes huertos y jardines con olores de primavera y trinos armoniosos de ruiseñores. Nuestra ruta rodeaba el Peñón de los Enamorados, que se alzaba sobre un precipicio, encima de nuestras cabezas. Aquella mañana atravesamos Archidona, emplazada en la ladera de una elevada colina, en la que destacan las ruinas de una fortaleza árabe y un cerro de tres picos. Fue para nosotros muy penoso el subir por una empedrada calle de pronunciada pendiente que conducía a la ciudad, aunque lleve el animoso nombre de *Calle Real del Llano;* pero fue más arduo todavía el descenso desde esta ciudad, entre cerros, a la ladera opuesta.

Al mediodía nos detuvimos a la vista de Archidona, situada en una pequeña pero agradable pradera entre colinas cubiertas de olivos. Tendimos las capas sobre la hierba, debajo de un olmo, en las márgenes de un arroyuelo de aguas bulliciosas;

atamos nuestros caballos donde pudiesen pacer a gusto y ordenamos a Sancho que vaciara las *alforjas*. Había permanecido toda la mañana en un silencio desusado, desde que se rieron de él, pero ahora se le iluminó el semblante y trajo las *alforjas* con aire de triunfo. Contenían las raciones de cuatro días de viaje, y se habían enriquecido bastante con las provisiones de la noche anterior en la bien surtida posada de Antequera; esto parecía ofrecerle una compensación a las bromas del posadero.

—Enfrente del toro
se halla un tesoro—

—exclamó con risa burlona, mientras sacaba el heterogéneo contenido, uno a uno, en una serie que parecía no acabar nunca. Sacó en primer lugar un pernil de cabrito asado, casi intacto; luego, una perdiz entera; más tarde, un buen trozo de bacalao envuelto en un papel, los restos de un jamón y media gallina; junto con esto, un montón de naranjas, higos, pasas y nueces. Su *bota* también estaba llena de un excelente vino de Málaga. A cada nueva aparición de su despensa, gozaba el hombre ante nuestro cómico asombro y se tumbaba de espaldas en la hierba, riendo a carcajadas y exclamando:

—*¡Enfrente del toro! ¡Enfrente del toro!* ¡Ah, señores, se creían en Antequera que Sancho es tonto; pero Sancho supo dónde encontrar el *tesoro!*

Mientras que nos divertíamos con sus ingenuidades, se nos acercó un mendigo que casi ofrecía el aspecto de un peregrino. Tenía una venerable barba gris y, por las trazas, era muy viejo; pero aunque se apoyaba en un cayado, todavía no estaba encorvado por los años. Era alto y erguido y mostraba las ruinas de una elegante figura. Llevaba un redondo sombrero andaluz, una zamarra y pantalones de cuero, e iba calzado con abarcas. Su traje, aunque viejo y remendado, era decente, y su aspecto, viril. Se dirigió a nosotros con esa grave cortesía que se encuentra hasta en el español más humilde. Nos sentimos favorablemente inclinados hacia visitante tal; y con impulsiva generosidad le dimos unas monedas, una hogaza de sabroso pan de trigo y un vaso de nuestro exquisito vino de Málaga. Lo recibió con gratitud, pero sin que le acompañase ningún servil ademán. Al probar el vino, lo miró al trasluz con un asomo de sorpresa en sus ojos; luego, se lo bebió de un trago.

—Hace muchos años—dijo—que no he probado un vino así. Es reconfortante para el corazón de un viejo. —Después, contemplando la hermosa hogaza de pan, añadió—: *¡Bendito sea tal pan!*—y lo guardó en su zurrón.

Le insistimos para que se lo comiera allí.

—No, *señores*—replicó—. El vino, sí, porque tenía que beberlo o dejarlo; pero el pan me lo puedo llevar a mi casa para compartirlo con mi familia.

Sancho nos interrogó con la mirada, y al leer en ella nuestra aprobación, entregó al viejo una parte considerable de nuestra comida, aunque con la condición de que tenía que sentarse y comer allí mismo.

Y así fue; sentóse a cierta distancia de nosotros y comenzó a comer pausadamente, con la sobriedad y el decoro propios de un *hidalgo*. Había en aquel anciano tal mesura y tan sereno domino de sí mismo, que me hizo pensar si no habría conocido días mejores; hasta en su lenguaje, aunque sencillo, había algo de pintoresco y poético. Supuse que era algún arruinado caballero; pero me equivocaba. Aquella su actitud no era sino la innata cortesía de un español, y sus poéticos giros de lenguaje y pensamiento se encuentran con frecuencia en todos los habitantes de este pueblo de aguda inteligencia, incluso en los tipos de la más ínfima clase social. Nos dijo que había sido pastor durante cincuenta años, pero que ahora se encontraba sin colocación y, por consiguiente, necesitado.

—Cuando era joven—añadió—nada me preocupaba ni me hacía daño; siempre me encontraba bien de salud, siempre alegre; pero ya tengo setenta y nueve años, soy pobre, y el corazón empieza a fallarme.

No era todavía mendigo profesional, porque hacía muy poco que la necesidad le había obligado a esta condición. Hizo una conmovedora pintura de la lucha que se entabló entre su orgullo y el hambre cuando por vez primera se apoderó de él la más negra miseria. Volvía de Málaga sin dinero; no había co-

44

mido nada desde hacía algún tiempo y, por añadidura, cruzaba una de las más extensas llanuras de España, que apenas si tenía viviendas. Cuando medio muerto de hambre llamó en una venta, «*Perdone usted por Dios, hermano*», le contestaron; que es la fórmula corriente en España cuando se quiere denegar la petición de un pordiosero.

—Me alejé—siguió diciendo—con más vergüenza que hambre, porque todavía queda mucho orgullo en mi corazón. Llegué a un río de márgenes elevadas y de profunda e impetuosa corriente, y poco faltó para arrojarme a él. «Un viejo desgraciado e inútil como yo—me dije—no tiene por qué vivir.» Pero cuando me vi al borde de la corriente, me acordé de la Santísima Virgen y me alejé. Anduve hasta que divisé un cortijo a poca distancia del camino, y entré en su patio exterior. La puerta estaba cerrada, pero vi a dos *señoras* jóvenes asomadas en una ventana. Me acerqué e imploré: «*Perdone usted por Dios, hermano*», y cerraron. Salí del patio arrastrándome; el hambre me rindió y desfalleció mi corazón. Creí llegada mi última hora; me tendí en la puerta, me encomendé a la Santísima Virgen y me cubrí la cabeza para morir. Al rato llegó el dueño del cortijo que regresaba a su hogar, y al verme tumbado en su puerta, descubrió mi cabeza, tuvo compasión de mis canas y me llevó dentro, donde me dio de comer. Porque, *señores,* nuestra confianza debe ponerse siempre en la protección de la Virgen.

El anciano se dirigía a Archidona, su pueblo de origen, que se divisaba muy bien desde allí, situado en su escarpada y rocosa colina. Nos señaló las ruinas de su castillo y dijo:

—Ese castillo fue habitado por un rey en tiempos de la guerra de Granada. La reina Isabel le puso sitio con un gran ejército; pero el rey moro lo miraba desde su castillo entre nubes y se sonreía desdeñosamente. En esto se apareció la Virgen a la reina y la guió con su ejército por una misteriosa vereda de la montaña, desconocida hasta entonces. Cuando el rey la vio aproximarse, quedó atónito; se arrojó con su caballo por un precipicio y murió destrozado. Las huellas de los cascos de su caballo—continuó el anciano—se pueden ver marcadas en la roca desde aquel día. Y vean, *señores;* allá se contempla el camino por donde la reina y sus ejércitos subieron; parece una cinta que asciende por la ladera del monte; pero el milagro es que, aunque puede verse a distancia, desaparece cuando uno se acerca.

El sendero ideal que señalaba era, indudablemente, un arenoso barranco de la montaña, que parecía estrecho y perfilado a distancia, pero que al aproximarse uno se ensanchaba y desaparecía.

Cuando el viejo reconfortó su ánimo con el vino y la comida, comenzó a contarnos la historia de un tesoro enterrado bajo el castillo por el rey moro. Su propia casa se encontraba junto a los cimientos. El cura y el notario habían soñado tres noches seguidas con aquel tesoro, e incluso habían cavado en el sitio que señalaban sus sueños; el propio yerno del viejo oyó una noche ruido de picos y palas. Lo que se encontraron se ignora; sí consta que de pronto se vieron ricos, aunque guardaron su secreto. Así fue como tuvo el anciano una vez la fortuna al alcance de sus manos, pero estaba condenado sin duda a no poder disfrutar de ella.

He observado que las historias de tesoros escondidos por los moros, tan populares en España, son cosa muy corriente entre las personas humildes. La Naturaleza, bondadosa, consuela con las sombras de la fantasía la carencia de realidades. El sediento sueña con el dulce murmullo de las fuentes y los ríos; el hambriento, con suntuosos banquetes, y el pobre, con montones de oro escondido, porque no hay en verdad nada tan rico como la imaginación de un pobre.

Nuestra jornada de aquella tarde nos llevó por un pendiente y escarpado desfiladero de la montaña, llamado *Puerto del Rey,* uno de los grandes pasos que dan entrada al territorio de Granada y por el que el rey Fernando condujo en cierta ocasión sus ejércitos. A la caída del sol, el sendero que rodeaba una colina nos puso a la vista de la famosa y pequeña ciudad fronteriza de Loja, que rechazó desde sus murallas al rey Fernando. Su nombre árabe quiere decir custodia o protectora, porque lo fue de la *vega* de Granada, como uno de sus vigías avanzados. Era el baluarte de aquel feroz guerrero, el viejo

Aliatar, suegro de Boabdil; y fue allí donde agrupó a su gente y salió a una desastrosa correría que terminó con el cautiverio y muerte del viejo *alcaide*. Loja ha sido llamada, con razón, la llave de Granada, dada su privilegiada posición en las mismas puertas, por decirlo así, de este desfiladero. Muy agreste y pintoresca, está edificada en la falda de una árida montaña. Las ruinas de un *alcázar* coronan un montículo rocoso que se alza en el centro de la ciudad. La baña el río Genil, que serpentea entre rocas y arboledas, prados y jardines, y que está cruzado por un puente morisco. Todo se ofrece bravío y estéril por encima de la ciudad, aunque de exuberante vegetación y fresca verdura en su zona baja. El río ofrece un contraste parecido; más allá del puente todo es plácido, fértil y poblado de setos y arboledas; más acá, ruidoso y turbulento. Sierra Nevada, regias montañas de Granada coronadas de nieves perpetuas, forma el límite lejano de este variado paisaje, uno de los más característicos de la romántica España.

Nos apeamos a las puertas de la ciudad y encargamos a Sancho que llevase nuestros caballos a la posada, en tanto dábamos una vuelta para gozar de la peregrina belleza del contorno. Cuando cruzábamos el puente en dirección a una hermosa *alameda,* dieron las campanas el toque de oración. Al oírlas, los transeúntes, ya sea por obligación o por complacencia, se descubrían y santiguaban, rezando la oración de la tarde, piadosa costumbre que todavía se conserva en los más apartados rincones de España. Todo ello formaba al atardecer un espectáculo bello y solemne. Paseábamos en tanto que la tarde se iba poco a poco y la luna comenzaba a brillar entre los olmos de la *alameda*. La voz de nuestro fiel escudero, que nos llamaba a distancia, nos sacó de este apacible estado de felicidad. Llegó sin aliento a donde estábamos.

—¡Ah, *señores!*—exclamó—. *El pobre Sancho no es nada sin Don Quijote.*

El hombre se había alarmado al ver que no llegábamos a la posada; le constaba que Loja era un agreste lugar montañoso, lleno de *contrabandistas,* hechiceros e *infiernos* [1], y como ignoraba lo que pudiera haber sucedido, salió en nuestra busca, preguntando por nosotros a todo el que topaba, hasta que supo que habíamos cruzado el puente y, con la natural alegría, nos había divisado paseando por la *alameda.*

La posada a que nos llevó se llamaba de la *Corona,* muy en consonancia, según comprobamos, con el aspecto del lugar, cuyos habitantes parecen conservar aún el fiero y resuelto espíritu de los pasados tiempos. La posadera era una joven y bella viuda andaluza, cuya adornada *basquiña,* de seda negra con flecos de abalorios, hacía resaltar los encantos de su airoso cuerpo y de sus torneadas y flexibles piernas. Su andar era firme y elástico, y llenos de fuego sus negros ojos. La coquetería de su movimiento y los adornos varios de su persona mostraban que le era muy familiar el ser admirada.

Buena pareja con ella hacía su hermano, casi de su misma edad, y los dos, modelos acabados de *majo* y *maja* andaluces. El era alto, vigoroso y bien formado, de tez aceitunada, ojos negros y vivos y rizadas patillas de color castaño que se juntaban bajo la barbilla. Iba airosamente vestido con chaquetilla corta de terciopelo verde ajustada a su cuerpo, muy adornada de botones de plata y un blanco pañuelo en cada bolsillo. Sus calzones, de la misma tela, llevaban una fila de botones desde las caderas hasta las rodillas; tenía asimismo un pañuelo de seda roja en torno a su garganta, recogido con un cintillo sobre la pechera de su camisa, cortada con esmero, y haciendo juego, una faja en la cintura; *botines* del más fino cuero bermejo, finamente trabajado, abiertos por las pantorrillas para enseñar las medias, y zapatos encarnados que daban realce a su bien formado pie.

Mientras permanecía en la puerta, llegó un jinete que entabló una seria conversación con él, en voz baja. Vestía de un modo parecido y casi con el mismo primor. Era un hombre de unos treinta años, de buena contextura, vigorosas facciones

[1] Como se verá más adelante, el propio autor da una poética versión de estos *infiernos.*

romanas, de cierta hermosura viril, aunque ligeramente picado de viruelas, de ademanes desenvueltos y de atrevida audacia. Su brioso caballo negro iba adornado con borlas y caprichosos arreos y llevaba colgados un par de trabucos detrás de la silla. Parecía uno de aquellos *contrabandistas* que había visto en la Serranía de Ronda, y por las trazas, estaba en buena armonía con el hermano de mi posadera. Es más: si no me equivoco era el pretendiente predilecto de la viuda. Toda la posada y sus ocupantes tenían cierto aspecto *contrabandista* y en un rincón se veía un trabuco al lado de una guitarra. El mencionado jinete pasó la noche en la *posada* y cantó con buen estilo algunos atrevidos romances de la montaña. Estábamos cenando cuando entraron dos infelices asturianos que con plañidero tono pidieron comida y cama por una noche. Al volver de una feria habían sido asaltados por los bandidos de la montaña, que les habían robado el caballo con todas las mercancías propias de su oficio, junto con el dinero. Como habían opuesto alguna resistencia, les destrozaron las ropas, dejándoles en el camino casi desnudos. Mi compañero de viaje, con la espontánea generosidad que le caracteriza, encargó que les preparasen cena y cama, y les dio, además, el dinero suficiente para proseguir el viaje hasta su lugar.

A medida que la noche avanzaba, las *dramatis personae* iban aumentando. Un grueso individuo de unos sesenta años de edad y de fuerte contextura, entró con paso cansino y se puso a charlar con mi mesonera. Vestía el traje andaluz corriente y llevaba un enorme sable bajo el brazo; lucía grandes mostachos y ofrecía en todo un aire altivo y fanfarrón. Todos parecían mirarle con gran deferencia.

Sancho nos murmuró al oído que era don Ventura Rodríguez, héroe y campeón de Loja, famoso por sus hazañas y por el vigor de su brazo. En tiempos de la invasión francesa sorprendió a seis soldados que dormían; primero trabó sus caballos, y después los acometió con su sable, matando a unos y haciendo prisioneros a los restantes. Por esa hazaña le concedió el rey una peseta [1] diaria y le honró con el título de Don.

---

[1] La quinta parte de un duro o dólar. (*N. del A.*)

Me divertía oír su ampuloso lenguaje y contemplar su tipo. Era, ciertamente, modelo de perfecto andaluz, bravo y fanfarrón. Llevaba siempre el sable en su mano o bajo el brazo, y no lo soltaba nunca, lo mismo que una niña con su muñeca. Lo llamaba su Santa Teresa y decía:

—Cuando lo saco, *tiembla la tierra.*

Estuve sentado allí hasta muy tarde, oyendo los varios temas de conversación de aquel pintoresco grupo, en el que todos estaban mezclados, con esa típica campechanía que reina en las *posadas* españolas. Oímos romances de *contrabandistas,* historias de ladrones, así como hazañas de *guerrilla* y leyendas moriscas. Una de éstas la refirió nuestra bella mesonera, que hizo un poético relato de los *infiernos* de Loja: oscuras cavernas donde las corrientes de agua y las cascadas producen un ruido misterioso y donde, según el vulgo, hay riquezas escondidas desde aquellos tiempos en que los reyes moros guardaron en ellas sus tesoros.

Me fui a la cama con la imaginación excitada por todo lo que había visto y oído en esta vieja ciudad llena de bélicos recuerdos. Apenas me había dormido cuando me despertaron un estrépito y algarabía horribles, que hubieran turbado al mismo héroe de la Mancha, cuya estancia en las posadas españolas ocasionaba un continuo alboroto. Dio la impresión, por el momento, de que los moros habían penetrado una vez más en la ciudad, o que se hubiesen derrumbado los *infiernos* de que mi posadera había hablado. Salí a medio vestir a enterarme de lo sucedido. Era, ni más ni menos, una cencerrada[1] para celebrar el enlace de un viejo con una rolliza damisela. Deseándole que disfrutase de su novia y de aquella serenata, me volví a mi pacífico lecho y dormí de un tirón hasta la mañana siguiente.

En tanto que me vestía, me distraje contemplando desde mi ventana el ir y venir de la gente del lugar. Había grupos de jóvenes de buena presencia, vestidos con el típico traje andaluz de caprichosos adornos, pardas capas terciadas, según la autén-

---

[1] El autor utiliza el equivalente *charivari.*

tica e inimitable costumbre española, y su redondo sombrero *majo* que les prestaba un aire muy peculiar. Ofrecían la misma gallarda presencia que había observado en los presumidos montañeses de Ronda. Efectivamente, toda esta parte de Andalucía es pródiga en estos tipos tan pintorescos que vagan ociosos por pueblos y ciudades, sobrados, según parece, de tiempo y dinero; «les basta un caballo que montar y un arma que llevar». Muy locuaces, grandes fumadores, tocan hábilmente la guitarra, dan serenatas a su bella *maja* y bailan muy bien el *bolero*. Por toda España, los hombres, aunque sean de condición humilde, tienen un concepto un poco caballeresco de la ociosidad; creen, al parecer, que el no tener prisa jamás es atributo del verdadero *caballero*. En cuanto a los andaluces, son tan ociosos como alegres, y debido a esto último, nunca sufren las tristes consecuencias de la haraganería. Indudablemente, el origen de esta manera de ser se encuentra en el atrevido comercio de contrabando que abunda en esta montañosa región, a todo lo largo del litoral de Andalucía.

Contrastaba con el atuendo de estos grupos, el de dos zanquilargos valencianos que llevaban un borriquillo cargado de mercancías, con sus mosquetes al hombro, prontos a la acción. Usaban *chalecos* redondos, anchas *bragas* de hilo que apenas les llegaban hasta las rodillas, semejantes a faldillas escocesas, rojas *fajas* muy ceñidas a la cintura, abarcas de *esparto* y vistosos pañuelos en torno a la cabeza, a modo de turbante, aunque dejando al descubierto la coronilla. Ofrecían, en suma, el aspecto de una tradicional estampa morisca.

Al salir de Loja se nos agregó un caballero, bien montado y armado, seguido a pie por un *escopetero*. Nos saludó cortésmente y pronto nos dio a conocer su clase y condición. Era el jefe de aduanas, o, dicho de otro modo, el jefe de una compañía armada que tiene la misión de patrullar por los caminos a la busca y captura de los *contrabandistas*. El *escopetero* era uno de sus guardianes. En el curso de nuestra jornada de aquella mañana, me dio a conocer algunos datos respecto a los contrabandistas, que han llegado a constituir en España una especie de caballería mixta. Nos dijo que venían a Andalucía de diferentes puntos, en especial de la Mancha; unas veces, para recibir el género que será más tarde introducido de contrabando por la aduana de la *plaza* de Gibraltar, una noche previamente fijada; y otras, para salir al encuentro de un barco que los aguarda, en noche también elegida, frente a cierto lugar de la costa. Se ayudan mutuamente y siempre su trabajo es nocturno. De día descansan tranquilamente en los *barrancos* o en algún cortijo solitario. Aquí son bien recibidos, por lo general, ya que suelen hacer generosos regalos a la gente del cortijo, a base de las mercancías del contrabando. Y así, muchos de los adornos y baratijas que llevan las mujeres, esposas e hijas, de las aldeas y cortijos de la montaña, son regalos de los alegres y generosos *contrabandistas*.

Cuando han llegado a la parte de la costa señalada para que el barco salga a su encuentro, buscan entonces alguna punta o promontorio rocosos. Si divisan una vela cerca de la orilla, hacen la señal convenida; ésta consiste con frecuencia en alumbrar tres veces con una linterna que ocultan bajo los pliegues de sus capas. Si la señal es contestada, descienden a la costa y se entregan con rapidez al trabajo. El barco se aproxima protegido por la oscuridad; todos los botes se apresuran a desembarcar las mercancías, que son preparadas en cómodos fardos para su transporte a los lomos de los caballos. Las arrojan rápidamente a la playa y son cargadas a toda prisa en las caballerías. Luego, los *contrabandistas* se internan en lo intrincado del monte. Avanzan por caminos escabrosos y solitarios, por lo que es poco menos que inútil el seguirlos; los de aduanas ni lo intentan, sino que, por el contrario, toman camino distinto. Cuando llega a su conocimiento que una de estas partidas regresa con su buen cargamento a través de la sierra, se destaca una fuerza que en ocasiones se compone de doce hombres a pie y ocho jinetes, y se colocan en la entrada de un desfiladero abierto a la llanura. Los de a pie, emboscados a cierta distancia, pero dentro del desfiladero, dejan que pasen y luego abren fuego contra ellos. Prosiguen adelante los *contrabandistas*, pero entonces se encuentran frente a los jinetes. Surge así una feroz escaramuza. Si la situación es muy apurada, los *contrabandistas* se ven perdidos. Algunos descabalgan y, usando sus caballos como parapeto, disparan por encima de sus lomos; otros cortan las cuerdas que sujetan los fardos, dejándolos caer con el propósito de obstaculizar a sus enemigos e intentar después darse a la fuga en sus rápidos corceles. Los hay que consiguen huir, aunque pierdan sus fardos; muchos son capturados con todo, caballos y mercancía, y otros, en fin, abandonan todas las cosas y logran escapar trepando como gatos por las montañas.

—Y entonces—exclamó Sancho, que había estado escuchando con gran atención—, *se hacen ladrones legítimos*.

No pude por menos que reírme ante la ocurrencia de Sancho de que existiese tal clase como profesión legítima; pero el jefe de adunas me dijo que se daba, en efecto, el caso de que los contrabandistas, al verse acorralados así, se creían en el legítimo derecho de salir a los caminos e imponer al viajero una contribución, hasta que reúnen los fondos necesarios para prepararse y equiparse al estilo *contrabandista*.

Hacia el mediodía se despidió de nosotros nuestro compañero de viaje y bajó por un pronunciado desfiladero, seguido de su *escopetero;* poco después salíamos de entre los montes y entrábamos en la famosa *vega* de Granada.

Hicimos nuestra última comida de mediodía bajo unos olivos que había a orillas de un riachuelo. Nos encontrábamos en un paraje clásico, ya que no lejos de nosotros se alzaban las alamedas y huertos del Soto de Roma. Era, según nos dice una fabulosa tradición, un lugar de retiro creado por el conde Don Julián para que sirviese de consuelo a su hija [1]. Fue aquél una finca campestre de los reyes moros de Granada, y en la actualidad pertenece al duque de Wellington.

---

[1] Alude al padre de Florinda la Cava, deshonrada por don Rodrigo, último rey godo. Según las crónicas, don Julián, en su despecho, facilitó la entrada en España a los invasores musulmanes. Este tema fue muy tratado durante siglos en la literatura popular española.

El nombre de Romilla, por el que es conocido este lugar, parece que procede de la voz árabe *rumía*, esto es, *la cristiana*, aludiendo a la joven Florinda. (Cf. sin embargo, ASÍN PALACIOS: *Contribución a la toponimia árabe de España*, pág. 131 s v. *Romilla y Romí*.) (N. del T.)

El semblante de nuestro buen escudero ofrecía melancólico aspecto cuando extrajo por última vez el contenido de sus *alforjas*. Se lamentaba de que nuestra excursión tocase a su fin, pues, según dijo, sería capaz de ir hasta el fin del mundo en compañía de tales caballeros. Nuestro refrigerio resultó alegre y hecho bajo buenos auspicios. El cielo brillaba sin una nube. La fresca brisa de la montaña templaba el calor del sol. Ante nosotros se extendía, magnífica, la *vega*. Allá a lo lejos, la romántica Granada, coronada por las rojizas torres de la Alhambra; mientras por encima de ella refulgían como la plata las nevadas cumbres de Sierra Nevada.

Terminada la comida, tendimos nuestras capas y echamos nuestra última siesta, *al fresco*, arrullados por los zumbidos de las abejas entre las flores y el murmullo de las palomas en los olivos. Cuando pasaron las horas de bochorno, proseguimos nuestra ruta. Al rato, alcanzamos a un obeso hombrecillo que parecía un sapo montado en una mula. Comenzó a conversar con Sancho, y al saber que éramos extranjeros, se ofreció a guiarnos a una buena *posada*. Nos dijo que era *escribano* y que conocía la ciudad tan bien como sus propios bolsillos.

—¡Ah, Dios, señores! *¡Qué ciudad van a ver ustedes!* ¡Qué calles! ¡Qué plazas! ¡Qué palacios! Y si son las mujeres... ¡Ah, *Santa María Purísima*, qué mujeres!

—¿Y está usted seguro—dije yo—de que es buena esa posada que dice?

—¿Buena? *¡Santa María!* La mejor de Granada. *Salones grandes, camas de lujo, colchones de plumas.* ¡Ah, *señores*, comerán como el Rey Chico de la Alhambra!

—¿Y cómo comerán mis caballos?—preguntó Sancho.

—Como los caballos del Rey Chico. *Chocolate con leche y bollos para almuerzo*—dijo, mirando de soslayo a nuestro escudero y guiñándole.

Ante unos informes tan satisfactorios nada más había que pedir sobre el particular; así que cabalgamos tranquilos con el pequeño y regordete escribano delante de nosotros, el cual volvía a cada paso su cabeza y lanzaba nuevos elogios a las bellezas de Granada y a lo bien que íbamos a pasarlo en la *posada*.

Así escoltados, pasamos entre unos setos de pitas y chumberas y por entre los numerosos jardines que pueblan la *vega*. Llegamos al ponerse el sol a las puertas de la ciudad. Nuestro amable guía nos hizo subir por una calle y bajar por otra, hasta penetrar en una posada en donde, por la apariencia, andaba como por su propia casa. Llamó al posadero por su nombre de pila y nos recomendó como dos *caballeros de mucho valor,* dignos del mejor aposento y de la más espléndida comida. Nos acordamos al instante de aquel extraño protector que presentó a Gil Blas, con un idéntico preludio de alabanzas, al hostelero y hostelera del mesón de Peñaflor [1]. Cuando pidió truchas para su cena, les decía mientras comía vorazmente:

—No sabéis a quién habéis recibido. Tenéis un tesoro en vuestra casa. Este joven caballero es la octava maravilla del mundo, y nada de lo que hay en esta posada es demasiado bueno para el señor Gil Blas de Santillana, digno de ser tratado como un príncipe.

Decididos a que aquel pequeño escribano no comiese truchas a costa de nuestro bolsillo, como le ocurrió a su colega de Peñaflor, le impedimos que pidiese cena; no tuvimos por qué tacharnos de ingratos, pues comprobamos, antes que llegase la mañana, que aquel tipo nos había atraído con engaños a una de las *posadas* más zarrapastrosas de Granada.

---

[1] «El tal caballero, que podía tener treinta años..., acercándose a mí con cierto aire alegre y apresurado: «Señor licenciado, me dijo, acabo de saber que usted es el señor Gil Blas de Santillana, la honra de Oviedo y la antorcha de la filosofía. ¿Es posible que sea usted aquel joven sapientísimo, aquel ingenio sublime, cuya reputación es tan grande en todo este país? Vosotros no sabéis (volviéndose al mesonero y a la mesonera) qué hombre tenéis en casa. Tenéis en ella un tesoro. En este mozo estáis viendo la octava maravilla del mundo...»

«—¿Qué llama usted «demasiado delicado»?—replicó mi adulador—. Traiga usted la trucha y descuide todo lo demás. Ningún bocado, por regalado que sea, es demasiado bueno para el señor Gil Blas de Santillana, que merece ser tratado como un príncipe.» (ALAIN RENÉ LESAGE: *Historia de Gil Blas de Santillana.* Trad. del P. Isla.) (*N. del T.*)

EL PALACIO DE LA ALHAMBRA

PARA el viajero imbuido de sentimiento por lo histórico y lo poético, tan inseparablemente unidos en los anales de la romántica España, es la Alhambra objeto de devoción como lo es la Caaba para todos los creyentes musulmanes. ¡Cuántas leyendas y tradiciones, ciertas o fabulosas; cuántas canciones y baladas, árabes y españolas, de amor, de guerra y de lides caballerescas, van unidas a este palacio oriental! Fue la regia morada de los monarcas moros, donde, rodeados del esplendor y refinamiento típicos del lujo asiático, ejercían su dominio sobre lo que ellos consideraban un paraíso terrestre y del que hicieron último baluarte de su imperio en España. El palacio real forma parte de una fortaleza cuyas murallas coronadas de torres se extienden irregularmente en torno a la cumbre de una colina, estribación de Sierra Nevada y atalaya de la ciudad. Contemplada por fuera, es una tosca agrupación de torres y almenas, sin regularidad de planta ni elegancia arquitectónica, que apenas da una idea de la gracia y belleza que reinan en su interior.

En tiempos de los moros, la fortaleza era capaz de albergar dentro de su recinto un ejército de cuarenta mil hombres, y en ocasiones fue utilizada como refugio y defensa de los soberanos contra sus súbditos rebeldes. Cuando el reino pasó a manos cristianas, continuó siendo la Alhambra patrimonio real y habitada algunas veces por los monarcas castellanos. El emperador Carlos V comenzó a construir un suntuoso palacio en el recinto de sus murallas, pero las continuas sacudidas de tierra impidieron su terminación [1]. Sus últimos reales huéspedes fueron Felipe V y su bella esposa, la reina Isabel de Parma, al comienzo del siglo XVIII. Para recibirlos se hicieron grandes preparativos. Palacio y jardines fueron restaurados, y se construyó una nueva serie de aposentos que decoraron artistas traídos de Italia. La estancia de los reyes fue transitoria y cuando partieron quedó otra vez desierto el palacio. No obstante, el recinto amurallado estaba sujeto a cierta disciplina militar. El gobernador lo había conseguido de los reyes; su jurisdicción se extendía hasta los arrabales de la ciudad e independiente de la del capitán general de Granada. Mantenía una considerable guarnición; el gobernador se alojaba frente al viejo palacio moro y nunca bajaba a la ciudad sin que le acompañase una escolta de soldados. Porque, efectivamente, era la fortaleza, por sí misma, una pequeña ciudad con varias calles y casas en el recinto de sus murallas, además de un convento de franciscanos y una iglesia parroquial.

Sin embargo, la retirada de la Corte fue un golpe fatal para la Alhambra. Sus bellos salones quedaron desiertos y algunos de ellos en ruinas; se destrozaron los jardines y dejaron de correr las fuentes. Poco a poco se llenaron las viviendas de gentes desaprensivas y desordenadas; *contrabandistas* que se aprovechaban de su jurisdicción independiente para realizar un tráfico de contrabando, peligroso y atrevido, y pícaros ladrones de toda clase, que hicieron de la Alhambra un refugio desde donde poder operar sobre Granada y sus cercanías. El fuerte brazo de la justicia intervino al fin; se investigó la comunidad entera, de pies a cabeza; sólo se autorizó la permanencia a los que eran de honrada condición o tenían legítimo derecho de residencia; la mayor parte de las casas fueron demolidas y no se dejó sino un pequeño barrio con el convento franciscano y la parroquia. Cuando Granada estuvo en manos de los franceses, durante los recientes trastornos en España, fue la Alhambra guarnecida

---

[1] La verdadera causa de la suspensión de las obras del palacio fue la sublevación de los moriscos, pues éstos, a cambio de ciertas libertades, daban 80.000 ducados anuales que se destinaban a la construcción de este edificio. *(N. del T.)*

por sus tropas y habitado algún tiempo el palacio por el comandante francés. Con ese exquisito gusto que ha distinguido siempre en sus conquistas a los franceses, este elegante monumento del esplendor moro fue salvado de la completa ruina y desolación que le amenazaba. Fueron reparados los tejados, protegidos del viento los salones y galerías, cultivados los jardines, restablecidas las conducciones de agua, y las fuentes volvieron a lanzar su lluvia de perlas. España debe agradecer a sus invasores el que hoy se conserve el más bello e interesante de sus monumentos históricos.

Los franceses, al retirarse, volaron algunas torres de la muralla exterior y apenas dejaron defendibles las fortificaciones. La importancia militar de aquella estratégica posición fue nula desde aquel momento. Su guarnición se compone en la actualidad de un puñado de soldados inválidos, que tienen como misión esencial la guarda de algunas torres exteriores, prisión del Estado alguna vez; el gobernador, que ha abandonado la elevada colina de la Alhambra, reside en el centro de Granada para despachar más cómodamente sus asuntos oficiales.

Fue por supuesto nuestro primer objetivo, a la mañana siguiente de nuestra llegada, visitar este edificio respetado por el tiempo, el cual tantas veces y tan minuciosamente ha sido descrito por los viajeros, que renuncio a una amplia reseña del mismo, limitándome a esbozar algunas de sus partes, junto con los incidentes y recuerdos de aquella primera visita.

Salimos de nuestra *posada* y atravesamos la famosa plaza de Bibarrambla, lugar en otro tiempo de justas y torneos moriscos y hoy populoso mercado; seguimos por el Zacatín, importante calle que en tiempos moros fue Gran Bazar y que todavía conserva callejuelas y tiendecillas de sabor oriental. Cruzando una amplia plaza frente al palacio del capitán general, subimos por una estrecha y tortuosa calle, cuyo nombre me recordó los caballerescos días de Granada. Se llama calle de Gomeres, nombre de una familia mora célebre en crónicas y romances. Esta calle desemboca en la Puerta de las Granadas, maciza entrada de estilo griego, construida por Carlos V, que da acceso al recinto de la Alhambra.

Al lado de la puerta había algunos andrajosos soldados veteranos, sucesores de los Zegríes y Abencerrajes, dormitando en un banco de piedra, en tanto que un alto y delgado individuo, con una raída capa parda que, sin duda, tenía por objeto ocultar el lamentable estado de sus ropas interiores, estaba tomando el sol, charlando con un viejo centinela de servicio. Al pasar la puerta, se acercó a nosotros y se ofreció a mostrarnos la fortaleza.

Siento, como todo buen viajero, cierta aversión hacia estos oficiosos guías, y por añadidura no me convenció el aspecto de aquel solicitante.

—Supongo que conocerá usted bien este sitio.

—*Ninguno más; pues, señor, soy hijo de la Alhambra.*

El español corriente posee, en verdad, un modo muy poético de expresión: «¡Hijo de la Alhambra!» Este nombre me sorprendió, y el andrajoso aspecto de mi nuevo conocido adquirió incluso cierta dignidad para mí. Era como el símbolo de los destinos de aquel lugar y estaba de acuerdo con el linaje de sus ruinas.

Le hice algunas preguntas y comprobé que su título era legítimo. Su familia había vivido en la fortaleza, una generación tras otra, desde los tiempos de la conquista. Se llamaba Mateo Jiménez.

—Entonces—le dije—, tal vez sea usted descendiente del gran cardenal Jiménez.

—*¡Dios sabe, señor!* Es posible. Somos la familia más vieja de la Alhambra y *cristianos viejos* sin mancha de moros o judíos. Sí sé que pertenecemos a una noble familia, pero ignoro a cuál. Mi padre sí lo sabe; tiene colgado un escudo de armas en nuestra casa, allá arriba en la fortaleza.

No he encontrado un español, por pobre que sea, que no tenga pretensiones de alta estirpe. Fue, sin embargo, el primer título de este harapiento ilustre el que me había cautivado por completo; y así acepté gustoso los servicios de aquel «hijo de la Alhambra».

Nos encontramos ahora en una profunda y estrecha cañada, poblada de elegante arbolado, con una pendiente alameda y algunos senderos en torno, bordeada de bancos y adornadas fuentes. A la izquierda, por encima de nosotros, divisamos las torres de la Alhambra; a la derecha, al lado opuesto de la hondonada, otras torres que se alzaban sobre una rocosa eminencia. Eran, según nos dijeron, las Torres Bermejas, así llamadas por su color rojizo; nadie conoce su origen y son de una época muy anterior a la Alhambra. Unos suponen que fueron construidas por los romanos; otros, por alguna errante colonia de fenicios. Subiendo por la empinada y sombría alameda, llegamos al pie de una gran torre morisca, cuadrada, a manera de barbacana, que es el principal acceso a la fortaleza. Junto a ella vimos otro grupo de veteranos inválidos, uno de ellos montando la guardia en la puerta, en tanto que los otros, envueltos en sus andrajosas capas, dormían en los bancos de piedra. Se llama esta entrada la Puerta de la Justicia, por el tribunal que se constituía bajo su pórtico en los días de la dominación musulmana para la vista inmediata de pequeñas causas; costumbre usual en los pueblos de Oriente, citada con frecuencia en las Sagradas Escrituras: «Pondrás jueces y escribanos en todas las puertas, y juzgarán a mi pueblo con justo juicio» [1].

El gran vestíbulo o pórtico de entrada está formado por un gran arco árabe, en forma de herradura, que sube hasta la mitad de la altura de la torre. En la clave de este arco hay grabada una gigantesca mano, y en la de la portada, dentro ya del vestíbulo, hay esculpida una gran llave. Los que se llaman conocedores de símbolos mahometanos aseguran que la mano es el emblema de la doctrina; los cinco dedos representan, según ellos, los cinco mandamientos principales de la fe islámica, esto es: ayuno, peregrinación, limosna, ablución y guerra contra los infieles. La llave, afirman, es el emblema de la fe o del poder; la llave de Daoud o David transmitida al Profeta: «Y pondré sobre tus hombros la llave de la casa de David, y abrirá y nadie cerrará, y cerrará y nadie abrirá» (*Is.*, XXII, 22). También nos dijeron que esta llave fue esmaltada de brillantes colores, a la usanza árabe, en oposición al símbolo cristiano de la cruz, en

[1] *Deut.* XVI, 18.

aquellos días en que eran dueños de España o Andalucía. Representaba el poder de conquista de que estaba investido el Profeta: «El que tiene la llave de David, el que abre, el que abre y nadie cierra, y cierra y nadie abre» *(Apoc.,* III, 7).

Sin embargo, el legítimo hijo de la Alhambra nos dio una interpretación distinta de estos emblemas, más de acuerdo con las creencias populares, que atribuyen algo misterioso y mágico a todo lo que se relaciona con los moros y alimenta toda clase de supersticiones respecto a esta vieja fortaleza musulmana. Según Mateo, era tradición transmitida desde los más antiguos habitantes, y que él conservaba de su padre y abuelo, que la mano y la llave eran una mágica invención de la que dependía la suerte de la Alhambra. El rey moro que la construyó fue un gran mago, o, según creían otros, se había vendido al diablo y edificó la fortaleza por arte de encantamiento. Por este motivo ha permanecido en pie durante siglos, desafiando tormentas y terremotos, en tanto que la mayor parte de las restantes construcciones moriscas quedaron en ruinas o desaparecieron. Añade esta tradición que el mágico hechizo durará hasta que la mano del arco exterior baje y coja la llave; entonces, todo el edificio saltará en pedazos y quedarán al descubierto todos los tesoros que allí escondieron los moros.

A pesar de este siniestro augurio, nos aventuramos a pasar por la encantada puerta, y nos sentimos más protegidos contra las artes mágicas cuando contemplamos una imagen de la Virgen sobre la portada.

Luego de atravesar la barbacana, subimos un estrecho pasadizo que serpenteaba entre murallas y desembocamos en una espaciosa explanada que hay dentro de la ciudadela, llamada Plaza de los Aljibes, por los grandes depósitos de agua existentes debajo de ella, abiertos en la roca viva por los moros y destinados a recibir el agua traída por conductos desde el río Darro, para abastecimiento de la fortaleza. También hay un pozo de gran profundidad que da una agua muy fresca y pura, y que es otra muestra del depurado gusto de los moros, infatigables siempre en sus esfuerzos por obtener este preciado elemento en su cristalina pureza.

Frente a esta explanada se levanta el magnífico palacio comenzado por Carlos V y destinado, según dicen, a eclipsar la morada de los monarcas árabes. Una gran parte del edificio oriental, proyectado como residencia de invierno, fue demolida para dejar sitio a esta maciza mole. Se tapió la entrada principal, y por esta razón, el acceso actual al palacio árabe se realiza por una sencilla y hasta humilde portada que hay en un rincón. Con toda su imponente grandeza y mérito arquitectónico, miramos al palacio de Carlos V como un arrogante intruso y, pasando delante de él casi con un poco de desprecio, llamamos a la puerta musulmana.

Mientras esperábamos el permiso de entrada, nuestro bien informado cicerone Mateo Jiménez nos dijo que el palacio había sido confiado a los cuidados de una ilustre y anciana señora llamada doña Antonio Molina, aunque, según la costumbre española, era conocida por la *Tía Antonia;* mantenía en orden los salones y jardines árabes, y se encargaba de enseñarlos a los forasteros. Mientras hablábamos, abrió la puerta una pequeña y regordeta muchacha andaluza de ojos negros, a quien Mateo llamó Dolores, aunque por el brillo de sus miradas y agradable tipo, merecía en justicia un nombre más risueño. Mateo me informó al oído que era sobrina de la *Tía Antonia,* y observé que sería ella el hada bienhechora que nos iba a conducir por el palacio encantado. Guiados por la joven, cruzamos el umbral, y al momento sentimos que éramos transportados, como por arte de magia, a otros tiempos y a un reino oriental, y que presenciábamos escenarios de la historia árabe. No puede darse un contraste más grande entre el exterior del edificio, tan poco prometedor, y la perspectiva que teníamos ante los ojos. Nos encontrábamos en un gran *patio,* de unos ciento cincuenta pies de longitud y más de ochenta de ancho, con pavimento de mármol blanco y decorado con ligeros peristilos árabes en cada uno de sus extremos, uno de los cuales sostiene una elegante galería de calada arquitectura. En las molduras de las cornisas y sobre algunas partes de los muros, escudos y claves y caracteres cúficos y árabes de alto relieve, que repetían piadosas inscripciones de los monarcas musulmanes constructores de la Alhambra, o exaltaban su grandeza y munificencia. En el centro del patio se extiende un inmenso *estanque* de unos ciento veinticuatro pies de largo, treinta y siete de ancho y cinco de profundidad, que recibe el agua de dos tazas de mármol; de ahí que se llame Patio de la Alberca (de *al beerkah;* palabra árabe que equivale a pozo o estanque). Se ven brillar en sus aguas una gran abundancia de peces de matizados colores, y se encuentra rodeado de macizos de rosales.

Pasando desde el patio de la Alberca, por debajo de un arco árabe entramos en el famoso patio de los Leones. Ninguna parte del edificio da una idea más completa de su belleza como este patio, ya que ninguna ha sufrido menos los estragos del tiempo. En el centro se encuentra la famosa fuente, cantada en historias y romances. Su taza de alabastro derrama todavía sus gotas de diamantes, y los doce leones que la sostienen —que dan nombre al patio—aún arrojan sus cristalinos caños de agua como en los días de Boabdil. Estos leones, sin embargo, no son dignos de su fama, pues su talla es pobre, probablemente de algún cristiano cautivo. El patio está alfombrado de flores, en lugar de su antiguo y más apropiado pavimento de losas de mármol; la modificación, evidente muestra de mal gusto, la hicieron los franceses cuando fueron dueños de Granada. En torno a los cuatro lados del patio hay unas esbeltas y afiligranadas arcadas árabes, sostenidas por gráciles columnas de mármol blanco que, según se cree, fueron doradas en su origen. Su arquitectura, como casi toda la del interior del palacio, se caracteriza, más que por su grandeza, por su elegancia, que demuestra un gusto gracioso y delicado y cierta predisposición al placer indolente. Cuando se contempla la maravillosa tracería de los peristilos y el frágil, en apariencia, calado de los muros, se hace difícil creer que todo esto haya sobrevivido al través de los tiempos, a las sacudidas de los terremotos, a la violencia de la guerra y a las pacíficas, aunque no menos dañosas, raterías del entusiasta viajero, lo que basta para justificar la popular tradición de que todo aquí está protegido por un mágico hechizo.

A un lado del patio, un pórtico suntuoso da entrada a la

sala de los Abencerrajes, así llamada por los gallardos caballeros de ilustre linaje que fueron en ella alevosamente asesinados. Muchos ponen en duda esta historia, pero nuestro humilde guía Mateo nos mostró el verdadero postigo de entrada por donde fueron introducidos uno a uno en el patio de los Leones, y la blanca fuente de mármol en el centro de la estancia, junto a la cual fueron decapitados. Nos mostró asimismo unas grandes manchas rojizas en el pavimento, huellas de su sangre, que, según la popular creencia, no se podrán borrar nunca.

Al ver que le oíamos, al parecer, con fe verdadera, añadió que se oía con frecuencia, por la noche, un rumor apagado y confuso en el patio de los Leones, semejante al murmullo que produce una multitud, y de cuando en cuando, un débil tintineo, como lejano rechinar de cadenas. Estos ruidos los hacen los espíritus de los Abencerrajes asesinados, que todas las noches rondan el lugar de su suplicio e invocan la venganza del Cielo para sus verdugos.

Los ruidos en cuestión eran producidos, sin duda, y después tuve ocasión de comprobarlo, por el borbollar de las corrientes y la estrepitosa caída de los saltos de agua, conducida bajo el pavimento por tuberías y canales y destinada a surtir las fuentes; pero tuve la prudencia necesaria de no insinuar semejante hipótesis al modesto cronista de la Alhambra.

Estimulado por mi fácil credulidad, me contó Mateo, como cierta, la siguiente historia que había oído de su abuelo:

«Había una vez un soldado inválido, cuyo oficio era enseñar la Alhambra a todos los visitantes. Al pasar una tarde, ya entre dos luces, por el patio de los Leones, oyó rumor de pasos en la sala de Abencerrajes. Suponiendo que eran algunos visitantes que se habían retrasado, se dirigió a atenderlos, y grande fue su asombro cuando contempló a cuatro moros, lujosamente ataviados con doradas corazas y cimitarras y relucientes puñales incrustados de piedras preciosas. Iban de un sitio a otro con andar pausado; pero se detuvieron y le llamaron con un gesto. Entonces, el viejo soldado se dio a la fuga, y ya no se le pudo convencer para que volviese a la Alhambra»; y así ocurre, que muchas veces vuelven los hombres sus espaldas a la fortuna,

pues es firme opinión de Mateo, «que aquellos moros se proponían revelar el sitio donde están ocultos sus tesoros. El sucesor de este inválido fue más avisado; llegó pobre a la Alhambra, pero al cabo de un año se fue a Málaga, compró casas, usó coche y todavía vive allí como uno de los ancianos más ricos de la ciudad»; todo lo cual, según la sabia presunción de Mateo, era consecuencia de haber descubierto el dorado secreto de aquellos fantasmas moros.

Comprobé entonces que me unía una inestimable familiaridad con este hijo de la Alhambra, conocedor de todas sus leyendas, en las que creía a pie juntillas, y cuya memoria estaba repleta de toda esa clase de conocimientos por los que siento una secreta afición, aunque los graves filósofos, menos indulgentes, los consideren desatinos; y así, decidí cultivar la amistad de este «culto tebano».

Frente por frente a la sala de Abencerrajes, un pórtico bellamente adornado da paso a otra sala que no evoca recuerdos tan trágicos. Es clara y elevada, de deliciosa arquitectura y enlosada de mármol blanco; ostenta el sugestivo nombre de sala de las Dos Hermanas. Muchos destruyen lo novelesco de este nombre al decir que procede de dos grandes losas de alabastro que hay a uno y otro lado del suelo, y que forman una gran parte de su pavimento; opinión ésta firmemente defendida por Mateo Jiménez. Otros se inclinan a dar al mismo una significación más poética, como el tenue recuerdo de las bellas moras que en otro tiempo adornaron con su presencia esta sala, que evidentemente formó parte del harén real. Mucho me alegró que esta opinión la compartiera Dolores, nuestra bonita guía de ojos claros; nos señaló un balcón situado encima de un pórtico interior, cuyo vestíbulo, según dijeron, pertenecía al aposento de las mujeres.

—Mire, *señor*—me dijo—: todo está enrejado y con celosías, como si fuera la galería de un convento, donde las monjas oyen misa, porque—añadió indignada—los reyes moros encierran a sus mujeres como si fueran monjas.

Todavía se conservan, en efecto, las *celosías,* desde donde las huríes de ojos negros del harén podían ver, sin ser vistas, las

65

zambras y otros bailes y festejos que se celebraban en la sala inferior.

A cada lado de esta sala hay nichos y huecos para otomanas y lechos, donde los voluptuosos señores de la Alhambra se entregaban a ese contemplativo reposo tan grato a los orientales. Desde lo alto, una cúpula o linterna vierte una suave luz y da paso a una fresca corriente de aire; mientras que a un lado se oye el suave murmullo de las aguas de la fuente de los Leones, y al otro, el blando chapoteo de la taza del jardín de Lindaraja.

Es imposible contemplar este panorama tan perfectamente oriental, sin que evoquemos los recuerdos inmediatos de un romance árabe, y casi esperamos ver el blanco brazo de alguna misteriosa princesa haciéndonos señas desde la galería, o algunos ojos negros brillando tras las celosías. Aún tiene aquí la belleza su morada, como si todavía ayer mismo la hubiese habitado. Pero ¿dónde están las dos hermanas, dónde las Zoraidas y Lindarajas?

Un abundante caudal de agua, traído desde las montañas por viejos acueductos moros, circula por todo el palacio, llenando baños y estanques, brillando en los surtidores de sus salas, o murmurando en los canalillos de sus pavimentos de mármol. Y cuando ha rendido homenaje al real palacio y visitado sus jardines y patios, corre por la larga alameda que baja hasta la ciudad, susurrante en los arroyuelos, se derrama en las fuentes y mantiene una suprema verdura en los bosquecillos que cubren y hermosean toda la colina de la Alhambra.

Sólo aquellos que han vivido en el ardiente clima del Sur pueden apreciar las delicias de un paraje donde se alía la brisa de la montaña con la lozanía y verdor del valle. Mientras que la ciudad, al fondo, se abrasa con el calor del mediodía, y la vega reseca se esfuma ante los ojos, los delicados aires de Sierra Nevada juguetean por estas suntuosas salas y traen consigo las fragancias de los jardines que las rodean.

El hechizo de los climas meridionales convida en todo momento a un indolente reposo. En tanto que los ojos semientornados se recrean en el brillante panorama, desde estos balcones llenos de sombra, el oído se siente acariciado por el susurro de los árboles y por el murmullo de las aguas al deslizarse.

Sin embargo, me abstengo de describir por ahora otros deliciosos departamentos del palacio. Mi propósito era simplemente introducir al lector en una mansión donde, si está dispuesto, puede detenerse y vagar conmigo por ella un día y otro, hasta que nos familiaricemos poco a poco con todos sus rincones.

IMPORTANTES NEGOCIACIONES
EL AUTOR HEREDA EL TRONO DE BOABDIL

CASI había transcurrido el día sin que nos pudiéramos evadir de este ambiente de poesía y novela, a pesar de haber bajado a la ciudad y vuelto a las prosaicas realidades de una *posada española*. Hicimos una visita de cortesía al gobernador de la Alhambra, para quien traíamos unas cartas, y le hablamos con entusiasmo de los lugares que habíamos contemplado, al mismo tiempo que expresamos nuestro asombro por que él residiese en la ciudad, cuando tenía bajo su jurisdicción un paraíso. Nos explicó los inconvenientes de su estancia en el palacio, dado que se encontraba en la cumbre de una colina y lejos de la sede de sus asuntos y de los lugares de trato social. Según él, convenía mejor a los monarcas, que necesitaban con frecuencia los muros de un castillo para defenderse de sus propios súbditos.

—Ahora bien, *señores*—añadió sonriendo—; si creen ustedes que es tan grata la estancia allí, pongo a su disposición mis habitaciones de la Alhambra.

Es cosa corriente y hasta indispensable en la cortesía de un español deciros que su casa es vuestra: «*Esta casa está siempre a la disposición de vuesa merced.*» En efecto, si mostráis admiración por cualquier cosa suya, os la ofrece al momento. Y es asimismo en vosotros una prueba de buena educación no aceptarlo; por esta razón nos limitamos a una simple reverencia para agradecer la gentileza del gobernador, que nos ofrecía un palacio real. Pero estábamos equivocados. El gobernador hablaba en serio.

—Encontrarán ustedes algunas habitaciones vacías y sin muebles—nos dijo—, pero la tía Antonia, que está encargada del palacio, puede ordenarlas y cuidar de ustedes mientras estén allí. Si llegan a un acuerdo con ella respecto a su hospedaje y se contentan con una comida escasa en una real mansión, pueden disponer a sus anchas del palacio del Rey Chico.

Aceptamos, claro es, la proposición del gobernador, y nos apresuramos a subir por la cuesta de los Gomeres y por la puerta de la Justicia, con ánimo de entrar en negociaciones con la tía Antonia, dudosos unas veces de que todo fuera un sueño, y temerosos otras de que la prudente *dueña* de la fortaleza resultase reacia a la capitulación. Sabíamos que por lo menos se podía contar con una amiga en la guarnición, que actuaría a nuestro lado: la pequeña y alegre Dolores, cuyo afecto y simpatía habíamos conquistado en nuestra primera visita, y que saludó nuestro regreso al palacio con la más brillante de sus miradas.

Todo, sin embargo, se resolvió favorablemente. La buena tía Antonia disponía de algunos muebles corrientes que colocó en nuestras habitaciones. Le aseguramos que podríamos dormir en el suelo; a lo que nos dijo que nos proporcionaría una mesa, aunque muy sencilla; no necesitábamos nada mejor. Su sobrina Dolores estaría a nuestro servicio. Al oír esto, echamos al aire nuestros sombreros y quedó cerrado el trato.

Al día siguiente tomamos posesión de nuestra morada en el palacio y jamás hubo monarcas que compartiesen un reino en más perfecta armonía. Pasamos varios días como en sueños, hasta que mi digno compañero, llamado a Madrid a causa de sus deberes diplomáticos, se vio obligado a abdicar, y me constituí único monarca de este reino de sombras. Como soy en cierto modo una especie de vagabundo por dondequiera que voy, propenso a detenerme en los lugares más agradables, decidí quedarme aquí, distraído siempre, fascinado diría, en este viejo palacio encantado. Dado que mantengo con el lector cierta familiaridad y estoy dispuesto a vivir con él en buenas relaciones, es mi propósito comunicarle mis búsquedas y fantasías mientras dure esta deliciosa esclavitud. Si tiene la facultad de dar paso en la imaginación a alguno de los mágicos encantos de estos lugares, no se arrepentirá de permanecer algún tiempo conmigo en los legendarios salones de la Alhambra.

En primer lugar justo es que le haga un esbozo de mi instalación doméstica; muy sencilla, es cierto, para el ocupante de un palacio real, pero creo que menos expuesta a los desastrosos reveses que la de mis reales predecesores.

Mi vivienda se encuentra en un extremo del aposento del gobernador; una serie de habitaciones vacías en el frente del palacio, con vistas a la gran explanada llamada la *Plaza de los Aljibes*. La habitación es moderna, pero al lado opuesto a mi dormitorio comunica con un grupo de pequeñas cámaras, unas árabes, otras españolas, destinadas a la dueña del castillo, doña Antonia, y a su familia. En consideración a que es ella quien conserva en orden el palacio, se conceden a esta buena señora todas las propinas de los visitantes y todo el producto de los jardines, a excepción de un pequeño tributo de frutas y flores que está obligada a entregar de cuando en cuando al gobernador. Se compone su familia de un sobrino y una sobrina, hijos de distintos hermanos. El sobrino, Manuel Molina, es un joven de verdadero mérito y de gravedad española. Había servido en el Ejército, tanto en España como en las Indias Occidentales, pero ahora estudiaba Medicina con la esperanza de ser algún día médico titular de la ciudadela, cargo que le podría producir por lo menos ciento cuarenta duros al año. La sobrina es la pequeña y regordeta Dolores, de negros ojos, que ya conocemos, la que—según se dice—heredará todos los bienes de su tía, consistentes en unas casuchas dentro de la fortaleza, en estado ruinoso, pero que según me aseguró en privado Mateo Jiménez, producirán una renta de ciento cincuenta duros; tanto, que ante los ojos del humilde hijo de la Alhambra se trata de una rica heredera. Me informó igualmente el mismo observador y original personaje, que hay un noviazgo furtivo entre el discreto Manuel y su alegre prima, y que sólo necesitan para poder unir sus manos y esperanzas, que él obtenga el diploma de doctor, y una dispensa del Papa, por razón de la consanguinidad.

La buena doña Antonia cumple fielmente su contrato relativo a mi alojamiento y manutención, y como en todo me complacen, encuentro excelente mi comida. La alegre Dolores arregla mi cuarto y actúa de doncella en la mesa. Tengo también a mi servicio a un muchacho alto, tartamudo y rubio, llamado Pepe, que cuida de los jardines y que hubiese sido con gusto mi criado; pero se le anticipó Mateo Jiménez, «el hijo de la Alhambra». Este activo y oficioso individuo, se las arregló, no sé cómo, para pegarse a mí desde que lo encontré por vez primera a la entrada de la ciudadela, y entrometerse de tal modo en mis asuntos, que se nombró e instaló como criado, *cicerone,* guía, guardián, y cronista historiador mío: en vista de lo cual me he visto obligado a mejorar su atuendo de ropa, para que no se sienta el hombre avergonzado en el ejercicio de sus varias funciones. Se quitó, pues, su vieja capa parda, del mismo modo que una serpiente muda su camisa, y puede ahora lucir en la vecindad su elegante sombrero andaluz y su chaqueta, con gran satisfacción por su parte y no menos asombro de sus camaradas. El defecto principal del buen Mateo es su exagerado afán de ser útil. Consciente de que entró a la fuerza en mi servicio y de que mis sencillas y pacíficas costumbres eran una productiva mina que explotar, se afana en inventar los medios de hacerse indispensable a mi bienestar. Así, que soy, de alguna manera, la víctima de sus oficiosidades. Apenas traspaso el umbral del palacio para dar un paseo por los alrededores de la ciudadela, cuando ya lo tengo a mi lado dispuesto a explicarme todo lo que veo, y si me aventuro a vagar por las colinas cercanas, insiste en servirme de guardián, aunque estoy plenamente convencido de que en un posible caso de agresión, pondría más confianza en darle a los talones que en el mismísimo vigor de su brazo. A pesar de todo, el pobre muchacho resulta en ocasiones un divertido compañero; su carácter es sencillo, tiene muy buen humor, con la locuacidad y charlatanería de un barbero de pueblo, y conoce por añadidura todos los chismes de este lugar y de sus alrededores. Pero de lo que más se enorgullece es del tesoro de noticias sobre el palacio y de las más maravillosas historias acerca de cada torre, bóveda o puerta de la fortaleza, en las que tiene una fe absoluta.

La mayoría de ellas, según su propia confesión, las había aprendido de su abuelo, sastrecillo legendario, que vivió casi cien años, durante los cuales sólo hizo dos salidas fuera del recinto de la ciudadela. Casi por espacio de todo un siglo, fue su taller el punto de reunión de un grupo de viejos charlatanes que se pasaban la mitad de la noche hablando de pasados tiempos y de los sucesos maravillosos y ocultos secretos de aquellos lugares. La vida entera, los movimientos, hechos e ideas de este famoso sastre, tuvieron como límite las murallas de la Alhambra; nació dentro de ella y allí vivió, creció y llegó a viejo; allí murió y dentro de ella recibió sepultura. Afortunadamente para la posteridad, sus tradiciones no murieron con él. El propio Mateo, cuando era un rapazuelo, solía escuchar atentamente los relatos de su abuelo, así como los del grupo de oyentes que se reunía en torno a la mesa de cortar, y de esta manera llegó a ser dueño de un valioso repertorio de conocimientos sobre la Alhambra, que no se encuentra en ningún libro, aunque muy dignos de llamar la atención de todo viajero curioso.

Tales son los personajes que forman mi real familia, y pongo en duda que ninguno de cuantos potentados musulmanes o cristianos me han precedido en este palacio, se hayan visto servidos con más fidelidad o disfrutado de una más pacífica soberanía.

Cuando me levanto por la mañana, Pepe, el jardinero tartamudo, me ofrece un tributo de frescas rosas recién cortadas, que la hábil mano de Dolores coloca más tarde en vasos, pues ésta cuida con femenina delicadeza del adorno de mi habitación. Hago mi comida allí donde me place; unas veces en alguna sala morisca; otras, bajo las arcadas del patio de los Leones, rodeado de flores y de fuentes. Cuando quiero dar un paseo, el solícito Mateo me conduce a los sitios más románticos de la montaña y a los deliciosos escondrijos de los valles próximos, cada uno de ellos escenario de alguna maravillosa leyenda.

Aunque acostumbrado a pasar solo la mayor parte del día, acudo alguna tarde que otra a la pequeña tertulia familiar de doña Antonia. Se reúne ésta, de ordinario, en una vieja sala morisca que sirve a la buena señora de gabinete, cocina y recibidor, y que parece haber disfrutado de cierto esplendor en tiempo de los moros, a juzgar por las señas que aún presenta; pero han construido en nuestros días una vulgar chimenea en uno de sus ángulos, que ha ennegrecido de humo las paredes y borrado casi los antiguos arabescos. Un mirador, con un balcón que da al valle del Darro, hace que penetre la fresca brisa de la tarde; aquí es donde hago mi frugal cena de frutas y leche y donde participo en la conversación de la familia. Tienen los españoles cierto talento natural o «chispa», como ellos dicen, que les hace compañía inteligente y agradable, cualquiera que sea su condición de vida y por imperfecta que parezca su educación; añádase a esto que no son nada vulgares, pues la Naturaleza les ha dotado de una innata dignidad de espíritu. La buena tía Antonia es una mujer de carácter animoso e inteligente, aunque poco cultivado; y la vivaracha Dolores, a pesar de no haber leído sino tres o cuatro libros en toda su vida, posee una atractiva combinación de sentido común y sencillez, sorprendiéndome con frecuencia con sus ingeniosas salidas. El sobrino suele distraernos a veces con la lectura de una antigua comedia de Calderón o Lope de Vega, movido, a lo que parece, por el deseo de agradar o entretener a su prima Dolores, aunque para su mortificación la muchacha se queda dormida, por lo general, antes de terminar el primer acto. Algunas veces la tía Antonia celebra reuniones de amigos y familiares, moradores de las viviendas cercanas o esposas de los soldados inválidos. Todos la tratan con gran deferencia y le hacen la corte, trayéndole noticias de la ciudadela o los rumores que circulan por Granada. Escuchando estas charlas nocturnas me he enterado de muchos y curiosos sucesos referentes a las costumbres de la gente del pueblo, y de muchos pormenores de esta vecindad.

Y así nacieron estos apuntes de mis sencillos goces, que sólo deben su interés e importancia a la naturaleza de estos lugares. Estoy pisando una tierra encantada y me encuentro rodeado de románticos recuerdos. Desde que en mi lejana infancia, a orillas del Hudson, recorrí por vez primera las páginas de la vieja y caballeresca historia apócrifa de Ginés Pérez de Hita sobre las guerras civiles de Granada y las luchas de sus valientes caballeros, Zegríes y Abencerrajes, fue siempre esta ciudad objeto que despertó mis sueños; mi fantasía recorrió con frecuencia las románticas estancias de la Alhambra. Y he aquí, por vez primera, realizado un sueño; todavía, sin embargo, no doy crédito a mis sentidos, y hasta dudo de que habite el palacio de Boabdil o que contemple la hermosa Granada desde sus balcones. Al vagar por estos salones orientales y oír el murmullo de las fuentes y el canto del ruiseñor; al aspirar la fragancia de la rosa y sentir la influencia de este embalsamado clima, me imagino que estoy en el paraíso de Mahoma y que la pequeña y regordeta Dolores es una de las huríes de ardientes ojos destinada a contribuir a la felicidad de los verdaderos creyentes.

EL TRUHAN

D ESPUÉS de escrito lo anterior, ha ocurrido un pequeño incidente en la Alhambra, que ha venido a ensombrecer el alegre rostro de Dolores. Siente esta joven una femenina inclinación por los animales domésticos de toda clase, y como consecuencia de su muy bondadoso carácter, llenó uno de los ruinosos patios del palacio con los que son sus preferidos. Un arrogante pavo real y su hembra, parece como que ejercen aquí su soberanía sobre vistosos gallipavos, cacareadoras gallinas de Guinea y una caterva de gallos y gallinas comunes. La gran delicia de Dolores, sin embargo, ha sido, durante algún tiempo, un par de pichones que ya han entrado en el sagrado estado del matrimonio y que han venido a sustituir en el cariño de la muchacha a una gata romana con sus gatitos.

A modo de vivienda, y para que en ella empezasen su vida de familia, les había arreglado Dolores una pequeña estancia junto a la cocina, cuya ventana daba a uno de los silenciosos patios moriscos. Allí anidaban los felices palomos, sin conocer otro mundo que el patio y los relucientes tejados llenos de sol; nunca se atrevieron a remontarse por encima de las murallas o irse a lo alto de las torres. Sus virtuosas nupcias se vieron al fin premiadas por dos huevecillos, blancos como la leche, que hicieron saltar de alegría a la cariñosa muchacha. Nada más digno de admiración que la ejemplar conducta del joven matrimonio en aquella ocasión tan interesante; se turnaron en el nido hasta que salieron los polluelos, y mientras la implume prole necesitó calor y abrigo, uno se quedaba en casa y el otro salía fuera en busca de alimento, volviendo al nido con abundantes provisiones.

Este cuadro de felicidad conyugal se alteró con un contratiempo. Una mañana temprano, cuando Dolores daba de comer al pichón macho, sintió el capricho de enseñarle el gran mundo. Para ello, abrió una ventana que da al valle del río Darro y lo lanzó fuera de las murallas de la Alhambra. Por primera vez en su vida tuvo la inexperta avecilla que hacer uso de todo el vigor de sus alas. Voló hacia el valle y, alzándose después con un vuelo, se remontó casi hasta las nubes. Nunca había subido a tanta altura ni gozado de las delicias de volar; y como un joven manirroto que se encuentra en su elemento, parecía aturdido por el exceso de libertad y con el infinito campo de acción desplegado ante él. Durante todo el día estuvo dando vueltas, en caprichosos vuelos, de torre en torre y de árbol en árbol. Inútiles resultaron las tentativas para cogerlo, sembrando de trigo los tejados; parecía que se había olvidado de su nido, de su tierna compañera y de sus hijuelos. Aumentó la inquietud de Dolores al ver que su pichón se había reunido con dos *palomas ladronas,* que tienen la habilidad de atraer a su nido los pichones de otro palomar. El prófugo—a semejanza de muchos jóvenes inexpertos en su primera salida al mundo—parecía muy fascinado con estos astutos y malvados compañeros, que se habían encargado de enseñarle a vivir y de presentarlo en sociedad. Voló con ellos sobre todos los tejados y campanarios de Granada. Estalló una pequeña tormenta sobre la ciudad y, a pesar de ello, no volvía a su hogar el fugitivo; se hizo de noche, y tampoco aparecía. Para agravar la situación, el pichón hembra, luego de permanecer varias horas en el nido sin ser relevado, salió por último en busca de su desleal compañero; pero estuvo tanto tiempo fuera, que uno de los polluelos murió, falto del calor y amparo del cariño materno. A última hora de la noche, se avisó a Dolores que el truhán del pájaro había sido visto en una de las torres del Generalife. Y es que el *administrador* de este antiguo palacio tenía también un palomar, y entre sus ejemplares, según decían, dos o tres de estos pájaros ladrones, terror de todos los aficionados a palomas en la vecindad. Dolores dedujo al instante que aquellos dos pájaros de cuenta, que habían visto con su fugitivo, eran los del Generalife. Inmediatamente se reunió el consejo de familia en casa de la tía Antonia. El Generalife tiene una jurisdicción distinta de la Alhambra, y reina cierto recelo entre sus conserjes, aunque no abierta enemistad. Se determinó por último enviar allí, en calidad de embajador, a Pepe, el jardinero tartamudo, para exigir la inmediata entrega del fugitivo, súbdito de la Alhambra, caso de encontrarse en aquellos dominios. Así, pues, Pepe partió a cumplir su misión diplomática cruzando por bosques y alamedas bañadas a la luz de la luna; mas volvió al cabo de una hora, con la desagradable noticia de que dicho palomo no se encontraba en el palomar del Generalife. El administrador, sin embargo, prometió bajo palabra de honor, que si dicho vagabundo se refugiaba allí, aunque fuera a medianoche, sería inmediatamente arrestado y enviado prisionero a su joven y bella propietaria.

Así seguía este triste asunto, que ha traído mucha zozobra a todo el palacio y que no ha dejado dormir a la inconsolable Dolores. «La pena sufrida de noche—dice el proverbio—es alegría por la mañana» [1]. Al día siguiente, lo primero que vi, al salir de mi cuarto, fue a Dolores con el truhán del palomo en sus manos y sus ojos brillantes de alegría. Había aparecido a primera hora en las murallas, volando cautelosamente de tejado en tejado; hasta que entró por la ventana y se entregó prisionero. Ganó, por cierto, muy poco crédito con su vuelta; por el modo insaciable de devorar la comida puesta ante él, parecía que, como el hijo pródigo, sólo regresó a su casa al verse acosado por el hambre. Dolores le echó en cara su pérfida conducta, diciéndole toda clase de nombres injuriosos, aun cuando, mujer al fin, lo acariciaba al mismo tiempo contra su pecho y le cubría de besos. Observé, con todo, que adoptó la precaución de cortarle las alas, para evitar cualquier posible intento de fuga; precaución que hago constar en beneficio de todas las que tienen amantes veleidosos o maridos callejeros. Más de una sana moraleja podría sacarse de la historia de Dolores y su pichón.

---

[1] Fácilmente se comprende que este proverbio equivale al nuestro: «No hay bien ni mal que cien años dure.»

LOS HABITANTES DE LA ALHAMBRA

He observado con frecuencia que cuanto más opulentos han sido los habitantes de una mansión en los días de su prosperidad, más humildes son en los de su decadencia, y que a menudo el palacio de un rey termina siendo asilo de un mendigo.

La Alhambra se encuentra en un rápido y similar estado de transición. Cuando una torre comienza a desmoronarse, se adueña de ella una andrajosa familia, que ocupa, en compañía de murciélagos y lechuzas, sus dorados salones, y que cuelgan sus harapos, dechado de pobreza, en sus miradores y ventanas.

Me distraje observando algunos de estos pintorescos tipos que han usurpado de este modo la antigua mansión de la realeza, y que parecen estar aquí para representar el grotesco final en el drama del orgullo humano. Uno de ellos es conocido por el burlesco apodo de un título real. Es una viejecita llamada María Antonia Sabonea, conocida con el nombre de *la Reina Coquina*. Es de pequeña estatura, la suficiente para ser una bruja; y bruja debe de ser, según he podido averiguar, pues nadie conoce su origen. Su habitación es una especie de cuchitril debajo de la escalera exterior del palacio; suele sentarse en las frías piedras del corredor, dándole a la aguja y cantando desde la mañana a la noche, gastando una broma a todo el que pasa; porque, aunque pobre, es una mujer muy alegre. Su principal mérito consiste en la maña que se da para contar cuentos, y tiene, creo yo, tantas historias a su alcance como la inagotable Scherezade de las *Mil y una noches*. Le he oído contar algunas de ellas en las reuniones nocturnas de doña Antonia, a las que, humilde contertulio, asiste alguna que otra vez.

Que esta misteriosa viejecilla debe de tener sus ribetes de bruja, lo prueba su suerte extraordinaria, ya que, pese a ser muy pequeña, muy fea y muy pobre, había tenido, según sus propias palabras, cinco maridos y medio, contando como medio marido a un joven dragón que murió durante el noviazgo. Un personaje rival de esta pequeña reina bruja, es un viejo gordo y con nariz de borracho, vestido con mugrientas ropas, un tricornio de hule y una roja escarapela. Es uno de los legítimos hijos de la Alhambra, y ha vivido aquí toda su vida, desempeñando varios oficios, tales como alguacil, sacristán de la parroquia y marcador de un juego de pelota establecido al pie de una de las torres. Es más pobre que las ratas, pero tan orgulloso como desharrapado, presumiendo de descender de la ilustre casa de Aguilar, de la que salió Gonzalo Fernández de Córdoba, *el Gran Capitán*. Lleva, en efecto, el nombre de Alonso de Aguilar, tan célebre en la historia de la Conquista, aunque la gente grosera y guasona de la fortaleza le llama *el Padre Santo*, nombre usual del Papa, que yo creía demasiado sagrado a los ojos de los católicos verdaderos para aplicarlo en tono de tanta burla. Es un capricho del destino el presentar, bajo la grotesca personilla de este andrajoso individuo, a un homónimo descendiente del ilustre Alonso de Aguilar, espejo de caballero andaluz, arrastrando una existencia miserable, por ésta, en otro tiempo, arrogante fortaleza que ayudara a conquistar su antepasado. Sin embargo, ¡tal podría haber sido la suerte de los descendientes de Agamenón y Aquiles, si hubiesen permanecido dentro de las ruinas de Troya!

La familia de mi locuaz escudero, Mateo Jiménez, forma, al menos por su número, una parte muy considerable de esta abigarrada comunidad. No es infundada su jactancia de ser hijo de la Alhambra; su familia ha vivido siempre en la fortaleza, desde los tiempos de la Conquista, transmitiéndose de padres a hijos una pobreza hereditaria, y sin que ninguno de los suyos, que se sepa, haya sido dueño de un *maravedí*. Su padre, que es un tejedor de cintas, y que sucedió al famoso sastrecillo como cabeza de familia, cuenta ya cerca de setenta años y vive en una casucha de cañas y barro hecha por él mismo, encima precisamente de la puerta de Hierro. El mobiliario se compone de una desvencijada cama, una mesa, dos o tres sillas y un arca de madera que contiene su escasa ropa y el «archivo de familia». Consiste éste en unos cuantos papeles de varios pleitos entablados por generaciones distintas; de ellos resulta que, pese a todo su aparente abandono y a su buen humor, proceden de una gente amiga de litigios. La mayoría los tuvo contra los murmuradores vecinos que ponían en duda la pureza de su sangre o negaban que fuesen *cristianos viejos*, sin mezcla de judíos o moros. Tanto es así, que, en mi opinión, ha sido este celo por su linaje el que les ha dejado vacía la bolsa; todo se lo llevaron *escribanos* y *alguaciles*. El orgullo de la casucha es un escudo colgado de una pared, con las armas del marqués de Cayesedo en sus blasonados cuarteles, y los de otras nobles casas con las que esta familia, comida de pobreza, pretende estar unida por los vínculos de la sangre.

El propio Mateo, que está próximo a los treinta y cinco años, ha hecho lo posible por perpetuar su casta y continuar la pobreza de la familia; tiene esposa y una numerosa prole, y viven en una casucha del barrio, casi desmantelada. Cómo se las arreglan para subsistir, sólo lo sabe Aquel que puede penetrar en todos los misterios. La vida de una familia española de esta clase ha sido siempre un enigma para mí; y, sin embargo, viven, y hasta parecen satisfechos con esta existencia. La mujer baja los días de fiesta al paseo de Granada, con un niño en brazos y otra media docena detrás. La hija mayor, casi una jovencita, se adorna el cabello con flores y baila alegremente tocando las castañuelas.

Hay dos clases de gente para quienes la vida es una fiesta continua: los muy ricos y los muy pobres. Unos, porque no carecen de nada; los otros, porque no tienen nada que hacer; pero no hay nadie que entienda mejor el arte de no hacer nada y de nada vivir, como las clases pobres de España. Una parte de ello se debe al clima y lo demás al temperamento. Dadle a un español sombra en el verano y sol en el invierno, un poco

de pan, ajo, aceite y *garbanzos,* una vieja capa parda y una guitarra, y ruede el mundo como quiera. ¡La pobreza! Para él no es una deshonra. La lleva consigo con elegante estilo, como la raída capa; porque él siempre es un *hidalgo,* aunque sea con harapos.

Los «hijos de la Alhambra» son una elocuente demostración de esta filosofía práctica. A semejanza de los moros, que imaginaban hallarse el paraíso terrenal en este lugar privilegiado, así también me inclino yo a pensar que todavía luce un brillo de la Edad de Oro en esta pobre comunidad. Nada poseen, no hacen nada ni de nada se ocupan. Y, sin embargo, aunque en apariencia ociosos durante toda la semana, son tan fieles observantes de los domingos y días festivos, como el más laborioso artesano. Asisten a todas las *fiestas* y bailes de Granada y sus cercanías; encienden hogueras en las colinas la víspera de San Juan, y bailan por las noches, a la luz de la luna, en los días de la cosecha de un pequeño terreno cultivado que hay dentro del recinto de la fortaleza, que les produce apenas unos cuantos bushels [1] de trigo.

Antes de terminar estas observaciones, quiero aludir a una de las diversiones de este lugar, que me llamó bastante la atención. He observado con frecuencia a un individuo flaco y larguirucho, subido en una de las torres, maniobrando con dos o tres cañas, como si estuviese pescando estrellas. Quedé perplejo un buen rato con los ademanes de aquel pescador aéreo, y aumentó mi asombro el divisar a otros con idéntica actitud en distintas partes de las murallas y baluartes; sólo cuando consulté a Mateo Jiménez logré la solución de aquel misterio.

Parece que la pura y aireada situación de esta fortaleza, la ha hecho, como el castillo de Macbeth [2], un prolífico criadero

---

[1]   Medida de áridos, que equivale a 35 litros en Norteamérica y a 36,35 en Inglaterra.

[2]   *«Duncan.*—La situación de este castillo es pintoresca. El aire suave y apacible, por su sola presencia halaga nuestros finos sentidos.

Banquo.—Este huésped del verano, el vencejo, familiar de los templos, prueba por sus dorados albergues que el hálito de los cielos embalsama aquí el ambiente. No hay cornisa, friso, arbotante ni rincón de golondrinas y vencejos, que revolotean a millares alrededor de las torres, con la misma desenvuelta alegría de unos chiquillos que acaban de salir de la escuela. El atrapar estos pájaros en sus raudos vuelos, usando anzuelos cebados con moscas era la diversión predilecta de aquellos astrosos «hijos de la Alhambra» que, en su improductivo ingenio de consumados haraganes, han inventado el arte de pescar en el cielo.

favorable donde esta avecilla no haya suspendido su lecho y procreante cuna. He observado que donde habita y multiplica su preferencia, el aire es delicado.» (SHAKESPEARE: *Macbeth,* acto I, escena VI. Versión de Astrana Marín.) *(N. del T.)*

EL SALON DE EMBAJADORES

E n una de mis visitas a la vieja cámara mora que sirve de
cocina a la buena tía Antonia y donde celebra sus tertulias, observé una misteriosa puerta en un rincón, que conducía,
al parecer, a la parte antigua del edificio. Despertada mi curiosidad, la abrí y me encontré en un oscuro y estrecho corredor;
anduve a tientas por él y llegué al extremo de una tenebrosa
escalera de caracol que bajaba por un ángulo de la torre de Comares. Descendí a oscuras, guiándome por el muro, hasta que
llegué a una puertecilla al fondo, la abrí de par en par, y quedé
súbitamente deslumbrado al salir a la brillante antecámara del
salón de Embajadores, con la fuente del patio de la Alberca,
que refulgía ante mis ojos. La antecámara está separada del
patio por una elegante galería sostenida por gráciles columnas
con enjutas caladas al estilo morisco. A cada extremo de la
antecámara hay alcobas, y su techo se encuentra ricamente
estucado y pintado. Pasando bajo un magnífico pórtico, me
hallé en el famoso salón de Embajadores, cámara de recepción
de los monarcas musulmanes. Según parece, mide treinta y siete
pies de superficie y sesenta de alto; ocupa todo el interior de la
torre de Comares, y todavía conserva huellas de su antiguo
esplendor. Las paredes están bellamente estucadas y decoradas
con caprichosos arabescos; su alto techo fue primitivamente
del mismo material, predilecto para los moros, con la acostumbrada lacería y las elegantes estalactitas [1], que con el adorno

---

[1] O *mocárabes,* que son elementos decorativos árabes constituidos
por «la organización de racimos de prismas, generalmente de sección

de vivos colores y dorados, debieron de ser suntuosos en extremo. Desgraciadamente cedió durante un terremoto y vino abajo con un inmenso arco que atravesaba el salón. Fue sustituido por la actual bóveda o cúpula de alerce o cedro, con vigas cruzadas; todo finamente trabajado y ricamente matizado. Aunque oriental en su carácter, evoca uno de aquellos techos de cedro y bermellón que leímos en los Profetas y en las *Mil y una noches* [1].

Desde la gran altura de la bóveda, por encima de las ventanas, la parte superior del salón se pierde casi en la oscuridad; pero hay tanta magnificencia como solemnidad en esa zona oscura, pues a través de ella percibimos los resplandores de los ricos dorados y los brillantes matices del pincel moro.

El trono real está colocado frente a la entrada, en un nicho que aún lleva una inscripción indicando que Yusuf I (monarca que finalizó la Alhambra) hizo de ella el trono de su imperio. Parece que todo lo que hay en este austero salón ha sido calculado para rodear el trono de una impresionante dignidad y esplendor; aquí no se encuentra la elegante voluptuosidad que reina en otras partes del palacio. La torre es de maciza consistencia y, colgada sobre la pendiente ladera, domina todo el edificio. En tres lados del salón de Embajadores hay ventanas abiertas a través del inmenso grosor de los muros, desde donde se contemplan extensas perspectivas. El balcón de la ventana central, sobre todo, da al verdeante valle del Darro, con sus paseos, arboledas y jardines. A la izquierda se divisa una lejana perspectiva de la vega, mientras que enfrente se alza la altura rival del Albaicín, con su laberinto de calles, terrazas y jardines, coronado en otro tiempo por una fortaleza que competía en poder con la Alhambra. «¡Fatal destino el del hombre que

triangular, rectangular o romboide, que fingen sostener diminutos nichos cubiertos con bovedillas de cuarto de esfera, formando una agrupación estrictamente geométrica, pero que recuerda productos naturales, como un panal de abejas o las estalactitas que el agua forma en las cuevas» (Marqués de Lozoya: *Historia del Arte Hispánico*. Barcelona). (*N. del T.*)

[1] *Las columnas de Hércules,* de Urquhart. (*N. del A.*)

perdió todo esto!», exclamó Carlos V al mirar desde esta ventana el maravilloso paisaje que se domina.

El balcón del mirador desde donde se lanzó esta real exclamación, se ha convertido últimamente en uno de mis retiros favoritos. He permanecido sentado allí gozando el ocaso de un largo y brillante día. Al hundirse el sol tras las purpúreas montañas de Alhama, lanzaba un torrente de resplandor sobre el valle del Darro, que difundía una melancólica pompa sobre las rojizas torres de la Alhambra; mientras la vega, cubierta de un ligero y sofocante vapor prendido en los rayos del sol poniente, aparecía tendida a lo lejos como un lago de oro. Ni un soplo de aire turbaba el sosiego de aquella hora, y aunque de cuando en cuando se escuchaba un débil sonido de música y regocijo, desde los jardines del Darro, resultaba con ello más solemne el silencio sepulcral del edificio que me daba su sombra. Era uno de esos momentos y perspectivas en los que el recuerdo recibe un poder casi mágico, y a manera del sol de la tarde, que brilla sobre estas torres que se desmoronan, vierte sus rayos retrospectivos para iluminar las glorias del pasado.

En tanto permanecía sentado, observando vigilante el efecto de la luz del día que venía a morir sobre este edificio moro, pensaba en el carácter ligero, elegante y voluptuoso que predomina en toda la arquitectura del interior, en contraste con la grande, pero tenebrosa solemnidad de los edificios góticos construidos por los conquistadores españoles. La misma arquitectura revela, con esta contraposición, la opuesta e irreconciliable naturaleza de los dos pueblos guerreros que tanto tiempo lucharon aquí por el dominio de la Península. Poco a poco me entregué a una serie de reflexiones sobre el extraño destino de árabes o moriscoespañoles, cuya vida entera es como una leyenda, y constituye en realidad uno de los más anómalos, aunque espléndidos episodios de la Historia. Fuerte y duradera fue su dominación, y no sabemos, sin embargo, cómo denominarla. Constituía una nación sin territorio legítimo, e innominada. Una oleada remota de la gran inundación árabe, lanzada sobre las costas de Europa, que parece tener todo el ímpetu de la primera embestida de un torrente. Su carrera de conquista, desde el peñón de Gibraltar hasta las rocas de los Pirineos, fue tan rápida y brillante como las victorias musulmanas de Siria y Egipto. Es más, si no hubiesen sido contenidos en las llanuras de Tours, toda Francia, toda Europa, podría haber sido invadida con la misma facilidad que los imperios de Oriente, y la Media Luna brillaría hoy en los templos de París y Londres.

Rechazadas en los límites de los Pirineos las mezcladas hordas de Asia y Africa que formaban esta gran irrupción, abandonaron el precepto musulmán de la conquista y procuraron establecer en España un pacífico y permanente dominio. Como tales conquistadores, sólo fue igualado su heroísmo por la moderación; y en ambas cosas superaron durante algún tiempo a las naciones con las que lucharon. Lejos de su país natal, amaron la tierra que creían les había concedido Alá y procuraron embellecerla con todo aquello que pudiera contribuir a la dicha del hombre. Pusieron los fundamentos de su poderío en un sistema de sabias y equitativas leyes; cultivaron activamente las ciencias y las artes; fomentaron la agricultura y comercio, y formaron poco a poco un próspero imperio sin rival entre todos los pueblos cristianos; y al rodearse de todas las delicias y refinamientos que caracterizaron al imperio árabe de Oriente en la época más culminante de su civilización, difundieron la luz de la inteligencia oriental por todas las regiones occidentales de la oscurecida Europa.

Las ciudades de la España árabe llegaron a ser el punto de reunión de los artífices cristianos, que acudían a instruirse en las artes útiles. Las Universidades[1] de Toledo, Córdoba, Sevilla y Granada, eran solicitadas por el estudiante blanco de otras tierras, para adquirir la cultura arábiga y el caudal de sabiduría de la antigüedad. Los amantes de la gaya ciencia acudían a Córdoba y Granada para saturarse de poesía y mística orientales; y los guerreros revestidos de acero del Norte, iban

---

[1] Estos centros de cultura—colegios y escuelas—eran denominados *madrazas* entre los árabes. Fueron muy famosas las que cita el autor. La de Granada estuvo en el sitio que hoy ocupa el Ayuntamiento viejo, frente a la Capilla Real.

allí presurosos para perfeccionarse en los gallardos ejercicios y corteses usos de la caballería.

Si los monumentos musulmanes de España, la Mezquita de Córdoba, el Alcázar de Sevilla y la Alhambra de Granada, muestran aún inscripciones que exaltan con pasión la fuerza y permanencia de sus conquistas, ¿deben estos alardes inducir a burla por creerlos arrogantes y vanos? Corría el tiempo, generación tras generación, siglo tras siglo, y todavía conservaban el dominio de la tierra. Transcurrió un período más largo que el que ha pasado desde que Inglaterra fue subyugada por los conquistadores normandos, y los descendientes de Muza y Tarik nunca pudieron prever que serían arrojados al destierro al otro lado de los mismos estrechos que atravesaron victoriosos antepasados, de igual forma que los descendientes de Rollón y Guillermo, con sus veteranos pares, no pueden soñar en ser rechazados a las costas de Normandía.

Y, a pesar de todo, el imperio musulmán en España no fue sino una brillante planta exótica que no arraigó de un modo duradero en la tierra que había embellecido. Alejados de sus vecinos de Occidente por una barrera infranqueable de fe y de costumbres, y separados por mares y desiertos de sus hermanos de sangre del Oriente, los moriscos españoles formaron un pueblo aislado. Toda su existencia fue una prolongada, aunque galante y caballeresca lucha por establecerse en una tierra usurpada.

Formaron ellos las avanzadas y fronteras del Islamismo. La Península fue el amplio campo de batalla donde los conquistadores góticos del Norte y los musulmanes del oriente se encontraron y combatieron por su dominio; la fogosa intrepidez del árabe fue, por último, dominada por el obstinado y perseverante valor del godo.

Jamás se vio aniquilamiento más completo de un pueblo como el de los musulmanes en España. Y ahora, ¿dónde se encuentran? Interrogad a las costas de Berbería y sus lugares desérticos. Los restos de un imperio en el exilio, en otro tiempo poderoso, desaparecieron entre los bárbaros de Africa y murieron como nación. No han dejado tras sí ni siquiera un nombre preciso, a pesar de haber sido, durante ocho siglos, un pueblo explícito y claro. La tierra que adoptaron y ocuparon tanto tiempo, se niega a reconocerlos, a no ser como invasores y usurpadores. Unos pocos monumentos ruinosos es todo lo que queda para atestiguar su poderío y soberanía, y como rocas solitarias desechadas en el interior, dan testimonio del alcance de alguna vasta inundación. Tal es la Alhambra; una roca musulmana en medio de tierra cristiana; un elegante recuerdo de un pueblo valeroso, inteligente y artista, que conquistó, gobernó, floreció y desapareció.

LAS HABITACIONES MISTERIOSAS

UN día que vagaba por los salones moriscos, despertó mi curiosidad, por primera vez, la puerta de una apartada galería que, al parecer, comunicaba con algún rincón de la Alhambra no explorado todavía por mí. Intenté abrirla, pero estaba cerrada. Llamé, mas nadie contestó, y el ruido pareció repercutir a través de las desiertas cámaras. Se trataba, pues, de un misterio. Esta era el ala encantada del castillo. ¿De qué medios me valdría para penetrar en los oscuros secretos aquí ocultos al común de los mortales? ¿Vendría furtivamente por la noche, con linterna y espada, según la costumbre observada por los héroes de novela, o trataría de arrancar su secreto a Pepe, el tartamudo jardinero, a la ingenua Dolores o al locuaz Mateo? O ¿iría franca y abiertamente a doña Antonia la castellana y le preguntaría todo? Elegí este último procedimiento, porque, aunque menos romántico, es, sin embargo, el más sencillo, y supe, con el natural desencanto, que no había allí misterio alguno. No pusieron inconveniente a que explorase aquellos departamentos, y me entregaron la llave.

Con ella en mis manos, regresé en seguida a la puerta. Comprobé, como había supuesto, que daba paso a una serie de estancias desiertas, aunque muy diferentes a las del resto del palacio. Su arquitectura, a pesar de su riqueza y antigüedad, era europea. No se observaba en ella el más mínimo vestigio de arte moro. Las dos primeras habitaciones eran altas; sus techos, rotos por varios sitios, eran de cedro, muy artesonados y artificiosamente tallados con frutas y flores, entremezcladas con mascarones grotescos.

Las paredes estuvieron, evidentemente, tapizadas de damasco en otro tiempo, pero ahora aparecían desnudas y garrapateadas por esa clase de viajeros novatos que profanan con sus despreciables nombres los más nobles monumentos. Las ventanas, desmanteladas y abiertas al viento y a los temporales, daban a un encantador y recoleto jardinillo, donde una fuente de alabastro refulgía entre rosas y mirtos, rodeada de naranjos y limoneros, alguno de los cuales doblaba sus ramas hasta las habitaciones. Más allá de estos cuartos había dos salones más amplios, pero de menos altura, que daban también al jardín. En los tableros de sus artesonados techos había cestas de frutas y guirnaldas de flores, pintadas por mano nada inhábil, y en un tolerable estado de conservación. Las paredes también estaban pintadas al fresco, según el estilo italiano, pero sus pinturas se encontraban casi borradas; sus ventanas ofrecían el mismo lamentable estado que las de otras estancias. Esta caprichosa serie de habitaciones terminaba en una espaciosa galería con balaustrada que seguía en ángulo recto con otro lado del jardín. Todo el departamento, tan delicado y elegante en sus decoraciones, tan bien elegido por su situación en este apartado jardincillo, y tan distinto en su arquitectura a las salas vecinas, despertó mi curiosidad por conocer su historia. Averigüé en mis pesquisas que era un departamento decorado por artistas italianos a principios del pasado siglo, en la época en que Felipe V y su segunda esposa, la bella Isabel de Farnesio, hermana del duque de Parma, eran esperados en la Alhambra. Estaba destinado a la reina y a las damas de su séquito. Su dormitorio fue una de las estancias más elevadas. Una estrecha escalera, hoy tapiada, conducía a un delicioso mirador, que lo fue en su origen de las sultanas moras, y que comunicaba con el harén, pero que fue habilitado para tocador de la hechicera Isabel, y que todavía conserva el nombre de *Tocador de la Reina*.

Una ventana del dormitorio real domina la perspectiva del Generalife y de sus enramadas terrazas; otra, da al jardincillo apartado ya dicho, de carácter moro sin duda, y que también tenía su historia. Era, en efecto, el jardín de Lindaraja, tantas veces mencionado en las descripciones de la Alhambra, aunque no conseguí que me explicasen quién fuera esta Lindaraja. Algunas indagaciones me proporcionaron los pocos datos conocidos acerca de ella. Fue una bella mora que floreció en la Corte de Mohamed el «Zurdo» e hija de su leal adicto el *alcaide* de Málaga, que le dio asilo en su ciudad cuando fue expulsado del trono. Al restacar su corona, el *alcaide* fue recompensado por su fidelidad. Su hija tenía su aposento en la Alhambra, y el rey la entregó en matrimonio a Nasar, joven de la alcurnia de Cetti-Merien, descendiente de Aben Hud el «Justo». Sus esponsales se celebraron, sin duda, en el real palacio, y su luna de miel pudo muy bien transcurrir entre estas mismas glorietas [1].

Cuatro siglos han pasado desde que desapareciera la bella Lindaraja, y ¡cuánto queda todavía de la frágil belleza de los lugares que habitó! Aún florece el jardín donde se deleitara; todavía ofrece la fuente el claro espejo de sus aguas [2], que algún día reflejaron quizá sus encantos; el alabastro, ciertamente ha perdido su blancura; la taza de abajo, cubierta de maleza, se ha convertido en escondrijo del lagarto; pero hay algo en esta misma decadencia que realza el interés de este rincón, al hablarnos, como lo hace, de la mutabilidad, destino irrevocable del hombre y de todas sus obras.

También ofrece para mí la desolación de estas cámaras, morada un día de la altiva y elegante Isabel, un encanto más delicioso que si las hubiese contemplado en su prístino esplendor, cuando brillaban con el fausto de la Corte.

Cuando regresé a mi residencia, en el departamento del gobernador, todo se me aparecía vulgar e insípido, luego de la poética región que había abandonado. Una idea se insinuó en

[1] «Una de las cosas en que tienen precisa intervención los reyes moros es el matrimonio de sus grandes; de aquí nace que todos los señores allegados a la persona real se casan en palacio y siempre hubo su cuarto destinado para esta ceremonia». (*Paseos de Granada*. Paseo XXI). (*N. del A.*)

[2] Si bien en tiempos árabes había en este lugar muchos jardines, su aspecto era muy diferente al de los que contempló el autor. La misma fuente de construcción árabe, fue puesta aquí después de la Reconquista. (*N. del T.*)

mi mente: ¿Por qué no cambiar mi domicilio a estas cámaras vacías? Así viviría realmente en la Alhambra, rodeado de sus jardines y fuentes, como en la época de las reyes moros. Propuse el cambio a doña Antonia y a su familia, y les produjo gran sorpresa. No podían concebir ningún razonable atractivo que me indujese a la elección de un departamento tan abandonado, lejano y solitario. Dolores insistió sobre su espantosa soledad, y habló de que sólo volaban por allí murciélagos y lechuzas, además de una zorra y un gato montés ocultos en las bóvedas de los baños vecinos, que solían merodear durante la noche. La buena tía Antonio presentó objeciones más razonables; la vecindad estaba infestada de vagabundos y gitanos que bullían en las cuevas de las colinas próximas; el palacio estaba en ruinas y era fácil entrar por algunos sitios. Además, el rumor de que un extranjero vivía solo en una de las más apartadas y ruinosas habitaciones, podría ser una tentación para los inoportunos visitantes de la noche, sobre todo porque siempre se supone que los extranjeros están bien surtidos de dinero. A la vista de estos informes, buscando la ayuda de un carpintero y la del siempre servicial Mateo Jiménez, pronto quedaron puertas y ventanas en un tolerable estado de seguridad, y preparado para mi recepción el dormitorio de la augusta Isabel. Mateo se ofreció amable y graciosamente como guardia de corps para dormir en mi antecámara, aunque no creí conveniente poner a prueba su valentía.

Con toda mi presuntuosa audacia, y pese a todas las precauciones adoptadas, debo confesar que la primera noche pasada por mí en estas habitaciones no pudo ser más triste y monótona. Y no creo que fuese mi aprensión a los peligros exteriores lo que me afectaba tanto, sino el mismo carácter de aquel lugar con todos sus extraños recuerdos, los actos de violencias en él cometidos y el trágico final de muchos de los que en otro tiempo reinaron allí rodeados de pompa y esplendor. Cuando, camino de mi aposento, pasaba bajo los predestinados salones de la torre de Comares, recordé un texto que solía emocionarme en los días de mi infancia:

> «El destino se sienta en la triste y oscura almena;
> y al abrirse la puerta para recibirme,
> una voz en ecos sombríos a través de los patios,
> va diciendo una hazaña sin nombre.»

Toda la familia me dio escolta hasta mis habitaciones y se despidió de mí como de alguien que estuviese comprometido en una atrevida empresa. Cuando oí sus pasos lejanos que se perdían en las espaciosas antecámaras y resonaban en las galerías, giré la llave de mi puerta y me acordé de aquellas historias de duendes y espectros en las que el héroe está empeñado en peligrosas aventuras dentro de una casa encantada.

Hasta el recuerdo de la hermosa Isabel y de las bellezas de su Corte, que fueron un día la gala de estos salones, le añadían ahora, por un delirio de la fantasía, cierta melancólica lobreguez. Este fue el escenario de su efímera hermosura y alegría; aquí estaban las huellas de su elegancia y regocijo, pero ¿qué ha sido de ellas y dónde están? ¡Polvo y ceniza! ¡Moradores de la tumba! ¡Fantasmas del recuerdo!

Un vago e indescriptible terror se apoderó de mí. Hubiera deseado atribuirlo a mi conversación de aquella noche acerca de los ladrones, pues comprendía que todo aquello era irreal y absurdo. Habían resucitado las supersticiones de mi niñez, tanto tiempo olvidadas, y se iban adueñando de mi imaginación. Todo comenzó a cambiar de forma y actitud por obra de mi fantasía. Los gemidos del viento entre los limoneros, bajo mi ventana, tenían algo de siniestro. Dirigí mis ojos al jardín de Lindaraja; los árboles se me ofrecieron como un abismo de sombras, y la espesura como un conjunto de confusas y horribles siluetas. Recobré la calma al cerrar la ventana, pero entonces fue mi propia habitación la que se pobló de fantasmas. Se oyó un ligero ruido, como un susurro, por encima de mi cabeza; de repente salió un murciélago de una de las carcomidas vigas del techo y revoloteó por la habitación y en torno a mi solitaria lámpara. Como el funesto pajarraco casi azotaba mi rostro con sus sordas alas, los grotescos mascarones tallados en relieve en el techo de cedro parecían abatirse sobre mí y hacerme horribles muecas.

Me sobrepuse casi sonriendo a esta momentánea flaqueza, y decidí desafiarla con el mismo denuedo que el de un héroe en una casa encantada; así, pues, cogí la lámpara y salí a dar una vuelta por el palacio. A pesar de todos los esfuerzos de mi mente, la empresa resultó bastante desagradable. Tuve que atravesar espaciosas salas y misteriosas galerías, donde los débiles destellos de mi lámpara apenas se extendían a corta distancia en torno mío. Caminaba, por decirlo así, como por una simple aureola de luz, rodeado de impenetrables tinieblas. Los abovedados corredores parecían cavernas y los techos de los salones se perdían en la negrura. Recordé entonces todo lo que había oído acerca del peligro de los intrusos en estos apartados departamentos. ¿Y si algún vagabundo enemigo me estuviese acechando, delante o detrás de mí, amparado en la oscuridad? Mi propia sombra, proyectada sobre el muro, comenzaba a turbarme. Los ecos de mis pasos a lo largo de los corredores me hacían detenerme y escudriñar en torno. Cruzaba lugares llenos de lúgubres recuerdos. Un oscuro corredor descendía a la mezquita donde Yusuf, el rey moro que terminó la Alhambra, había sido vilmente asesinado. Más adelante, anduve por la galería donde otro monarca fue derribado por el puñal de un deudo suyo a quien había estorbado en sus amores.

Un triste y melancólico susurro, como de voces ahogadas y rechinar de cadenas, llegaba ahora a mí. Parecía proceder de la sala de los Abencerrajes. Sabía que era producido por el correr del agua en los canales subterráneos, pero sonaba extrañamente en la quietud de la noche, y me recordó las tétricas historias a que había dado lugar.

Pronto, sin embargo, sobresaltaron mis oídos unos pavorosos ruidos demasiado reales para ser producto de la fantasía. Cuando atravesaba el salón de Embajadores, unos tristes lamentos y confusas exclamaciones brotaron—por decirlo así—casi de mis pies. Me detuve y escuché. Me pareció entonces que venían de fuera de la torre; después, que del interior. Estallaron luego aullidos como de un animal, y más tarde gritos ahogados e inarticulados desvaríos; en el silencio de aquellas horas y en aquel extraño lugar, el efecto que producían era estremecedor. No sentí deseos de seguir adelante, sino que regresé a mi cuarto con mucha mayor presteza de la que había salido; y respiré más libremente cuando me encontré seguro dentro de sus paredes y cerrada la puerta tras de mí.

Cuando me desperté por la mañana con el sol brillando en mi ventana e iluminando todos los rincones del edificio con sus alegres y delatores rayos, apenas pude recordar las sombras y fantasías que la oscuridad había suscitado la noche anterior, ni creer que los lugares que me rodeaban, tan claros y reales, pudieran haberse revestido de horrores tan absurdos.

Y, sin embargo, los lúgubres aullidos y exclamaciones que había escuchado no eran producto de mi imaginación; pronto me fueron explicados por mi doncella Dolores. Eran los desvaríos de un pobre maniático, hermano de su tía, que padecía violentos paroxismos, durante los cuales le encerraban en un cuarto abovedado, debajo del salón de Embajadores.

En el transcurso de unas noches se operó un cambio completo en aquel sitio y en sus alrededores. La luna, que cuando tomé posesión de mi nuevo domicilio estaba invisible, avanzaba poco a poco en la oscuridad de la noche, y por último flotó en todo su esplendor sobre las torres y derramó una lluvia de suave luz sobre todos los patios y salones. El jardín situado debajo de mi ventana, que antes estaba envuelto en tinieblas, se iluminó dulcemente; se vistieron de plata los naranjos y limoneros; la fuente refulgió a los rayos de la luna, y hasta el rubor de la rosa se hizo tímidamente visible.

Percibí entonces el encanto poético de la inscripción árabe que hay en una de sus paredes: «¡Qué bello es este jardín, donde las flores de la tierra compiten con las estrellas del cielo! ¿Qué cosa se puede comparar a la taza de aquella fuente de alabastro, colmada de agua cristalina? ¡Sólo la luna en su plenitud, brillando en medio de un cielo sin nubes!»

En estas noches divinas permanecía sentado horas y horas en mi ventana, aspirando el aroma del jardín y meditando sobre los azarosos destinos de aquellos cuya historia estaba vagamente bosquejada en los elegantes trofeos que me rodeaban. Algunas veces, cuando reinaba la quietud y el reloj de la lejana catedral daba las campanadas de la medianoche, salía a pasear y vagaba errante por todo el edificio; pero ¡qué diferencia de mi primer paseo! Nada se ofrecía ya oscuro y misterioso, ni estaba poblado de sombríos enemigos, ni evocaba escenas de violencia y de crímenes; todo se me representaba abierto, espacioso, lleno de belleza; todo evocaba gratas y románticas imágenes. Lindaraja, una vez más, paseaba por su jardín, y la elegante caballerosidad de la Granada musulmana resplandecía de nuevo en el patio de los Leones. ¿Qué lengua hay que alabe en justicia una noche de luna en este clima y en estos parajes? Deliciosa en verdad es la temperatura de una noche estival en Andalucía. Nos sentimos elevados a una atmósfera más pura; experimentamos tal serenidad de alma, alegría de espíritu y elasticidad de miembros, que la misma existencia es una pura felicidad; pero si a todo esto se añade la luz de la luna, el efecto es como un mágico hechizo. Bajo su plástico influjo, la Alhambra parece recordar sus prístinas glorias. Todas las grietas y hendiduras del tiempo, los matices y colores borrosos y las manchas de la lluvia, desaparecen; el mármol recobra su primitiva blancura; las largas columnatas destellan a la luz de la luna, y un tenue resplandor ilumina los salones. ¡Caminamos por el palacio encantado de una leyenda árabe!

¡Qué placer, entonces, subir al aéreo pabelloncito del *Tocador de la Reina* que, como la jaula de un pájaro, se asoma al valle del Darro, y contemplar desde sus gráciles arcadas todo el paisaje bañado por el astro de la noche! A la derecha, las dilatadas montañas de Sierra Nevada, privadas de su aspereza y suavizadas por una límpida perspectiva, con sus nevadas cumbres que brillan como nubes de plata frente al oscuro azul de los cielos; y recostarse más tarde sobre el parapeto del *Tocador,* y contemplar Granada y el Albaicín al fondo como un mapa, sumido todo en la más absoluta quietud; dormidos en la noche los blancos palacios y conventos, y lejos, la vaporosa vega que, como un mundo de sueños, se esfuma en la distancia.

De cuando en cuando, sube el apagado repiqueteo de unas castañuelas, desde la Alameda, donde los alegres andaluces pasan bailando las noches de verano. Otras veces, los indecisos

rasgueos de una guitarra y los suspiros de una voz enamorada, que acaso revelan el lugar en que un lunático enamorado da una serenata bajo el balcón de su dama.

Tal es la breve pintura de las noches que he pasado errante por los patios y balcones de este sugestivo edificio, alimentando mi fantasía con dulces quimeras y gozando esa mezcla de sueño y realidad que consume la existencia en un clima meridional. Poco antes de amanecer me retiré a mi lecho y fui arrullado en mi reposo por el murmullo de las cascadas de agua en la fuente de Lindaraja.

PANORAMA DESDE LA TORRE DE COMARES

HACE una mañana serena y hermosa; el sol no tiene la fuerza suficiente para disipar el fresco de la noche. ¡Deliciosa mañana para subir a lo alto de la torre de Comares y contemplar, a vista de pájaro, el panorama de Granada y sus cercanías!

Ven, pues, lector amigo; sigue mis pasos en este vestíbulo, ornado de rica tracería, que da al salón de Embajadores. No entraremos en él, sino por esta puertecita abierta en el muro. ¡Cuidado! Hay aquí una escalera de caracol y la luz es escasa; a pesar de su estrechez y oscuridad, por ella subieron con frecuencia hasta los adarves los altivos monarcas de Granada y sus reinas, para vigilar la aproximación de los ejércitos invasores o contemplar con inquietud las batallas de la vega.

Hemos alcanzado, al fin, la terraza; respiremos un momento, mientras dirigimos una amplia mirada sobre el espléndido panorama de la ciudad y el campo: las rocosas montañas, el verdeante valle y la fértil llanura; el castillo, la Catedral, las torres moras, las cresterías góticas, las desmoronadas ruinas y la fresca arboleda. Aproximémonos a las almenas y dirijamos nuestra vista a lo que hay debajo. Mira: por este lado, toda ia llanura de la Alhambra abierta ante nosotros, nos permite divisar sus patios y jardines. Al pie de la torre está el patio de la Alberca, con su gran depósito o estanque rodeado de flores; allá, el patio de los Leones con su famosa fuente y sus ligeras arcadas moras; y en el centro de la maciza mole, el pequeño jardín de Lindaraja, enterrado en el corazón del edificio, con sus rosas y limoneros y su maleza de verde esmeralda.

Aquel cinturón de murallas, tachonado de torres cuadradas, que rodea la cumbre de la colina, es el límite exterior de la fortaleza. Algunas de sus torres, como puedes ver, están en ruinas, y sus macizos restos sepultados entre cepas, higueras y áloes.

Miremos por el lado norte de la torre. Tiene tal altura que produce vértigo; sus mismos cimientos se alzan por encima de los árboles que cubren la empinada ladera. ¡Mira! Una larga grieta en los gruesos muros indica que la torre se ha cuarteado con alguno de los terremotos que, de cuando en cuando, sumieron a Granada en la consternación y que más pronto o más tarde reducirán a un montón de ruinas este edificio que ya presenta señales de desmoronamiento. La profunda y estrecha hondonada que bajo nosotros se ensancha lentamente al salir de las montañas, es el valle del Darro; contempla el riachuelo que hace recodos en su cauce, bajo las terrazas cubiertas de enramado y entre huertos y jardines. En otro tiempo fue famoso río que arrastraba oro entre sus arenas, y todavía se ciernen éstas, a veces, en busca del preciado metal. Algunos de aquellos blancos pabellones que acá y allá brillan entre las arboledas y viñedos, fueron rústicos retiros de los moros, en donde gozaban del fresco de sus jardines. Con razón ha sido comparado por uno de sus poetas con las perlas incrustadas en un lecho de esmeraldas.

El aéreo palacio, con sus altas torres blancas y largas galerías, que se alza en aquella colina, entre una frondosa arboleda y jardines colgantes, es el Generalife, residencia de verano de los reyes moros, donde se refugiaban en los meses de bochorno para disfrutar de un paraje más aireado aún que el de la Alhambra. La desnuda cumbre de aquel cerro que hay encima de él, donde puedes observar unas informes ruinas, es la *Silla del Moro*, llamada así por haber sido refugio del infortunado Boabdil durante una insurrección, y donde se sentó a contemplar tristemente su rebelde ciudad.

Un suave murmullo de agua sube a cada momento desde el valle. Procede del acueducto de aquel molino moro, casi al pie de la colina. La avenida de árboles que se divisa más allá es la Alameda, situada a orillas del Darro, punto predilecto de reunión por la tarde y lugar de cita de los enamorados en las noches de verano, cuando se puede escuchar a horas avanzadas el rasgueo de una guitarra, que llega desde los bancos repartidos a lo largo del paseo. Ahora sólo verás en ella unos pocos frailes que pasean ociosos y un grupo de aguadores que vienen cargados con cántaras de agua de antigua estructura oriental, tal como fueron usadas por los moros. Las han llenado en el fresco y límpido manantial llamado la fuente del Avellano. Aquella vereda del monte conduce a esa fontana, paraje predilecto de musulmanes y cristianos. Se dice que era la Adinamar (*Aynu-l-adamar*), la «Fuente de las Lágrimas», citada por Ibn Batuta el viajero y celebrada en historias y romances moriscos.

¡No te asustes! Se trata de un gavilán que hemos espantado de su nido. Esta vieja torre es un magnífico criadero de pájaros errantes; las golondrinas y los vencejos abundan en las grietas y hendiduras y están revoloteando durante todo el día; de noche, cuando las demás aves se han retirado a descansar, sale de su escondrijo la siniestra lechuza y lanza su presagio desde las murallas. ¡Observa cómo el gavilán que hemos desalojado de su nido busca su presa debajo de nosotros, rozando las copas de los árboles y cerniéndose hasta las ruinas que hay encima del Generalife!

Veo que diriges tu mirada a la nevada cima de aquella masa de montañas que brilla como una blanca nube de verano en el azul de los cielos. En Sierra Nevada, orgullo y delicia de Granada, origen de su fresca brisa y verdor perpetuo, de sus fuentes cristalinas y de sus caudales perennes. Este espléndido conjunto de montañas es el que proporciona a Granada esa combinación de encantos, tan rara en una ciudad del Sur: la fresca vegetación y los aires templados de un clima nórdico, junto con el vivificante ardor de un sol tropical y el sereno azul de un cielo meridional. Es este aéreo tesoro de nieve el que, al fundirse en proporción al calor estival, hace surgir arroyos y riachuelos por todos los valles y gargantas de las Alpujarras, esparciendo un verdor esmeralda y fertilizando una cadena de felices y apartados valles.

Bien pueden llamarse estas montañas la gloria de Granada. Dominan toda la extensión de Andalucía y pueden ser vistas desde los sitios más lejanos. Las saluda el arriero cuando divisa sus nevadas cumbres desde la llanura tostada por el sol; y el marino español, sobre la cubierta de su nave, allá a lo lejos, en el remoto seno del océano azul, las contempla con mirada pensativa, recuerda a la bella Granada y canta en voz baja algún romance de moros.

Mira ahora hacia el Sur, al pie de dichas montañas, una línea de áridas colinas por las que camina pausadamente una larga recua de mulas. Allí se representó la escena última de la dominación musulmana. Desde la cima de una de esas colinas, el infortunado Boabdil lanzó su postrera mirada sobre Granada y dio rienda suelta a la angustia de su corazón. Es el «Suspiro del Moro», lugar famoso en cantos y leyendas.

Más allá de este camino las colinas forman un declive hasta la fértil vega, donde ha brotado precisamente una frondosa mezcolanza de arboledas, jardines y huertas abundantes, atravesada en eslabones de plata por el Genil, que nutre innumerables riachuelos. Conducidos éstos por las antiguas acequias moriscas, mantienen la campiña en un verdor perpetuo. Aquí estuvieron las amadas glorietas y jardines y los rústicos pabellones por los que los infortunados moros lucharon con un valor tan desesperado. Las mismas chozas y toscas caserías que ahora habitan los labradores, indican, en los restos de arabescos o en alguna otra delicada decoración, que fueron elegantes residencias en tiempos de los musulmanes. Contempla en el mismo centro de esta histórica llanura un lugar que, en cierto modo, enlaza la historia del mundo antiguo con la del nuevo. Aquella línea de murallas y torres que brilla al sol de la mañana, es la ciudad de Santa Fe, construida por los Reyes Católicos durante el sitio de Granada, después de un incendio que destruyó el campamento. A esta ciudad fue llamado Colón por la heroica reina, y dentro de sus murallas fue ultimado el tratado que condujo al descubrimiento de América. Detrás de aquel promontorio del Oeste está el puente de Pinos, famoso porque allí tuvo lugar más de una sangrienta batalla entre moros y cristianos. En este puente alcanzó un mensajero a Colón cuando, perdidas las esperanzas de éxito cerca de los soberanos españoles, había partido a llevar su proyecto de descubrimiento a la Corte de Francia.

Por encima del puente, una cadena de montañas limita la vega al Oeste, antigua barrera entre Granada y los territorios cristianos. Todavía pueden divisarse entre sus alturas las ciudadelas, cuyos grisáceos muros y almenas parecen formar una sola pieza con los riscos sobre los que han sido levantadas. Acá y allá una solitaria *atalaya,* erigida sobre un pico montañoso, mira desde el cielo, por decirlo así, a uno y otro lado. ¡Con cuánta frecuencia avisaron estas *atalayas,* con fuego durante la noche o con humo durante el día, la proximidad del enemigo! Por un escarpado desfiladero de esta sierra, llamado el «Paso de Lope», irrumpieron en la vega los ejércitos cristianos. En torno a la base de aquella montaña gris y desnuda —llamada Sierra Elvira— que alarga su atrevido saliente rocoso hasta el seno de la llanura, aparecieron los ejércitos invasores con estruendo de tambores y clarines y las banderas desplegadas al viento.

Quinientos años han transcurrido desde que Ismael ben Ferrag, rey moro de Granada, contemplara desde esta misma torre una invasión de esta naturaleza, junto con un afrentoso saqueo de la vega, en cuya ocasión dio un ejemplo de caballerosa generosidad, cosa frecuente en los príncipes musulmanes, «cuya historia —dice un escritor árabe— abunda en generosas acciones y nobles hechos, que perdurarán a través de las venideras edades y vivirán para siempre en la memoria de los hombres». Pero sentémonos en este parapeto y contaré la anécdota.

Fue en el año de gracia de 1319, cuando Ismael ben Ferrag vio desde esta torre las blancas tiendas de un campamento cristiano acampado en la ladera de Sierra Elvira. Los reales príncipes Don Juan y Don Pedro, regentes de Castilla durante la minoría de Alfonso XI, ya habían asolado la comarca desde Alcaudete hasta Alcalá la Real, tomado el castillo de Illora e incendiado sus arrabales, y ahora llevaban sus insultantes saqueos hasta las mismas puertas de Granada, desafiando al monarca a que saliese fuera y les presentase batalla.

Ismael, aunque príncipe joven e intrépido, dudó en aceptar el reto. No contaba por entonces con fuerzas suficientes y esperaba la llegada de tropas de refuerzo de las ciudades vecinas. Los jefes cristianos, interpretando erróneamente su actitud, perdida toda esperanza de hacerle salir y cansados de tanto saqueo, levantaron sus tiendas e iniciaron la retirada. Don Pedro conducía la vanguardia y Don Juan cubría la retaguardia; la marcha era confusa e irregular, pues el ejército estaba muy sobrecargado con el botín y los cautivos.

A todo esto, el rey Ismael había recibido sus esperados refuerzos, y poniéndolos bajo el mando de Osmín, uno de sus más bravos generales, los envió en rápida persecución del enemigo. Los cristianos fueron alcanzados en los desfiladeros de la montaña. El pánico se apoderó de ellos; fueron completamente derrotados y arrojados con grandes pérdidas al otro lado de sus confines. Los dos príncipes perdieron la vida. El cadáver de Don Pedro fue recogido por sus soldados, pero el de Don Juan se perdió en la oscuridad de la noche. Su hijo escribió al rey moro suplicándole que buscase el cuerpo de su padre y lo tratase honrosamente. Ismael olvidó al instante que Don Juan era un enemigo que había llevado la desolación y el insulto hasta las mismas puertas de su ciudad, y sólo pensó en que era un gallardo caballero y un príncipe de sangre real. Bajo sus órdenes se hizo una minuciosa búsqueda del cadáver, que fue encontrado en un *barranco* y trasladado a Granada. Ordenó entonces Ismael que fuese expuesto con gran pompa en un magnífico féretro, rodeado de cirios y antorchas, en uno de estos salones de la Alhambra. Osmín y otro noble caballero fueron nombrados guardia de honor, y los cristianos cautivos se congregaron en torno al cadáver para orar.

Entre tanto, Ismael escribió al hijo del príncipe Juan para que enviase una escolta que recogiera el cadáver, asegurándole que le sería entregado lealmente. A su debido tiempo llegó para este fin una tropa de caballeros cristianos, que fueron honrosamente recibidos y tratados por Ismael. Cuando partieron con el cadáver, la guardia de honor de los caballeros musulmanes escoltó al fúnebre cortejo hasta la frontera.

Basta ya. El sol asoma por encima de las montañas y lanza sus rayos sobre nuestras cabezas. Ya la terraza de la torre arde bajo nuestros pies y es hora de abandonarla para buscar el fresco bajo las galerías que rodean la fuente de los Leones.

EL BALCON

HE hablado de un balcón en el hueco central del salón de Embajadores, que me servía de observatorio y donde solía sentarme con frecuencia, contemplando no sólo el cielo por encima, sino también la tierra que tenía debajo. Además de la magnífica perspectiva de montaña, vega y valle que desde él se domina, se ofrecía a mi consideración un pequeño y animado cuadro de la vida humana que se desarrolla al fondo. Al pie de la colina hay una *alameda,* que aunque no posee la elegancia del *paseo* del Genil, más moderno y espléndido, atrae sin embargo, una variada y pintoresca concurrencia. Aquí acude la gente de los barrios, junto con los curas y frailes que pasean para abrir el apetito o hacer la digestión; *majos y majas*—esto es, los guapos y guapas de la gente del pueblo, vestidos con sus típicos trajes andaluces—; *contrabandistas* fanfarrones, y algún que otro embozado y misterioso personaje de alto rango que acude a una secreta cita.

Es un animado cuadro de la vida y carácter españoles que me deleita estudiar; y a semejanza de un astrónomo que dispone de un gran telescopio con el que recorre los cielos y, por decirlo así, acerca más las estrellas para poderlas observar, también yo disponía de uno más pequeño, de bolsillo, para el uso particular de mi observatorio, con el que poder analizar el mundo de abajo; y me aproximaba tan cerca los rostros de los abigarrados grupos, que algunas veces creía adivinar sus conversaciones por los ademanes y la expresión de sus caras. Era, en cierto modo, un observador invisible que, sin abandonar mi soledad, me encontraba en un instante en medio de la gente; rara ventaja para quien goza de costumbres tranquilas y algo reservadas y es aficionado, como yo, a observar el drama de la vida sin intervenir como actor en la escena.

Hay una importante barriada debajo de la Alhambra, que comprende la estrecha garganta del valle y se extiende por la opuesta colina del Albaicín. Muchas de sus viviendas están construidas al estilo moro, en torno a los *patios* refrescados por las fuentes y abiertos al cielo raso; y como durante el estío pasan sus moradores la mayor parte del día en estos patios y en las azoteas, se comprende que más de un aspecto de su vida doméstica pueda ser observado por un espectador aéreo como yo, que puedo mirarlo desde las nubes.

Gozaba en sumo grado las ventajas de aquel estudiante de la famosa y vieja novela española [1], que tenía a todo Madrid, sin tejados, bajo su mirada; y mi locuaz escudero Mateo Jiménez oficiaba en ocasiones de Asmodeo, narrándome anécdotas de las distintas casas y de sus moradores.

Sin embargo, prefería inventarme yo mismo historias supuestas, y de esta manera permanecía sentado horas y horas, urdiendo, con los incidentes ocasionales e indicaciones que pasaban ante mis ojos, una completa cadena de proyectos, intrigas y ocupaciones de los activos mortales de allá abajo. Apenas existía un bello rostro o una figura llamativa de las que a diario contemplaba, en torno a la cual no hubiese yo fraguado, poco a poco, una dramática historia, aunque a veces los caracteres creados por mí obraban en abierta oposición al papel que les había asignado, trastornando todo el drama. Un día que inspeccionaba con mi anteojo las callejuelas del Albaicín, vi la procesión de una novicia que iba a tomar el velo, y observé varias circunstancias que excitaron mi más viva compasión por el destino de la joven que estaba a punto de ser encerrada viva en una tumba. Observé con satisfacción que era hermosa y, por la

---

[1] *El diablo cojuelo,* de Luis Vélez de Guevara. El estudiante don Cleofás Pérez Zambullo liberta de su redoma al diablillo Asmodeo, y éste, en agradecimiento, lo transporta por todas las casas de Madrid, sin sus tejados, lo que da motivo a una fina sátira de costumbres. *(N. del T.)*

palidez de sus mejillas, que era una víctima más bien que una profesa voluntaria. Iba ataviada con las galas nupciales y cubierta con uan guirnalda de blancas flores; pero su corazón, sin duda, se rebelaba contra este remedo de unión espiritual y suspiraba por sus amores terrenales. Un hombre de torvo semblante caminaba junto a ella en la procesión; era, por supuesto, el tiránico padre que, por algún sórdido motivo o por fanatismo, la había arrastrado a este sacrificio. Mezclado entre el cortejo iba un joven moreno y elegante, con traje andaluz, que parecía fijar en ella miradas de angustia. Era, indudablemente, el amante secreto de quien ella iba a separarse para siempre. Creció mi indignación cuando advertí una maligna expresión pintada en los rostros de los monjes y frailes que la acompañaban. La procesión llegó a la capilla del convento; el sol brilló por última vez sobre la guirnalda de la pobre novicia, cuando cruzó el funesto umbral y desapareció dentro del edificio. Penetró el cortejo de gentes de hábito, con la cruz y el coro de cantores, y el enamorado se detuvo un momento en la puerta. Pude adivinar la agitación de sus sentimientos; pero logró dominarse y entrar. Transcurrió un largo intervalo. Me imaginaba la escena que pasaría dentro: a la pobre novicia, despojada de sus afímeras galas y vestida con el hábito conventual, le quitarían de sus sienes la corona nupcial y las largas y sedosas trenzas de su hermosa cabeza. Oí cómo musitaba su irrevocable voto. La vi tendida en un féretro, cubierta con una mortaja; se celebrarían los funerales que la proclamaban muerta para el mundo, mientras que sus sollozos se ahogaban entre las profundas voces del órgano y el plañidero *requiem* de las monjas. El padre contemplaría todo aquello impasible, sin una lágrima; el galán..., no. Mi imaginación se negó a pintar su angustia, y el cuadro quedó sin terminar.

Al poco rato salía de nuevo el grupo de gentes y se dispersaban por varios sitios, para disfrutar de la luz del sol y mezclarse en el ajetreo de la vida; pero la víctima, con su corona nupcial, ya no estaba allí. Se había cerrado la puerta del convento que la separaba para siempre del mundo. Vi salir al padre y al joven conversando animadamente. Este último era muy vehemente en sus ademanes, por lo que supuse un violento final para mi drama; pero se interpuso una esquina del edificio y me ocultó la escena. Mi ojos se volvieron más tarde con afligido interés hacia aquel convento. Muy entrada la noche observé una solitaria luz que titilaba tras la lejana celosía de una de sus torres. «Allí —me dije— está la desgraciada monja, llorando en su celda, mientras que acaso ronda la calle su enamorado galán, sin ocultar su angustia.»

El solícito Mateo interrumpió mis reflexiones y destruyó en un instante la tela de araña de mi fantasía. Con su celo acostumbrado había recogido todos los datos relativos al asunto, que echaron por tierra todas mis deducciones. La heroína de mi novela no era ni joven ni hermosa; no tenía amante; había entrado en el convento por su propia y espontánea voluntad, como asilo para ella muy respetable, y era una de las más alegres moradoras dentro de sus paredes.

Pasó algún tiempo antes de que yo pudiese perdonar la ofensa que me había inferido la monja al ser tan feliz en su celda, en flagrante contradicción con las normas establecidas en la novela. Me olvidé de ella, sin embargo, al contemplar durante unos días las lindas coqueterías de una trigueña de ojos negros que, a cubierto de un balcón oculto entre floridos arbustos y una cortina de seda, sostenía una misteriosa correspondencia con un elegante individuo moreno y de grandes patillas, que rondaba con frecuencia la calle y se detenía al pie de su ventana. Unas veces lo veía a una hora temprana deslizarse furtivamente, embozado hasta los ojos en su capa; otras, se paraba en una esquina, con disfraces distintos, esperando, al parecer, una señal convenida para entrar en la casa. Más tarde se oía en el silencio de la noche el rasgueo de una guitarra, mientras que una linterna pasaba de un sitio a otro en el balcón. Me imaginé otra intriga como la de Almaviva [1], pero otra vez me vi burlado en mis suposiciones. El supuesto amante resultó

[1] El conde de Almaviva, que intentó seducir a Rosina, esposa de Fígaro; asunto de la popular comedia de P. A. Caron de Beaumarchais *El Barbero de Sevilla,* ópera más tarde, con música de Rossini. *(N. del T.)*

ser el marido de la dama, y era un famoso *contrabandista;* todas sus misteriosas señas y movimientos los justificaba algún proyecto de contrabando a la vista.

En ocasiones me distraía el observar desde este balcón los cambios graduales de las escenas que tenían lugar debajo, según las diferentes horas del día.

Apenas el alba gris había rayado el cielo y el gallo matutino cantaba en las casillas de la ladera, cuando las barriadas daban otra vez señales de animación. Las frescas horas del amanecer son preciosas en el verano de los climas cálidos. Todo el mundo se siente deseoso de tomarle la delantera al sol, en sus diarios afanes. El arriero con su cargada recua inicia las tareas cotidianas; cuelga el viajero su carabina detrás de la silla y monta su cabalgadura a la puerta del mesón; y el atezado y rústico labriego arrea sus cansinas bestias cargadas con cestos de soleadas frutas y verduras frescas de rocío, mientras que se dirigen al mercado las hacendosas amas de casa.

Ha salido el sol y brilla a todo lo largo del valle, entre el transparente follaje del arbolado. Las campanas matutinas resuenan melodiosamente a través del fresco y puro aire, anunciando la hora de la devoción. El arriero detiene sus cargadas acémilas delante de la capilla, se coloca la vara detrás del cinturón y entra sombrero en mano, alisándose su cabellera negra como el carbón, a oír misa y a rezar una oración para que sea feliz su viaje por la *sierra.* Más tarde, sale con sus pies de hada la gentil *señora,* con su adornada *basquiña,* un inquieto abanico en la mano y negros ojos que brillan bajo la *mantilla* graciosamente plegada; busca una iglesia muy concurrida para elevar sus oraciones de la mañana; pero el bien ajustado vestido, el elegante calzado, las finísimas medias, los cabellos primorosamente trenzados y la fresca rosa recién cogida que brilla entre ellos como una perla, pregonan que la tierra comparte con el cielo el imperio de sus pensamientos. ¡Vigílala, madre prudente, tía solterona o *dueña* cautelosa, quienquiera que seas la que caminas tras ella!

Al avanzar la mañana, aumenta por todas partes el ruido del trabajo; se pueblan las calles de hombres, corceles y bestias de carga, y se alza un murmullo y un rumor como de olas del océano. A medida que el sol asciende hasta su meridiano, se desvanece poco a poco el ruido y el bullicio y a eso del mediodía hay una pausa. La ciudad, jadeante, se sumerge en laxitud, y durante algunas horas reina un descanso general. Se cierran las ventanas, las cortinas se corren y los habitantes se retiran a los rincones más frescos de sus casas; el obeso fraile ronca en su dormitorio; el musculoso mozo de cuerda se tumba en el pavimento, al lado de su carga; el campesino y el labriego duermen bajo los árboles de la Alameda, arrullados por el estridente chirriar de la cigarra. Las calles estás desiertas, excepto cuando aparece algún aguador que refresca el oído pregonando las excelencias de su cristalina agua *más fría que la nieve* de la Sierra.

A la puesta del sol sobreviene una gradual animación; y cuando todas las campanas de la tarde tañen su triste sonido, la Naturaleza entera parece alegrarse de que el tiránico día haya sucumbido. Entonces comienza la alegría y el bullicio, cuando salen los ciudadanos a respirar el aire del anochecer y gozar del breve crepúsculo en los paseos y jardines del Darro y del Genil.

Al cerrar la noche, el caprichoso escenario se reviste de nuevos aspectos. Una tras otra aparecen las luces: aquí, una vela en un balcón; allá, una lámpara votiva ante la imagen de un santo. De este modo, por grados, surge la ciudad de su penetrante lobreguez y resplandece con luces diversas, como el firmamento estrellado. Y ahora se levanta de patios y jardines, de calles y callejuelas, el resonar de numerosas guitarras y el repiqueteo de las castañuelas, fundiéndose en las alturas en un débil pero general concierto. «¡Goza de esta hora!», es el credo del alegre y enamoradizo andaluz, y jamás lo practica con más intensidad que en las perfumadas noches del estío, cortejando a su dama con el baile, la cantilena amorosa o la apasionada serenata.

Una noche que estaba sentado en el balcón, gozando de la suave brisa que llegaba rumorosa de la ladera de la colina por entre las copas de los árboles, mi humilde cronista Mateo, que me acompañaba, me señaló una espaciosa casa en una oscura calle del Albaicín, acerca de la cual me refirió, casi como yo la recuerdo, la siguiente anécdota:

LA AVENTURA DEL ALBAÑIL

Hubo en otro tiempo en Granada un pobre albañil o enladrillador, que guardaba todos los domingos y días de los santos, incluso San Lunes, y a pesar de toda su devoción vivía cada vez más pobre y apenas si podía ganar el pan para su numerosa familia. Una noche fue despertado en su primer sueño por una golpes en la puerta. Abrió y se encontró frente a un cura alto, flaco y de aspecto cadavérico.

—¡Oye, buen amigo! —dijo el desconocido—. He observado que eres buen cristiano en quien poder confiar ¿Quieres hacerme un pequeño trabajo esta misma noche?

—Con muchísimo gusto, *señor padre*, con tal que cobre como corresponde.

—Así será; pero has de consentir que te vende los ojos.

A esto no opuso ningún reparo el albañil. Así, pues, vendados los ojos, fue conducido por el cura a través de varias retorcidas callejuelas y tortuosos pasajes, hasta que se detuvo ante el portal de una casa. El cura sacó la llave, giró una chirriante cerradura y abrió lo que por el sonido parecía una pesada puerta. Cuando entraron, cerró, echó el cerrojo y el albañil fue conducido por un resonante corredor y una espaciosa sala a la parte interior del edificio. Allí le fue quitada la venda de los ojos y se encontró en un *patio*, alumbrado apenas por una lámpara solitaria. En el centro se veía la seca taza de una vieja fuente morisca, bajo la cual le pidió el cura que formase una pequeña bóveda; a tal fin, tenía a mano ladrillos y mezcla. Trabajó, pues, toda la noche, pero sin que acabase la faena. Un

poco antes de amanecer, el cura le puso una moneda de oro en la mano y, habiéndolo vendado de nuevo, lo condujo a su morada.

—¿Estás conforme —le dijo— en volver a completar tu tarea?

—Con mucho gusto, *señor padre,* puesto que se me paga tan bien.

—Bien; entonces, volveré mañana de nuevo a medianoche.

Así lo hizo y la bóveda quedó terminada.

—Ahora —le dijo el cura— debes ayudarme a traer los cadáveres que han de enterrarse en esta bóveda.

Al pobre albañil se le erizaron los cabellos cuando oyó estas palabras. Con pasos temblorosos siguió al cura hasta una apartada habitación de la casa, en espera de encontrarse algún espantoso y macabro espectáculo; pero se tranquilizó al ver tres o cuatro grandes orzas apoyadas en un rincón, que él supuso llenas de dinero.

Entre él y el cura las transportaron con gran esfuerzo y las encerraron en su tumba. La bóveda fue tapiada, restaurado el pavimento y borradas todas las señales del trabajo. El albañil, vendado otra vez, fue sacado por un camino distinto del que antes había hecho. Luego que anduvieron bastante tiempo por un complicado laberinto de callejuelas y pasadizos, se detuvieron. Entonces, el cura puso en sus manos dos piezas de oro.

—Espera aquí —le dijo el cura— hasta que oigas la campana de la catedral tocar a maitines. Si te atreves a destapar tus ojos antes de esa hora, te sucederá una desgracia.

Dicho esto, se alejó. El albañil esperó fielmente y se distrajo en sopesar las monedas de oro en sus manos y en sonarlas una contra otra. En el momento en que la campana de la catedral lanzó su matutina llamada, se descubrió los ojos y vio que se encontraba a orillas del Genil. Se dirigió a su casa lo más rápidamente posible y se gastó alegremente con su familia, durante un quincena de días, las ganancias de sus dos noches de trabajo; después de esto, quedó tan pobre como antes.

Continuó trabajando poco y rezando bastante, guardando los

domingos y días de los santos, un año tras otro, en tanto que su familia seguía flaca y andrajosa como una tribu de gitanos. Una tarde que estaba sentado en la puerta de su choza se dirigió a él un viejo, rico y avariento, conocido propietario de muchas casas y casero tacaño. El acaudalado individuo lo miró un momento por debajo de sus inquietas y espesas cejas.

—Amigo, me he enterado de que eres muy pobre.

—No tengo por qué negarlo, *señor,* pues es cosa que salta a la vista.

—Supongo, entonces, que te agradará hacer un trabajillo y que lo harás barato.

—Más barato, señor, que ningún albañil de Granada.

—Eso es lo que yo quiero. Tengo una casa vieja que se está viniendo abajo y que me cuesta en reparaciones más de lo que vale, porque nadie quiere vivir en ella; así que he decidido arreglarla y mantenerla en pie con el mínimo gasto posible.

El albañil fue conducido a un caserón abandonado que amenazaba ruina. Pasando por varias salas y cámaras vacías, penetró en un patio interior, donde atrajo su atención una vieja fuente morisca. Quedóse sorprendido, pues, como en un sueño, vino a su memoria el recuerdo de aquel lugar.

—Dígame —preguntó—, ¿quién ocupaba antes esta casa?

—¡La peste se lo lleve! —exclamó el propietario—. Fue un viejo cura avariento que sólo se ocupaba de sí mismo. Decían que era inmensamente rico y que, al no tener parientes, se pensaba que dejaría todos sus tesoros a la Iglesia. Murió de repente, y acudieron en tropel curas y frailes a tomar posesión de su fortuna, pero sólo encontraron unos pocos ducados en una bolsa de cuero. A mí me ha tocado la peor parte, porque desde que murió, el viejo sigue ocupando mi casa sin pagar renta, y no hay forma de aplicarle la ley a un difunto. La gente pretende que se oye todas las noches un tintineo de oro en la habitación donde dormía el viejo cura, como si estuviese contando dinero, y en ocasiones, gemidos y lamentos por el patio. Falsas o verdaderas, estas habladurías han dado mala fama a mi casa y no hay nadie que quiera vivir en ella.

—Basta —dijo el albañil con firmeza—; permítame vivir en su casa, sin pagar, hasta que se presente mejor inquilino, y yo me comprometo a repararla y a apaciguar al molesto espíritu que la perturba. Soy buen cristiano y hombre pobre y no tengo miedo al mismo diablo, aunque se presente en forma de un talego de dinero.

La oferta del honrado albañil fue de buena gana aceptada; se trasladó con su familia a la casa y cumplió todos sus compromisos. Poco a poco fue restaurándola hasta volverla a su primitivo estado; ya no se oyó más por la noche el tintineo de oro en el dormitorio del difunto cura, sino que comenzó a oírse de día en el bolsillo del albañil vivo. En una palabra: aumentó rápidamente su fortuna, con la consiguiente admiración de todos sus vecinos, y llegó a ser uno de los hombres más ricos de Granada. Dio grandes sumas a la Iglesia sin duda para tranquilizar su conciencia, y nunca reveló el secreto de la bóveda a su hijo y heredero, hasta que se encontró en su lecho de muerte.

EL PATIO DE LOS LEONES

E L encanto peculiar de este viejo palacio de fantasía radica en la facultad de despertar vagos ensueños y evocar el pasado, revistiendo así las desnudas realidades con las ilusiones de la memoria y la imaginación. Como me deleita trabajar entre estas «vanas sombras», me he decidido a buscar aquellos rincones de la Alhambra más propicios a las fantasmagorías del espíritu; y nada más a propósito como el patio de los Leones y las salas que lo rodean. La mano del tiempo ha pasado por aquí muy superficialmente, y se conservan casi en su prístina brillantez las huellas de la elegancia y esplendor moriscos. Los temblores de tierra han sacudido los cimientos de su construcción y cuarteado sus torres tan recias; y ¡oh portento!, ni una siquiera de sus gráciles columnas se ha despedazado, ni cedido un solo arco de su frágil y ligero peristilo; en el decurso de los siglos se ha conservado todo el calado de ensueño de sus cúpulas, en apariencia tan quebradizo como el cristal tejido en el rocío del alba, tan nuevo hoy como saliera de las manos del artista musulmán.

Escribo en medio de estos recuerdos del pasado, en las primeras y frescas horas de la mañana, en el fatídico salón de Abencerrajes. Delante de mí se encuentra la sangrienta fuente, legendario monumento de su matanza; su alto surtidor casi arroja la gotas de agua sobre mi papel. ¡Qué difícil resulta conciliar la vieja leyenda de sangre y violencias con el lugar apacible y sosegado que me rodea! Todo parece aquí preparado para inspirar sentimientos serenos y apacibles, pues todo es bello y delicado. La luz cae suavemente desde lo alto, pasando por el tragaluz de una cúpula, matizada como por manos de hadas. A través del amplio y ligero arco de la portada contemplo el patio de los Leones, donde la brillante luz del día fulgura a lo largo de sus columnatas y centellea en sus fuentes. La airosa golondrina se lanza hacia el patio, y remontándose de pronto, se aleja como una flecha, gorjeando sobre los tejados. La laboriosa abeja se afana zumbando entre los macizos de flores, y las pintadas mariposas revolotean de planta en planta y juguetean unas con otras en el aire resplandeciente. Basta un mínimo esfuerzo de la imaginación para representarse a alguna melancólica belleza del harén vagando por estos lugares solitarios de lujo oriental.

Sin embargo, el que quiera contemplar este rincón bajo un aspecto más en consonancia con su destino, que venga cuando las sombras de la noche velan los resplandores del patio y cubren con su lobreguez las salas contiguas. Nada entonces de más serena melancolía o más armonía con la historia de su pasado esplendor.

En estas horas me siento inclinado a buscar la sala de la Justicia, cuyas recónditas y sombrías arcadas se extienden hasta el extremo superior del patio. En ella se celebró, en presencia de Fernando e Isabel y de su triunfante Corte, el pomposo ceremonial de una solemne misa, al tomar posesión de la Alhambra. Todavía se puede ver la cruz en la pared donde se erigió el altar en el que oficiaron el Gran Cardenal de España y otros altos dignatarios religiosos del país. Me represento la escena al ser ocupado este lugar por los ejércitos vencedores; aquella mezcla de obispos mitrados y tonsurados frailes, caballeros revestidos de acero y cortesanos con vestidos de seda; cuando cruces, báculos y estandartes religiosos se entremezclaron con los altivos blasones y las banderas de los arrogantes señores de España, llevadas en triunfo por estos salones musulmanes. Me figuro al propio Colón, futuro descubridor de un mundo, ocupando un modesto lugar en un rincón apartado, humilde y olvidado espectador de aquella ceremonia. Contemplo con la imaginación a los Reyes Católicos, postrados ante el altar y dando gracias por su triunfo, en tanto que resuenan en las bóvedas los sagrados cánticos y el solemne *Tedeum*.

La fugaz ilusión se desvanece y se esfuma el imaginado espectáculo; monarca, obispo y guerrero vuelven al olvido, junto con los pobres musulmanes a quienes vencieron. Desolado y vacío está ahora el salón de sus triunfos. Revolotea el murciélago por sus sombrías bóvedas y la lechuza lanza su grito en la cercana torre de Comares.

Al entrar pocas tardes después en el patio de los Leones, casi me asusté al ver un moro con turbante que estaba tranquilamente sentado junto a la fuente. Creí por un momento que cobraba realidad una de las ficciones de aquel sitio: un moro encantado había roto la magia de los siglos y se hacía visible; pero se trataba de un simple y vulgar mortal. Un nativo de Tetuán, en Berbería, que tenía una tienda en el Zacatín de Granada, donde vendía ruibarbo, joyas y perfumes. Como hablaba español perfectamente, me permití entablar conversación con él, y me pareció agudo e inteligente. Me dijo que subía con frecuencia en verano a la colina para pasar parte del día en la Alhambra, que le recordaba los viejos palacios berberiscos, construida como ellos y decorada en idéntico estilo, aunque con mayor magnificencia.

Mientras paseábamos por el palacio, me señaló varias inscripciones arábigas de gran belleza poética.

—¡Ah, *señor!*—me dijo—. Cuando los moros dominaban Granada, eran un pueblo más alegre que hoy. Sólo pensaban en el amor, la música y la poesía. Componían estrofas con cualquier motivo y a todas les ponían música. El que hacía los mejores versos o la que cantaba con voz más melodiosa, estaban seguros del favor y la preferencia. En aquel tiempo, si alguien pedía limosna, recibía esta respuesta: «Hazme una canción»; y el más mísero mendigo que implorase en verso, era con frecuencia recompensado con una moneda de oro.

—¿Y se ha perdido del todo entre ustedes —le dije— esa afición popular por la poesía?

—De ninguna manera, *señor;* el pueblo de Berbería, incluso la gente más humilde, compone todavía tan buenas canciones como en otro tiempo; pero hoy no se recompensa el ingenio como antes; el rico prefiere el sonido de su oro al de la poesía o la música.

En tanto que hablaba, su mirada se posó en una de las inscripciones que vaticinaban la perpetuidad del poderío y gloria de los monarcas musulmanes, dueños de este edificio. Movió su cabeza y se encogió de hombros, mientras la traducía.

—Así debiera haber sido —dijo—. Todavía reinarían los musulmanes en la Alhambra si Boabdil no hubiese sido un traidor que entregó la capital a los cristianos. Jamás hubiesen podido los monarcas españoles conquistarla por la fuerza.

Intenté vindicar la memoria del infortunado Boabdil contra esta calumnia, y demostrar cómo las discordias que ocasionaron la caída del reino moro tuvieron su origen en la crueldad de un padre que tenía un corazón de tigre; pero el moro no quiso admitir disculpa.

—Muley Abul Hassan —replicó—, aunque fuese cruel, también era valeroso, prudente y patriota. De haber sido secundado debidamente, todavía sería nuestra Granada; pero su hijo Boabdil frustró sus planes, debilitó su poder, sembró la traición en su alcázar y la discordia en su territorio. ¡Ojalá caiga sobre él, por su traición, la maldición de Alá!

Dicho esto, el moro salió de la Alhambra.

La indignación de mi compañero del turbante está de acuerdo con la anécdota que me refirió un amigo que se entrevistó con el Pachá de Tetuán en ocasión de un viaje a Berbería. El gobernador moro puso vivo interés en sus preguntas sobre España y, en especial, respecto a la próspera región de Andalucía, las delicias de Granada y los restos del real palacio. Las respuestas despertaron todos aquellos queridos recuerdos, tan tiernamente guardados por los moros, acerca del poder y esplendor de su antiguo imperio en España. Dirigiéndose a sus criados musulmanes, el Pachá acarició su barba y estalló en apasionados denuestos porque semejante cetro se hubiese escapado de las manos de los verdaderos creyentes. Se consoló, sin embargo, persuadido de que el poderío y la prosperidad de la nación española estaban en decadencia; de que algún día conquistarían los moros sus legítimos dominios, y de que no estaba muy lejos la hora en que se celebrase nuevamente el culto mahometano en la mezquita de Córdoba y un príncipe musulmán se sentase en su trono de la Alhambra.

Tales son la aspiración y creencia generales entre los moros de Berbería, que consideran a España, al Andalus, como se llamaba antiguamente, su legítima herencia, de la que fueron despojados por la violencia y la traición. Fomentan y perpetúan estas ideas los descendientes de los desterrados moros de Granada, dispersos por las ciudades berberiscas. Varios de ellos residen en Tetuán, conservando sus antiguos nombres, tales como Páez y Medina, y se abstienen de contraer matrimonio con aquellas familias que no pueden alegar el mismo ilustre origen. Su esclarecido linaje es mirado con un cierto grado de popular deferencia, que raramente demuestran las comunidades mahometanas hacia ningún título hereditario, si se exceptúa a la alcurnia real.

Se dice que estas familias suspiran por el paraíso terrenal de sus antepasados y elevan sus oraciones los viernes en la mezquita, implorando de Alá que apresure el momento en que sea restituida Granada a los creyentes; acontecimiento éste que esperan con ilusión, confiadamente, como los cruzados cristianos confiaban en rescatar el Santo Sepulcro. Es más: se añade que algunos de ellos conservan los planos y escrituras de las fincas y jardines de sus antepasados de Granada y hasta las llaves de las casas, como testimonio de sus derechos hereditarios, que presentarán el deseado día de la restauración.

Mi conversación con el moro me llevó a meditar sobre el destino de Boabdil. Nunca hubo un sobrenombre más acertado que el de *Zogoibi,* es decir, el *Infortunado,* que le dieron sus súbditos. Sus desdichas comienzan casi en la cuna, y no cesaron ni siquiera con su muerte. Si alguna vez acarició el deseo de dejar un honroso nombre en las páginas de la Historia, ¡qué cruelmente fue defraudado en sus esperanzas! ¿Quién que haya prestado la más mínima atención a la romántica historia de la dominación árabe en España, no se ha encendido de indignación ante las supuestas atrocidades de Boabdil? ¿Quién no se ha sentido conmovido ante los infortunios de su hermosa y gentil reina, sometida por él a una prueba de vida o muerte, por una falsa imputación de infidelidad? ¿Quién no se ha estremecido con el supuesto asesinato de su hermana y de sus dos hijos, cometido en un arrebato de pasión? Y ¿quién, por último, no ha sentido hervir la sangre en sus venas ante la inhumana matanza de los valerosos Abencerrajes, treinta y seis de los cuales, según se afirma, ordenó él que fuesen decapitados en el patio de los Leones? Todas estas acusaciones se han reiterado en formas distintas, pasaron a los romances, dramas y novelas, y de tal manera han tomado posesión del espíritu público, que resulta imposible desarraigarlas. No hay un solo extranjero culto, visitante de la Alhambra, que no pregunte por la fuente donde fueron decapitados los Abencerrajes y contemple con horror las galerías con rejas en donde dicen que estuvo encerrada la reina; ni un solo labriego de la vega o de la Sierra, que no cante esta historia en rudas tonadas, acompañado de su guitarra, mientras sus oyentes aprenden a execrar el nombre de Boabdil.

Y a pesar de todo, nunca hubo un nombre más deshonrosa e injustamente calumniado. He examinado todas las crónicas auténticas y las cartas escritas por autores españoles, contemporáneos de Boabdil, algunos de los cuales gozaban de la confianza de los Reyes Católicos y estuvieron realmente presentes en el campo de batalla durante la guerra. He revisado también, merced a las traducciones, todos los textos árabes que pude, veraces y objetivos, y nada he encontrado que justifique estas sombrías y odiosas acusaciones. La mayoría de estas fábulas deben atribuirse a la obra conocida por *Las Guerras Civiles de Granada,* que contiene una pretendida historia de las contiendas entre Zegríes y Abencerrajes, durante las últimas luchas del imperio musulmán. La obra apareció originalmente en español, declarando ser traducida del árabe por un Ginés Pérez de Hita, vecino de Murcia. Desde entonces ha sido vertida a varios idiomas, y Florián tomó mucho de ella para la leyenda de su Gonzalo de Córdoba; de esta forma usurpó en gran parte la autoridad de la verdadera historia, siendo tenida como cierta

121

por las gentes, y en especial por el vulgo de Granada. Toda ella, no obstante, es un amasijo de patrañas mezcladas con unas pocas verdades desfiguradas que le prestan cierto aire de veracidad. Lleva en sí misma la evidencia de su falsedad; los usos y costumbres de los moros están absurdamente tergiversados, y las escenas que recoge son totalmente incompatibles con sus hábitos y religión, que nunca aparecen así descritas en la obra de un solo escritor musulmán.

Confieso que me parece que hay algo casi criminal en las pretendidas falsedades de este libro. Es admisible que se conceda una gran amplitud a la ficción romántica; pero hay ciertos límites que nunca deben ser traspasados. Los nombres de los muertos distinguidos, que pertenecen a la Historia, no deben ser calumniados; de la misma manera que no se ultrajan los de los ilustres personajes que hoy viven. ¡Pensemos además que harto sufrió el infortunado Boabdil, por su justificable hostilidad hacia los españoles, al ser despojado de su reino, sin que por eso fuese su nombre tan imperdonablemente calumniado y convertido en objeto de burla y tema de infamia en su país natal y en la propia mansión de sus padres!

RECUERDOS DE BOABDIL

T ODAVÍA acalorada mi mente con el tema del infortunado Boabdil, me dispuse a buscar los recuerdos que de él quedan en este escenario de su soberanía y de sus infortunios. En la torre de Comares y debajo del salón de Embajadores, hay dos habitaciones abovedadas, separadas entre sí por un estrecho pasadizo, que fueron, según dicen, prisiones de él y de su madre, la virtuosa Aixa la Horra; y en verdad, ninguna otra parte de la torre es más a propósito para este fin. Las paredes exteriores de estas cámaras tienen un extraordinario espesor y sus ventanas están aseguradas por barras de hierro. Una estrecha galería de piedra con un bajo parapeto se extiende a lo largo de tres de los lados de la torre, precisamente debajo de las ventanas, aunque a considerable altura del suelo. Créese que desde esta galería descolgó la reina a su hijo, con sus propios ceñidores y los de sus doncellas, protegidas por la oscuridad de la noche, hasta la ladera donde algunos de sus fieles partidarios esperaban con rápidos corceles para trasladarlo a la montaña.

Han transcurrido desde entonces de trescientos a cuatrocientos años y todavía permanece casi inalterable este escenario del drama. Cuando pasaba por esta galería, mi imaginación se representaba a la angustiada reina inclinada sobre el parapeto, escuchando con los latidos de su corazón de madre los últimos ecos de los cascos del caballo, mientras su hijo corría a lo largo del angosto valle del Darro.

Busqué después la puerta por donde hizo Boabdil su última salida de la Alhambra, poco antes de entregar la capital y el reino. Con el melancólico acento de su abatido espíritu, o guiado tal vez por algún supersticioso impulso, pidió a los Reyes Católicos que en adelante no se permitiera a nadie pasar por ella. Según las viejas crónicas, fue atendido su ruego, gracias a la mediación de Isabel, y la puerta fue tapiada.

En vano pregunté por ella durante algún tiempo, hasta que, por último, mi humilde servidor Mateo Jiménez me dijo que debía de ser una cerrada con piedras que, según lo que había oído a su padre y abuelo, era la puerta por donde el Rey Chico había salido de la fortaleza. Existía un misterio en torno a ella, pues los habitantes más ancianos no recordaban que se hubiese abierto nunca.

Me condujo después a aquel lugar. La puerta se halla en el centro de lo que fue en otro tiempo una mole inmensa, llamada la *Torre de los Siete Suelos,* famosa en la vecindad por ser escenario de extrañas apariciones y moriscos encantamientos. Según Swinburne el viajero, que llegó a verla, era primitivamente la gran puerta de entrada. Los anticuarios de Granada dicen de ella que sirvió de entrada a la parte de la residencia real en donde hacía guardia la escolta del monarca. Es muy posible que constituyese una entrada y salida inmediatas al palacio, en tanto que la gran puerta de la Justicia sería la oficial de la fortaleza. Cuando Boabdil salió por ella para ir hasta la vega, donde debía entregar las llaves de la ciudad a los soberanos españoles, dejó a su visir Aben Comixa en la puerta de la Justicia para que recibiese al destacamento del ejército cristiano y a los oficiales a quienes debía ser entregada la fortaleza.

La que fue en otro tiempo formidable torre de los Siete Suelos es en la actualidad una pura ruina, pues fue volada por los franceses cuando abandonaban la Alhambra. Grandes bloques de murallas están esparcidos por todas partes, enterrados en la espesa maleza u ocultos por vides e higueras. Todavía se conserva el arco de la puerta de entrada, aunque agrietado por la voladura; sin embargo, se ha cumplido una vez más el último deseo del infortunado Boabdil, pues la puerta permanece cegada por las piedras sueltas que, procedentes de las ruinas, impiden el paso por ella.

Montado a caballo, seguí la ruta que hiciera el monarca musulmán desde este punto de partida. Cruzando el cerro de los Mártires y siguiendo la tapia del jardín de un convento que lleva el mismo nombre, descendí a un abrupto barranco rodeado de pitas y chumberas y poblado de cuevas y chozas de gitanos. La bajada es tan violenta y quebrada que tuve que apearme y llevar el caballo de la brida. Por esta *vía dolorosa* inició su amarga salida el pobre Biabdil, para evitar el paso a través de la ciudad, quizá debido a la natural repugnancia de que los habitantes no fuesen testigos de su humillación; pero sobre todo, y es lo más probable, por temor a que se produjera algún disturbio popular. Sin duda por esta última razón subió por este mismo camino el destacamento enviado a tomar posesión de la fortaleza.

Saliendo de este abrupto barranco tan lleno de melancólicos recuerdos y pasando por la *Puerta de los Molinos,* entré en el paseo público llamado el Prado; siguiendo después el curso del Genil, llegué a una pequeña capilla, en otro tiempo mezquita y hoy ermita de San Sebastián.

Según la tradición, fue aquí donde Boabdil entregó las llaves de la ciudad al rey Fernando. Cabalgué lentamente a través de la vega, hasta que llegué a un pueblecito en el que esperara la familia y servidumbre del infeliz soberano, ya que éste los había enviado por delante la noche anterior, desde la Alhambra, para que su madre y su esposa no participasen de su propia humillación ni estuviesen expuestas a las miradas de los conquistadores. Continuando la ruta del triste cortejo de desterrados reales, llegué al pie de una cadena de áridos y sombríos cerros que forman la base de los montes de la Alpujarra. Desde la cumbre de uno de ellos dirigió el infortunado Boabdil su última y dolorida mirada sobre Granada, y por ello es conocido con el expresivo nombre de la *Cuesta de las Lágrimas.* Más allá, un arenoso camino zigzagueante a través de una escabrosa y desolada llanura, doblemente triste para el desgraciado monarca, puesto que era el camino del destierro.

Espoleé mi caballo y llegué a lo alto de una roca desde la cual lanzó Boabdil su última y apesadumbrada exclamación, cuando volvió sus ojos para dar el adiós de despedida, y que se llama el *último suspiro del moro*. ¿A quién extrañará su angustia al verse arrojado de un reino y de una residencia semejantes? Al salir de la Alhambra, le parecía abandonar todo el honor de su estirpe y todas las glorias y delicias de su vida.

Fue aquí también donde su aflicción se hizo más amarga con el reproche de su madre Aixa, la misma que tantas veces le ayudara en sus horas de peligro, y que trató en vano de infundirle su propio y resuelto ánimo. «Llora como mujer —le dijo— lo que no has sabido defender como hombre»; palabras éstas que delataban más el orgullo de la reina que los temores de la madre.

Cuando el obispo Guevara refirió esta anécdota a Carlos V, el emperador se unió a la despectiva expresión ante la debilidad mostrada por el vacilante Boabdil. «Si yo hubiera sido él, o él hubiera sido yo —dijo el altivo soberano—, antes hubiera hecho de la Alhambra mi sepulcro que haber vivido sin reino en la Alpujarra.» ¡Qué fácil se hace para los que son dueños del poder y la prosperidad predicar heroísmos al vencido!, y ¡qué difícil les resulta comprender que la misma vida tiene más valor para el infortunado, cuando nada le queda sino ella!

Descendiendo lentamente por la Cuesta de las Lágrimas, dejé que mi caballo tomase su lento paso de regreso a Granada, mientras reflexionaba de nuevo en la historia del desdichado Boabdil. Al recapacitar acerca de los pormenores, encontré que la balanza se inclinaba a su favor, pues a través de su breve, turbulento y desastroso reinado, había dado muestras de un apacible y cariñoso carácter. Ganóse desde el principio el corazón de su pueblo con sus afables y corteses maneras; siempre fue clemente y jamás infligió ningún severo castigo a los que, a veces, se rebelaron contra él. Personalmente fue un valiente, aunque le faltó energía moral y se mostró indeciso e irresoluto en las horas difíciles y confusas. Esta debilidad de carácter aceleró su caída, privándole al mismo tiempo de la heroica disposición de espíritu que hubiese dado esplendor y dignidad a su destino, haciéndole digno de lograr feliz remate al espléndido drama de la dominación musulmana en España.

TRADICIONES LOCALES

E L pueblo español tiene pasión oriental por contar historias y es amante de lo maravilloso. Reunidos en las puertas de sus casas en las noches de estío, o en torno a las grandes
y cavernosas chimeneas de las *ventas* en el invierno, escuchan
con insaciable deleite las milagrosas leyendas de santos, las peligrosas aventuras de los viajeros y las intrépidas hazañas de
bandidos y *contrabandistas*. El salvaje y solitario aspecto del
país, la imperfecta difusión de la cultura, la escasez de temas
generales de conversación y la romántica y aventurera vida
que todos llevan en una tierra donde los viajes se hacen todavía
como en los tiempos primitivos, todo contribuye a fomentar
este cariño por las narraciones orales y a que lo extravagante e
increíble produzca una fuerte impresión. No hay, en verdad,
tema más persistente y popular, ni que esté más arraigado en
todo el país, que el de los tesoros enterrados por los moros. Al
atravesar las abruptas *sierras,* escenario de antiguas hazañas y
acciones de guerra, se ve alguna *atalaya* morisca levantada sobre
peñascos o dominando alguna aldea construida sobre las rocas;
si preguntáis a vuestro arriero sobre ella, dejará de fumar su
cigarrillo para relataros alguna leyenda de un tesoro musulmán
escondido bajo sus cimientos; y no hay ningún ruinoso *alcázar*
en cualquier ciudad que no tenga su dorada tradición transmitida de generación en generación entre la gente pobre de la
vecindad.

Estas consejas, como la mayor parte de las ficciones populares, se basan en algún pequeño fundamento. Durante las

guerras entre moros y cristianos, que turbaron esta comarca por espacio de siglos, ciudades y castillos estaban expuestos a frecuentes y bruscos cambios de dueño, y sus habitantes, mientras duraban el sitio y los asaltos, se veían obligados a esconder su dinero y alhajas en la tierra, o a ocultarlo en las bóvedas y pozos, como se hace hoy con frecuencia en los despóticos y belicosos países de Oriente. Cuando fueron expulsados los moriscos, muchos escondieron también sus más preciados efectos, creyendo que su exilio sería sólo temporal y que podrían volver y recuperar en un futuro día sus tesoros. Consta que se ha descubierto casualmente, de cuando en cuando, algún que otro rinconcillo de oro y plata después de un lapso de siglos, entre las ruinas de las fortalezas y viviendas árabes; hechos aislados de esta índole suficientes para dar motivo a un sinnúmero de fábulas.

Las historias así nacidas tienen generalmente un matiz oriental y se distinguen por esa mezcla de muslín y cristiano que, en mi opinión, parece caracterizarlo todo en España, especialmente en las provincias del Sur. Las riquezas escondidas están casi siempre bajo un mágico hechizo o guardadas por un encantamiento o un talismán, protegidas a veces por monstruos extraños o fieros dragones, y otras, por moros encantados sentados junto a ellas, con su armadura y desnudas las espadas, pero inmóviles como estatuas, montando una insomne guardia durante siglos.

La Alhambra, naturalmente, dadas las peculiares circunstancias de su historia, es un filón inagotable para las consejas populares de esta índole, y han contribuido a confirmarlas las varias reliquias desenterradas alguna que otra vez. En cierta ocasión fue encontrado un jarrón de barro que contenía monedas moriscas y un esqueleto de gallo que —según sagaz opinión de algunos inteligentes— debió de ser enterrado vivo. Otra vez fue descubierto otro jarrón conteniendo un gran escarabajo de arcilla cocida, cubierta de inscripciones arábigas, que fue considerado como un prodigioso amuleto de ocultas virtudes. De esta manera, los cerebros de la andrajosa ralea moradora de la Alhambra se han entregado a estas ilusiones de la imaginación, tanto que no hay salón, torre o bóveda de la vieja ciudadela que no haya sido teatro de alguna maravillosa tradición.

Supuesto que el lector se ha familiarizado —en las páginas que anteceden— con los lugares de la Alhambra, me ocuparé ahora, con más amplitud, de las maravillosas leyendas relacionadas con ella, a las cuales he dado forma cuidadosamente, con los diversos apuntes e indicaciones recogidos en el curso de mis andanzas, del mismo modo que un anticuario reconstruye y ordena un documento histórico mediante unas cuantas letras borradas y casi ininteligibles.

Si algo hay en estas leyendas que lastime la credulidad del escrupuloso lector, debe mostrarse indulgente recordando la naturaleza de estos lugares. No cabe que espere encontrar aquí las mismas leyes de probabilidad que rigen los comunes escenarios de la vida diaria. Sólo ha de recordar que camina por los salones de un palacio encantado y que todo es terreno fantástico.

LA CASA DEL GALLO DE VIENTO

E N la cima de la alta colina del Albaicín, la parte más elevada de Granada, que se alza desde el estrecho valle del Darro, enfrente mismo de la Alhambra, se encuentra todo cuanto queda de lo que fue un día palacio real de los moros. Ha llegado, en verdad, a tal estado, que me costó mucho trabajo encontrarlo, pese a ser ayudado en mi búsqueda por el sagaz y sábelotodo Mateo Jiménez.

Este edificio ha llevado durante siglos el nombre de *La Casa del Gallo de Viento,* por una figura de bronce colocada en otro tiempo en una de sus torrecillas, que representaba un guerrero a caballo y que giraba a todos los vientos. Esta veleta fue considerada por los musulmanes de Granada como un mágico talismán. Según algunas tradiciones, lucía la siguiente inscripción arábiga:

> Calet el Bedici Aben Habuz
> Quidat ehahet Lindabuz

que ha sido traducida al español de este modo:

> Dice el sabio Aben Habuz
> que así se defiende el Andaluz.

Este Aben Habuz, conforme a algunas de las viejas crónicas moriscas, fue capitán en el ejército invasor de Tarik, uno de los conquistadores de España, que lo nombró *alcaide* de Granada. Pretendía, según se cree, que esta efigie fuese como un aviso perpetuo para los musulmanes del Andalus, puesto que rodeado de enemigos, su seguridad dependía de estar siempre alerta y dispuestos al combate.

Otros, entre quienes se cuenta el historiador cristiano Mármol, afirman que Badis Aben Habuz fue un sultán moro de Granada, y que la veleta se interpretaba como continua advertencia de la inestabilidad del poder musulmán, al llevar las siguientes palabras en árabe:

«De esta forma *Ibn Habus el badise* profetiza que el Andalus morirá un día y se desvanecerá.»

Otra versión acerca de esta famosa inscripción la trae un historiador musulmán, fundándose en la autoridad de Sidi Hasan, un *faquir* que brilló en tiempo de Fernando e Isabel y que estuvo presente al desmontar la veleta, en unas reparaciones de la vieja Alcazaba.

«La vi —dice el venerable *faquir*— con mis propios ojos; tenía la forma de un heptágono y ostentaba la siguiente inscripción en verso:

> El palacio de la bella Granada ofrece un talismán.
> El jinete, aunque un cuerpo sólido, gira a todos los vientos.
> Esto, para el sabio, revela un misterio. En breve tiempo,
> sobrevendrá una calamidad que destruya al palacio y a su dueño.

En efecto, no había transcurrido mucho tiempo de esta polémica en torno a la veleta portentosa, y ocurrió lo siguiente: Cuando el viejo Muley Abul Hassan, rey de Granada, estaba en cierta ocasión sentado bajo el suntuoso dosel pasando revista a las tropas que desfilaban en su presencia con sus armaduras de bruñido acero y sus vistosos uniformes de seda, montadas en veloces corceles y provistas de espadas, lanzas y escudos repujados de oro y plata, estalló de repente una tempestad que se había precipitado desde el Sudoeste. Rápidamente se oscurecieron los cielos con negras nubes que descargaron un diluvio de agua. Los torrentes bajaban rugiendo desde las montañas, arrastrando rocas y árboles; el río Darro desbordó sus orillas; los molinos fueron arrasados, destruidos los puentes y desolados los jardines; la inundación llegó a la ciudad, socavando las casas, ahogando a sus moradores y anegando, incluso, la plaza de la Gran Mezquita. La gente, aterrada, se dirigió a las mezquitas para implorar el perdón de Alá, interpretando esta conmoción de los elementos como presagio de espantosas calamidades. Efectivamente, según el historiador árabe Al Makkari, fue aquello señal y preludio de la espantosa guerra que concluyó con la caída del reino musulmán de Granada.

He citado, pues, autoridades históricas suficientes para demostrar los prodigiosos misterios relacionados con la Casa del Gallo de Viento y su talismánico jinete.

Paso ahora a referir cosas más sorprendentes acerca de Aben Habuz y su palacio. Y si alguien dudase de su veracidad, remito al incrédulo lector a Mateo Jiménez y sus compañeros cronistas de la Alhambra.

LEYENDA DEL ASTROLOGO ARABE

En tiempos antiguos, hace ya muchos siglos, había un rey moro llamado Aben Habuz que gobernaba el reino de Granada. Era un conquistador retirado, es decir, que habiendo llevado en su juventud una vida entregada por completo al saqueo y al pillaje, ahora que se encontraba débil y achacoso no anhelaba sino la tranquilidad y vivir en paz con todo el mundo, administrando sus laureles y gozando apaciblemente de los dominios arrebatados a sus vecinos.

Sucedió, sin embargo, que este razonable, pacífico y anciano monarca tuvo que enfrentarse con unos rivales, príncipes jóvenes ansiosos de gloria, llenos de belicoso espíritu y dispuestos a pedirle cuentas de los triunfos que él consiguiera a costa de sus padres. Incluso algunos lejanos distritos de su propio territorio, que también habían sido tratados por este rey con mano dura en los días de su apogeo, se sintieron con ánimos suficientes para sublevarse, ahora que le veían viejo y achacoso, amenazándole con sitiarle en su propia capital. Tenía, pues, enemigos por todas partes, y como Granada se halla rodeada de agrestes y escarpadas montañas que ocultan la proximidad de un enemigo, el infortunado Aben Habuz vivía en un continuo estado de alarma y vigilancia, sin saber por qué sitio se romperían las hostilidades.

En vano levantó atalayas en los montes y apostó vigías en todos los pasos, con orden de encender hogueras durante el día si se aproximaba el enemigo; pues éstos, cautelosos, burlando todas las precauciones, solían aparecer por algún olvidado desfiladero, asolaban sus tierras en sus propias barbas y se retiraban a los montes con el rico botín y los prisioneros. ¿Hubo acaso un pacífico y retirado conquistador que se viese reducido como él a una tan desgraciada situación?

Cuando Aben Habuz se encontraba amargado por estas dudas y molestias, llegó a su Corte un anciano médico árabe. Tenía nevadas barbas que le alcanzaban a la cintura, y todo su aspecto denotaba una avanzada edad; no obstante, había hecho casi todo el camino a pie, desde Egipto, sin otra ayuda que la de su báculo cubierto de jeroglíficos. Venía precedido de gran fama; su nombre era Ibrahim Ibn Abu Ayub. Se decía de él que fue contemporáneo de Mahoma y que era hijo de Abu Ayub, el último compañero del profeta. De niño había seguido al ejército conquistador de Amru hasta Egipto, donde permaneció muchos años estudiando las ciencias ocultas y en particular la magia, entre los sacerdotes egipcios.

También se decía que había descubierto el secreto de prolongar la vida y que por esto había llegado a alcanzar la avanzada edad de más de dos siglos, pero que como no lo había averiguado hasta bien entrado en años, sólo consiguió perpetuar sus canas y arrugas.

Este sorprendente anciano encontró muy buena acogida por parte del rey, que como la mayoría de los monarcas cargados de años, comenzaba a conceder todo su favor a los médicos. Quiso designarle un departamento en su palacio, pero el astrólogo prefirió una cueva en la ladera de la colina que se alza por encima de la ciudad de Granada, la misma sobre la que más tarde se construyó la Alhambra. Ordenó que ensanchasen la cueva hasta formar un espacioso y elevado salón, con un agujero circular en el techo, por el cual, como por un pozo, pudiese ver el firmamento y contemplar las estrellas, aun en medio día. Cubrió las paredes de este salón con jeroglíficos egipcios y símbolos cabalísticos y con las figuras de las estrellas en sus constelaciones. Amuebló dicha estancia con muchos utensilios fabricados bajo su dirección por hábiles artífices granadinos, pero cuyas ocultas propiedades él solo conocía.

En muy poco tiempo llegó a ser el sabio Ibrahim el íntimo

135

consejero del rey, que acudía a él para consultarle en cualquier tribulación. Un día comenzó Aben Habuz a quejarse amargamente de la injusticia de sus vecinos y a lamentarse de la continua vigilancia a que se veía obligado para guardarse de los invasores. Cuando terminó de hablar, el astrólogo guardó un momento de silencio y después le dijo:

—Sabe, ¡oh rey!, que cuando yo estaba en Egipto, contemplé una gran maravilla inventada por una sacerdotisa pagana de la antigüedad. En una montaña que existe encima de la ciudad de Borsa, dominando el gran valle del Nilo, había la figura de un carnero y más arriba la de un gallo, ambas de bronce fundido, que giraban sobre su eje. Cada vez que el país estaba amenazado de alguna invasión, el carnero se volvía en dirección al enemigo y el gallo cantaba. De este modo, los habitantes de la ciudad presentían el peligro y el lugar de donde procedía, pudiendo así procurarse los medios oportunos para defenderse contra él.

—¡Gran Dios! —exclamó el pacífico Aben Habuz—. ¡Qué tesoro sería para mí la posesión de un carnero semejante que vigilase las montañas, y de un gallo que, como aquél, cantase en los momentos de peligro! *¡Allah Akbar!* ¡Con qué tranquilidad dormiría en mi palacio si tuviese tales centinelas en lo alto de la torre!

El astrólogo esperó a que se calmasen los arrebatos y transportes del rey, y prosiguió:

—Después que el victorioso Amru (¡descanse en paz!) hubo terminado la conquista de Egipto, permanecí entre los sacerdotes de aquel país estudiando los ritos y ceremonias de su idolátrica religión, procurando instruirme en las ciencias ocultas que tanta fama les han dado. Hallábame un día sentado a orillas del Nilo conversando con un anciano sacerdote y él me señaló las enormes pirámides que se levantan como montañas en el vecino desierto y me dijo: «Todo lo que te podemos enseñar no es nada en comparación con la ciencia encerrada en estos portentosos edificios. En el centro de la pirámide que ves en medio hay una cámara sepulcral donde se conserva la momia del gran sacerdote que contribuyó a erigir esa formidable mole; con ella está enterrado el maravilloso *Libro de la Sabiduría,* que contiene todos los secretos de la magia y del arte. Este libro le fue entregado a Adán después de su caída, y se transmitió de generación en generación hasta el rey Salomón *el Sabio,* quien, con su ayuda, construyó el templo de Jerusalén. Cómo llegó a manos del arquitecto de las pirámides sólo lo sabe Aquel que conoce todas las cosas.» Cuando oí estas palabras del sacerdote egipcio, mi corazón ardía por poseer aquel libro. Utilicé los servicios de muchos de los soldados de nuestro ejército conquistador y los de cierto número de indígenas egipcios, y puse manos a la obra; abrí un orificio en la sólida masa de la pirámide, hasta que, tras ímprobos trabajos, tropecé con uno de los interiores y ocultos pasadizos. Siguiendo por él y recorriendo un confuso e intrincado laberinto, penetré en el corazón de la pirámide, hasta la cámara mortuoria donde yacía desde siglos atrás, la momia del gran sacerdote. Rompí la tapa exterior del féretro, deslié sus numerosas envolturas y vendas y, al fin, encontré el precioso libro recostado sobre su pecho. Me apoderé de él con mano temblorosa y salí presuroso de la pirámide, dejando a la momia en su oscuro y silencioso sepulcro, aguardando allí el día de la resurrección y del Juicio final.

—Hijo de Abu Ayub —exclamó Aben Habuz—, eres un gran viajero y has visto cosas maravillosas, pero ¿de qué puede servirme el secreto de la pirámide y el *Libro de la Sabiduría* del sabio Salomón?

—Para esto, ¡oh rey! Con el estudio que hice de aquel libro me he instruido en todas las artes mágicas y puedo invocar la ayuda de los genios para llevar a cabo mis planes. El misterio del Talismán de Borsa me es muy conocido y puedo construir uno igual y hasta con mayores virtudes.

—¡Oh sabio hijo de Abu Ayub! —exclamó Aben Hazuz—. Más me valdría ese talismán que todas las atalayas de las colinas y los centinelas de la frontera. Dame tal salvaguardia y dispón de todas las riquezas de mi tesorería.

El astrólogo se puso inmediatamente a trabajar para satisfacer los deseos del monarca. Ordenó que se levantase una gran torre sobre la parte más elevada del palacio real, que se alzaba sobre la cumbre de la colina del Albaicín. La torre se construyó con piedras traídas de Egipto y sacadas, según se decía, de una de las pirámides. En la parte superior de la misma había una sala circular, con ventanas que miraban a los cuatro puntos del cuadrante, y delante de cada una de ellas una mesa, sobre la que dispuso, a manera de un tablero de ajedrez, un minúsculo ejército de a caballo y de a pie, tallado en madera, con la efigie del soberano reinante, en aquella dirección. En cada una de las mesas había una pequeña lanza, no mayor que un punzón, con ciertos caracteres caldeos grabados. Esta sala permanecía continuamente cerrada por una puerta de bronce que tenía una gran cerradura de acero, cuya llave quedaba en poder del rey.

En lo alto de la torre estaba la figura de bronce de un jinete moro, fija sobre su eje, con escudo al brazo y su lanza elevada perpendicularmente. La cara de este jinete miraba hacia la ciudad, como si la estuviese custodiando; pero si algún enemigo se aproximaba, giraba la figura en su dirección, blandiendo la lanza como si fuera a entrar en batalla.

Cuando el talismán estuvo concluido, Aben Habuz sintió impaciencia por comprobar sus virtudes; y tanto ansiaba una invasión enemiga como antes suspiraba por su tranquilidad. Bien pronto se vieron satisfechos sus deseos. Una mañana temprano, el centinela que guardaba la torre trajo la noticia de que la cara del jinete de bronce señalaba hacia Sierra Elvira, y que su lanza apuntaba en dirección al Paso de Lope.

—¡Qué los tambores y trompetas llamen a las armas y que toda Granada esté alerta! —ordenó Aben Habuz.

—¡Oh rey! —dijo el astrólogo—; no alarmes a tu ciudad, ni pongas a tus guerreros sobre las armas, pues no necesitamos de la fuerza para librarte de tus enemigos. Manda que tus criados se retiren y subamos solos a la sala secreta de la torre.

El anciano Aben Habuz subió las escaleras de la torre apoyado en el brazo del dos veces centenario Ibrahim Ibn Abu Ayub. Abrieron la puerta de bronce y entraron. La ventana que miraba hacia el Paso de Lope estaba abierta.

—En esta dirección —señaló el astrólogo— está el peligro; acércate, ¡oh rey!, y observa el misterio de la mesa.

El rey Aben Habuz se aproximó a lo que parecía un tablero de ajedrez, sobre el que estaban colocadas las figurillas de madera y vio con sorpresa que todas se hallaban en movimiento. Los caballos hacían cabriolas y se encabritaban, los guerreros blandían sus armas y se escuchaba un débil sonido de tambores y trompetas, el choque de las armas y el relincho de los corceles, pero todo apenas perceptible como el zumbido de las abejas o los mosquitos en los soñolientos oídos del que está tendido a la sombra en el calor del mediodía.

—Contempla, ¡oh rey! —dijo el astrólogo—, la prueba de que tus enemigos están todavía en el campo. Deben estar atravesando aquellas montañas por el Paso de Lope. Si quieres sembrar el pánico y la confusión entre ellos y hacer que se retiren sin pérdidas de vidas humanas, golpea estas figuras con el asta de esta lanza mágica; pero si deseas que haya sangre y carnicería, tócalas con la punta.

Un lívido fulgor cubrió el rostro de Aben Habuz, quien cogió la lanza con mano temblorosa, y moviendo por la excitación su canosa barba, se acercó vacilante a la mesa.

—¡Hijo de Abu Ayub —exclamó entre dientes—, creo que vamos a tener un poco de sangre!

Así diciendo, hirió con la mágica lanza varias de las diminutas figuras y tocó a otras el asta, con lo cual unas cayeron como muertas sobre el tablero, mientras que las demás, enfrentándose las unas contra las otras, trabaron un confuso combate de dudoso resultado.

Difícil le resultó al astrólogo detener la mano de aquel monarca tan pacífico e impedirle que exterminara por completo a sus enemigos; por fin logró convencerle de que se retirase de la torre y de que enviase exploradores a la montaña, al Paso de Lope.

Volvieron éstos con la noticia de que un ejército cristiano se había internado por el corazón de la Sierra y casi había llegado a dar vista a Granada, cuando surgió una discordia entre ellos, luchando los unos contra los otros, hasta que después de gran carnicería se retiraron al otro lado de las fronteras.

Aben Habuz sintióse transportado de júbilo al comprobar entonces la eficacia de aquel talismán.

—¡Al fin —dijo— podré vivir tranquilo y tener a todos mis enemigos bajo mi poder! ¡Oh sabio hijo de Abu Ayub! ¿Cómo te podré recompensar por semejante beneficio?

—Las necesidades de un anciano y de un filósofo, ¡oh rey!, son escasas y sencillas: proporcióname los medios de amueblar mi vivienda para que sea un cómodo retiro, y con eso me contento.

—¡Cuán noble es la moderación del verdadero sabio! —exclamó Aben Habuz, satisfecho en su interior por lo exiguo de la recompensa.

Mandó llamar a su tesorero y le ordenó que entregara todas las cantidades que Ibrahim pidiera para concluir el acomodamiento de su cueva.

El astrólogo dio entonces órdenes para que se abrieran varias estancias en la roca viva, de modo que formasen una serie de aposentos en comunicación con su sala de astrología; hizo que amueblaran éstos con lujosas otomanas y divanes y cubrió sus paredes con las más ricas sedas de Damasco.

—Soy un viejo —decía— y no puedo permitir que mis huesos descansen en un lecho de piedra, y estas húmedas paredes necesitan cubrirse.

También se hizo construir baños, provistos de toda clase de perfumes y aceites aromáticos.

—Por el baño —decía— se consigue contrarrestar la rigidez de los años y devolver frescura y flexibilidad al cuerpo que se marchita con el estudio.

Mandó que fueran colgadas en la habitación innumerables lámparas de plata y cristal, llenas de perfumado aceite preparado con una receta que descubrió en las tumbas de Egipto. Ese aceite era de materia perpetua y esparcía un resplandor tan suave como la temprana luz diurna.

—La luz solar —añadía— es demasiado resplandeciente y violenta para los ojos de un anciano, y la de lámpara es más a propósito para los estudios de un filósofo.

El tesorero del rey Aben Habuz se quejaba de las grandes

sumas que se le pedían diariamente para acondicionar aquella vivienda y elevó sus quejas al rey; pero la palabra real estaba empeñada; Aben Habuz se encogió de hombros.

—Tengamos paciencia —dijo—; a este viejo le vino el capricho de su filosófico retiro cuando contempló el interior de las pirámides y las vastas ruinas de Egipto; pero todo tiene su fin y también lo tendrá el arreglo de sus habitaciones.

El rey tenía razón; la vivienda quedó al fin terminada, formando un suntuoso palacio subterráneo. El astrólogo manifestó que estaba satisfecho del todo, y encerrándose, permaneció tres días completos entregado al estudio, al cabo de los cuales se presentó de nuevo al tesorero.

—Todavía quiero algo más —le dijo—; una insignificante distracción para los intermedios del trabajo mental.

—¡Oh sabio Ibrahim! Estoy obligado a darte todo lo que necesites en tu soledad. ¿Qué más quieres?

—Me gustaría tener unas cuantas bailarinas.

—¿Bailarinas? —repitió sorprendido el tesorero.

—Sí, bailarinas —replicó el sabio gravemente—; y que sean jóvenes y hermosas, porque siempre es un consuelo la contemplación de la juventud y la belleza. Me contento con unas pocas, pues soy un filósofo de costumbres sencillas y con casi nada quedo satisfecho.

Mientras el filósofo Ibrahim Ibn Ayub pasaba en su retiro las horas, entregado al estudio, el pacífico Aben Habuz libraba en su torre feroces campañas simuladas. Era cómoda ocupación para un anciano como él, de apacibles costumbres, hacer así la guerra y gozar el raro privilegio de divertirse en su aposento, aniquilando toda clase de ejércitos como si fuesen enjambres de moscas.

Durante cierto tiempo dio rienda suelta a su capricho, e incluso escarneció e insultó a sus vecinos para obligarles a realizar incursiones de ataque; pero éstos fueron poco a poco más prudentes, en vista de los continuos descalabros, hasta que al fin ninguno se aventuró a invadir sus territorios. Por espacio de muchos meses permaneció el jinete de bronce en su pacífica posición, con su lanza levantada en el aire, tanto, que el anciaao monarca comenzó a notar la falta de su distracción acostumbrada y a sentirse malhumorado con su monótona tranquilidad.

Al fin, cierto día, el mágico jinete giró de repente, y bajando su lanza, señaló hacia las montañas de Guadix. Aben Habuz subió precipitadamente a su torre, pero la mesa mágica orientada en aquella dirección estaba inanimada; ni un solo guerrero se movía. Sorprendido ante esa circunstancia, envió un destacamento de caballería para que explorase y reconociese las montañas, el cual volvió a los tres días de su partida.

—Hemos registrado todos los pasos de la montaña —dijeron—, pero no hemos visto ni cascos ni lanzas. Todo lo que hemos encontrado en nuestra exploración ha sido una joven cristiana de extraordinaria hermosura, que dormía a la caída de la tarde junto a una fuente, y a quien hemos traído cautiva.

—¡Una joven de extraordinaria hermosura! —exclamó Aben Habuz con los ojos brillantes de júbilo—. Conducidla a mi presencia.

La hermosa joven fue llevada ante él. Iba vestida con todo el lujo y galas usadas por los hispanogóticos en tiempos de la conquista árabe. Sus negras trenzas se entretejían con perlas de deslumbrante blancura, y su frente lucía joyas que rivalizaban con el brillo de sus ojos. En torno al cuello llevaba una cadena de oro, de la que pendía una lira de plata colgando por la cadera.

La luz de sus negros y refulgentes ojos fue como chispas de fuego para el corazón, todavía inflamable, del viejo Aben Habuz, y la gracia y atractivo de sus ademanes hizo estremecer sus sentidos.

—¡Oh mujer hechicera! —gritó en un arrebato de entusiasmo—, ¿quién eres? ¿Cómo te llamas?

—Soy la hija de un príncipe cristiano que hasta hace poco fue dueño y señor de este territorio. Los ejércitos de mi padre han quedado destruidos, como por arte de magia, entre las montañas; él ha sido desterrado y su hija es hoy una cautiva.

—Cuidado, ¡oh rey! —le susurró al oído Ibrahim Ibn Abu Ayub—. Esta puede ser una de esas hechiceras del Norte, de que tenemos noticias, que toman las más seductoras formas para engañar a los incautos. Me parece que leo un sortilegio en sus ojos y un hechizo en todos sus gestos. Este es, sin duda, el enemigo que señalaba el talismán.

—Hijo de Abu Ayub —respondió el rey—, tú serás un sabio, no lo niego, y hasta un mago, por lo que he visto; pero no eres muy experto en cuestión de mujeres. En esa ciencia no cedo a nadie, ni siquiera al mismo sabio Salomón con todas sus mujeres y concubinas. Respecto a esta joven, nada malo veo en ella; es, en verdad, hermosa, y mis ojos se complacen en contemplarla.

—Oyeme, ¡oh rey! —replicó el astrólogo—; te he proporcionado muchas victorias por medio de mi talismán, pero jamás he participado del botín. Dame, pues, esta errante cautiva para que distraiga mi soledad con su lira de plata. Si es realmente una hechicera, a mí no me faltarán conjuros contra sus maleficios.

—¡Cómo!... ¿Más mujeres? —gritó Aben Habuz—. ¿No tienes ya bastantes bailarinas para divertirte?

—Bailarinas, es cierto, sí; pero no tengo ninguna cantora. Me agradaría un poco de música para aliviar mi imaginación cuando esté fatigada de los afanes del estudio.

—Calma un poco tus deseos —respondió el rey con impaciencia—. Esta joven la tengo destinada para mí. En ella encuentro tanto consuelo como el que encontraba David, padre de Salomón *el Sabio,* en la compañía de Abizag la sulamita.

Los insistentes ruegos y protestas del astrólogo sólo provocaron una respuesta más rotunda del monarca, y ambos se separaron muy disgustados. El sabio se encerró en su retiro rumiando su contrariedad, aun cuando al separarse del rey le aconsejara que tuviese cuidado con su peligrosa cautiva; pero ¿quién es el anciano enamorado al que le guste oír consejos? Aben Habuz se abandonó enteramente al imperio de su pasión. Todo su afán consistía en hacerse agradable a los ojos de la hermosa cristiana; y aunque no era joven, es verdad, poseía, sin embargo, riquezas, y ya se sabe que los viejos enamorados suelen ser generosos. Revolvió el Zacatín de Granada en busca de los más preciados productos orientales: sedas, joyas, piedras preciosas y exquisitos perfumes; todo lo que Asia y Africa producen de rico y extraordinario, eso regaló pródigamente a la princesa. Inventó para su agasajo toda clase de fiestas y espectáculos: música, bailes, torneos, corridas de toros; Granada fue por algún tiempo un lugar de continua diversión. La princesa cristiana miraba este esplendor como quien está acostumbrada a tal magnificencia, y todo lo recibía como un homenaje debido a su rango, o más bien, a su belleza, pues ésta es más altiva en sus exigencias que el linaje de la sangre. Todavía más: parecía sentir una íntima complacencia en incitar al monarca a que hiciese ciertos gastos que mermasen su hacienda, para juzgar luego su desmedida generosidad como la cosa más natural del mundo. A pesar de su asidua esplendidez, el venerable amante nunca pudo vanagloriarse de haber causado la más mínima impresión en el corazón de la joven; y si bien ésta no le puso nunca mal semblante, tampoco llegó a sonreírle. Cuando el rey comenzaba a declararle su pasión, ella pulsaba su lira de plata, que poseía, sin duda, ciertos efectos mágicos, pues al momento comenzaba el monarca a dormitar, le invadía un extraordinario sopor y, gradualmente, se sumía en un sueño profundo del que despertaba muy ágil, pero completamente curada, por el momento, su pasión amorosa. Aquello era desconcertante para sus galanteos, aunque su letargo iba acompañado de gratos ensueños que se adueñaban por completo de los sentidos del soñoliento enamorado, el cual continuó soñando, mientras Granada entera se reía de su apasionamiento y se lamentaba amargamente de los tesoros prodigados por el capricho de su rey.

Un grave peligro se cernía sobre la cabeza de Aben Habuz, y contra él resultó ineficaz el mágico talismán. Y ello fue que estalló una insurrección en la misma capital; el palacio fue rodeado de una muchedumbre armada que amenazaba su vida y la de su favorita cristiana. El antiguo espíritu guerrero se despertó nuevamente en el pecho del monarca, que a la cabeza de un puñado de sus guardias hizo una salida, puso en fuga a los amotinados y sofocó la insurrección en germen.

Cuando se restableció la calma, fue el rey en busca del as-

Patio de
Leones.

trólogo, que todavía vivía encerrado en su cueva, entregado a la amarga rumia de su resentimiento.

Aben Habuz se dirigió a él en tono conciliador.

—¡Oh sabio hijo de Abu Ayub! —le dijo—. Bien me vaticinaste los peligros que me acarrearía la hermosa cautiva. Dime ahora, tú que eres hábil en prever los peligros, qué debo hacer para conjurarlos.

—Aleja de ti a la joven infiel, que es la causa de todo.

—¡Antes sería capaz de perder mi reino! —exclamó Aben Habuz.

—Corres el riesgo de perder las dos cosas —replicó el astrólogo.

—No seas cruel ni te enfades conmigo, ¡oh el más profundo de los filósofos!; considera la doble angustia de un monarca y de un amante, e inventa algún remedio que me proteja contra los peligros que me amenazan. Nada me importa la grandeza ni el poder, pues sólo anhelo ya el descanso. Quisiera encontrar algún pacífico retiro donde poder huir del mundo, de todos sus cuidados, pompas y pesadumbres, y donde dedicar el resto de mi vida a la tranquilidad y al amor.

El astrólogo le miró un momento, frunciendo sus espesas cejas.

—¿Qué me darías si te proporcionase un retiro así?

—Tú mismo señalarás la recompensa, y cualquiera que sea, si está en mis manos, la tendrás bajo mi palabra.

—¿Has oído hablar, ¡oh rey!, del jardín del Irán, uno de los prodigios de la Arabia feliz?

—Sí, he oído hablar de ese jardín que se cita en el Korán en el capítulo titulado «La aurora del día». He oído, además, cosas maravillosas de él, referidas por los peregrinos que han estado en la Meca; pero siempre las tuve por fabulosas, como muchas de las que suelen contar los viajeros que han recorrido lejanos países.

—No desacredites, ¡oh rey!, los relatos de los viajeros —repuso el astrólogo gravemente—, porque encierran raros y preciosos conocimientos traídos de los últimos confines de la tierra. En cuanto al palacio y jardín del Irán, todo lo que generalmente se cuenta de él es cierto y yo mismo lo he comprobado con mis propios ojos. Escucha mi aventura, pues tiene relación con lo que tú deseas.

«En mi juventud, cuando yo no era sino un árabe nómada, cuidaba de los camellos de mi padre. Un día, al atravesar el desierto de Aden, uno de ellos se separó de los demás y se perdió. Lo busqué durante varios días, pero en vano, hasta que, cansado y desvanecido, me tendí una tarde bajo una palmera, junto a un pozo casi seco. Cuando desperté me encontré a las puertas de una ciudad; entré en ella y contemplé magníficas calles, y plazas y mercados, pero todo en silencio y como deshabitado. Anduve errante hasta que llegué a un suntuoso palacio, con un jardín que estaba adornado con fuentes y estanques, árboles y flores, y huertos repletos de frutos deliciosos; pero no se veía a nadie. Inquieto por esta soledad, me apresuré a salir, y, cuando trasponía la puerta de la ciudad, volví la vista hacia el lugar, pero ya no se veía nada allí; sólo el silencioso desierto se extendía ante mis ojos.

»Por aquellos alrededores me encontré con un anciano derviche, muy versado en las tradiciones y secretos de aquel país, al que conté todo lo que me había sucedido.

»—Este —me dijo— es el famoso jardín del Irán, una de las maravillas del desierto. Sólo se aparece algunas veces a algún viajero errante como tú, fascinándole con el panorama de sus torres, palacios y muros de jardines poblados de árboles de ricas frutas, que después se desvanecen, quedando únicamente un yermo solitario. Y he aquí su historia. En tiempos pasados, cuando esta comarca estuvo habitada por los additas, el rey Sheddad, hijo de Ad y bisnieto de Noé, fundó aquí una espléndida ciudad. Cuando estuvo concluida y vio su magnificencia, llenóse de orgullo y arrogancia su corazón y decidió construir un palacio real, con jardines que rivalizasen con todos los que describe el Korán en el paraíso celestial; pero cayó sobre él la maldición del Cielo por su presunción. El y sus súbditos quedaron barridos de la tierra, y su fastuosa ciudad, junto con los palacios y jardines, cayeron para siempre bajo un conjuro que los oculta a las miradas del hombre, si se exceptúa alguna que otra vez en que suelen verse, para perpetuo recuerdo de su pecado.»

—Esta historia, ¡oh rey!, y las maravillas que admiré quedaron tan grabadas en mi imaginación que, años después, cuando estuve en Egipto y fui dueño del *Libro de la Sabiduría* de Salomón *el Sabio,* determiné volver a visitar el jardín del Irán. Así lo hice, en efecto, y comprobé que se hacía visible con la ayuda de mi ciencia. Tomé posesión del palacio de Sheddad y pasé varios días en aquella especie de paraíso. Los genios que guardaban aquellos lugares, obedientes a mi mágico poder, me revelaron los hechizos con cuya ayuda se había dado mágica existencia a aquel jardín y la razón de que se tornara invisible. Un palacio y un jardín semejantes puedo yo, ¡oh rey!, construir para ti, aquí mismo, en la montaña que domina la ciudad. ¿Acaso no conozco todos los secretos de la magia? ¿No soy dueño del *Libro de la Sabiduría* del sabio Salomón?

—¡Oh sabio hijo de Abu Ayub! —exclamó Aben Habuz temblando de ansiedad—. ¡Eres en verdad un viajero que has visto y aprendido cosas maravillosas! Hazme un paraíso semejante y pídeme lo que quieras, aunque sea la mitad de mi reino.

—¡Ay! —respondió el astrólogo—. Sabes que soy un viejo filósofo que me contento con poco; lo único que te pido es que me concedas la primera bestia, con su carga, que entre por el mágico pórtico del palacio.

El monarca aceptó con júbilo tan moderada condición y el astrólogo comenzó su obra. En la cúspide de la colina, precisamente encima de su retiro subterráneo, hizo construir una gran puerta o barbacana abierta en el centro de una torre inexpugnable.

Tenía un vestíbulo o pórtico exterior con un elevado arco, y dentro, el atrio, guardado con macizas puertas. Sobre la clave del portal esculpió el astrólogo, con su propia mano, una llave, y en la otra clave del arco exterior del vestíbulo, que era más alto que el del portal, grabó una mano gigantesca. Estos signos eran poderosos talismanes, ante los cuales pronunció ciertas palabras en una lengua desconocida.

Cuando esta puerta de entrada estuvo concluida, se encerró durante dos días en su salón de astrología, ocupándose en secretos encantamientos; al tercer día subió a la colina y lo pasó en ella. A últimas horas de la noche, descendió y se presentó ante Aben Habuz.

—Al fin, ¡oh rey! —le dijo—, he realizado mi obra. Sobre la cumbre de la colina encontrarás el palacio más delicioso que jamás concibiera la mente humana ni deseara el corazón del hombre. Contiene suntuosos salones y galerías, deliciosos jardines, frescas fuentes y perfumados baños; en una palabra, toda la montaña se ha convertido en un paraíso. Está protegido, como el jardín del Irán, por un poderoso encantamiento que lo oculta a la mirada y pesquisas de los mortales, excepto a las de aquellos que poseen el secreto de sus talismanes.

—¡Basta! —exclamó alborozado Aben Habuz—. Mañana al amanecer subiremos a tomar posesión.

Poco durmió aquella noche el feliz monarca. Apenas comenzaron los rayos del sol a iluminar las blancas crestas de Sierra Nevada, cuando montó a caballo, y, acompañado de algunos fieles servidores, subió por el pendiente y estrecho camino que llevaba a lo alto de la colina. A su lado, en un blanco palafrén, cabalgaba la princesa cristiana, con su vestido resplandeciente de joyas y colgada a su cuello la lira de plata. El astrólogo iba a pie al otro lado del rey, apoyado en su báculo de jeroglíficos, pues nunca montaba ninguna clase de cabalgadura.

Aben Habuz quiso ver las torres del palacio brillando allí arriba y las floridas terrazas de los jardines extendiéndose por las alturas; pero nada de ello se divisaba todavía.

—Este es el misterio y la salvaguardia de este lugar —le dijo el astrólogo—; nada puede descubrirse hasta que se ha pasado la puerta encantada y se ha penetrado dentro

Al acercarse a la entrada, el astrólogo se detuvo y señaló al rey las mágicas mano y llave grabadas sobre el arco del pórtico.

—Estos son —dijo— los talismanes que guardan la entrada de este paraíso. Hasta que aquella mano no baje y coja la llave,

148

no habrá poder humano ni mágico artificio que pueda vencer al dueño de esta montaña.

Mientras Aben Habuz contemplaba estos místicos talismanes, con la boca abierta y absorto de admiración, el palafrén de la princesa avanzó y penetró en el vestíbulo hasta el centro mismo de la barbacana.

—He aquí —gritó el astrólogo— la recompensa que me prometiste: el primer animal con su carga que penetrase por la puerta mágica.

Aben Habuz se sonrió ante lo que creía una broma del viejo; pero cuando vio que era en serio, su blanca barba tembló de indignación.

—Hijo de Abu Ayub —le dijo airado—, ¿qué engaño es éste? Bien sabes el significado de mi promesa: la primera bestia con su carga que entrase por este portal. Elige la mula más resistente de mis caballerizas, cárgala con los objetos más preciosos de mi tesoro y tuya es; pero no pongas tu pensamiento en quien es la delicia de mi corazón.

—¿Para qué quiero los riquezas? —replicó desdeñoso el astrólogo—. ¿No poseo el *Libro de la Sabiduría* del sabio Salomón y, con él, el dominio de todos los escondidos tesoros de la tierra? La princesa me pertenece por derecho; la palabra real está empeñada, y la reclamo como cosa mía.

La princesa les observaba desdeñosamente desde su palafrén, y una leve sonrisa de burla frunció sus rosados labios ante la disputa de aquellos dos viejos por la posesión de su belleza y juventud. La cólera del monarca pudo más que su prudencia.

—¡Miserable hijo del desierto! —gritó—. Tú serás maestro en muchas artes, pero reconóceme como tu dueño y señor y no pretendas jugar con tu rey.

—¡Mi señor! ¡Mi rey! —repitió el astrólogo—. ¡El monarca de una madriguera pretende dominar al que posee los talismanes de Salomón! Adiós Aben Habuz; gobierna tu reinecillo y goza en tu paraíso de locos; que yo me reiré de ti en mi filosófico retiro.

Esto diciendo, asió la brida del palafrén y, golpeando la tierra con su báculo, se hundió con la joven princesa por el centro de la barbacana. Cerróse la tierra tras ellos, sin que quedase rastro del agujero por donde habían bajado.

Aben Habuz quedó mudo de asombro durante un largo rato. Cuando se rehizo ordenó que mil obreros cavasen con picos y azadones en el sitio por donde había desaparecido el astrólogo. Cavaron y cavaron, pero todo fue inútil; el pétreo seno de la colina resistía todas las herramientas y, por añadidura, cuando profundizaban un poco, la tierra caía de nuevo tan pronto como era extraída. Aben Habuz buscó entonces la entrada de la cueva al pie de la colina, que conducía al palacio subterráneo del astrólogo, pero no la encontró en ninguna parte. Lo que antes había sido una puerta, era ahora la sólida superficie de una roca. Con la desaparición de Ibrahim Ibn Abu Ayub cesó la virtud de sus talismanes. El jinete de bronce quedó fijo con su cara vuelta hacia la colina y señalando con su lanza el sitio por donde se hundiera el astrólogo como si allí se ocultase el más mortal enemigo de Aben Habuz.

De cuando en cuando se oía un débil rumor de música y los acentos de una voz de mujer en el interior de la colina. Cierto día un campesino trajo al rey la noticia de que en la noche anterior había encontrado una hendidura en la roca, por la cual penetró hasta llegar a un salón subterráneo, en donde vio al astrólogo sentado en un magnífico diván dormitando al son de la lira de plata de la princesa, que parecía ejercer mágico influjo sobre sus sentidos.

Aben Habuz buscó el agujero en la roca, pero ya se había cerrado. Renovó sus esfuerzos para desenterrar a su enemigo, pero todo fue inútil, pues el hechizo de la mano y de la llave era demasiado poderoso para que pudiese anularlo el poder de los hombres. En cuanto a la cumbre de la montaña, lugar del prometido palacio y jardín, permaneció como un desnudo erial; o el supuesto paraíso quedaba oculto a la mirada de los hombres o sólo fue una pura fábula del astrólogo. La gente supuso crédulamente esto último; unos llamaron a aquel lugar *La locura del Rey,* y otros, *El Paraíso del Loco.*

Para colmar las desdichas de Aben Habuz, los vecinos rivales a quienes había provocado, escarnecido y deshecho a su placer, mientras fue dueño del talismánico jinete, al saber que ya no estaba protegido por ningún mágico encantamiento, invadieron su territorio por todas partes, y el más pacífico de los monarcas pasó el resto de su vida entre continuos disturbios.

Al fin murió Aben Habuz y fue enterrado hace ya siglos. La Alhambra se construyó después sobre esta célebre montaña, y se realizaron en cierto modo las fabulosas delicias del jardín del Irán. Todavía se conserva la puerta encantada, protegida sin duda por la mano mágica y por la llave, y en la actualidad es la puerta de la Justicia, entrada principal a la fortaleza. Bajo esta puerta —según dicen— continúa el viejo astrólogo en su salón subterráneo, arrullado en su diván por la lira de plata de la princesa.

Los viejos centinelas inválidos que hacen guardia en la puerta, suelen oír en las noches de verano sus acordes musicales; influidos por su soporífera virtud, se duermen tranquilamente en sus aposentos. Es más; se hace tan irresistible en este sitio la influencia del sueño, que incluso los que vigilan de día, cabecean sobre los bancos de piedra de la barbacana o se duermen bajo los árboles contiguos, siendo en verdad aquel lugar el puesto militar de la Cristiandad donde más se dormita. Todo lo cual —dicen las viejas leyendas— perdurará de siglo en siglo. La princesa continuará cautiva del astrólogo, y éste, preso en el mágico sueño de la princesa, hasta el día del Juicio; a menos que la mano empuñe la llave fatal y se deshaga todo el hechizo de esta encantada montaña

VISITANTES DE LA ALHAMBRA

Durante tres meses he gozado pacíficamente de mi sueño de soberanía en la Alhambra, período de quietud más largo que el que tocara en suerte a muchos de mis predecesores. Durante este lapso de tiempo, el curso de la estación ha ocasionado los naturales cambios. Todo lo encontré a mi llegada envuelto en la frescura del mes de mayo; el follaje de los árboles se ofrecía aún tierno y transparente; todavía no habían desplegado las granadas sus brillantes coronas carmesíes; los huertos del Darro y del Genil se hallaban en plena floración; las rocas aparecían cubiertas de flores silvestres, y Granada daba la impresión de estar completamente rodeada de un lago de rosas, entre las que innumerables ruiseñores cantaban día y noche.

Ahora, avanzado el verano, se ha marchitado la rosa y el ruiseñor guarda silencio, mientras que la lejana campiña comienza a mostrarse tostada y reseca por el sol; sin embargo, una perenne verdura reina en las inmediaciones de la ciudad y en los profundos y estrechos valles situados al pie de las montañas cubiertas de nieve.

La Alhambra encierra rincones graduados al calor del tiempo, entre los cuales el más peculiar es el aposento casi subterráneo de los baños. Aún conservan éstos su antiguo carácter oriental, aunque señalados con las huellas del tiempo. A la entrada, que da acceso a un pequeño patio antiguamente adornado de flores, hay una sala de regulares dimensiones, pero de ligera y graciosa arquitectura. Está dominada por una pequeña galería sostenida por columnas de mármol y arcos árabes. Una fuente de alabastro en el centro del pavimento lanza todavía un chorro de agua que refresca este rincón. A cada lado de la misma hay amplias alcobas, con elevadas plataformas, donde los musulmanes, después del baño o de sus abluciones, reclinados en cojines, se entregaban a un voluptuoso descanso entre la fragancia del aire perfumado y las cadencias de una suave música procedente de las galerías. Detrás de esta sala existen cámaras interiores más íntimas aún; el *sancta sanctorum* del retiro femenino, pues aquí se entregaban las bellezas del harén a las delicias del baño. Una luz suave y misteriosa se difunde por todas las estancias, procedente de las estrechas aberturas —llamadas *lumbreras*— que hay en el techo abovedado. Todavía pueden observarse los vestigios de su antigua elegancia y los baños de alabastro donde, en un tiempo, se reclinaran las sultanas. La oscuridad y silencio que allí reinan han hecho de estas bóvedas lugar predilecto de los murciélagos, que andan durante el día en los escondrijos y rincones, y que, cuando son inquietados, revolotean misteriosamente por las sombrías salas, realzando de un modo indescriptible su aspecto de soledad y abandono.

En este fresco y elegante, aunque ruinoso retiro, que ofrece el frescor y aislamiento de una gruta, pasaba yo las horas sofocantes del día cuando avanzaba el verano, saliendo al ponerse el sol y bañándome, o mejor, nadando por la noche en el gran estanque del patio principal. De esta forma disminuía, en cierto modo, el enervante y lánguido influjo del clima.

Mi sueño de absoluta soberanía llegó, sin embargo, a su fin. Una mañana, me despertaron las detonaciones de unas armas de fuego que resonaron en las torres como si hubiese sido atacado el castillo por sorpresa. Al salir me encontré con un anciano caballero y cierto número de criados que habían tomado posesión del salón de Embajadores. Era un viejo conde que había venido desde su palacio de Granada a pasar unos días en la Alhambra, para gozar de aire más puro, y como era un veterano e inveterado cazador, trataba de despertar su apetito para el desayuno disparando a las golondrinas desde los balcones. Distracción la suya inocente; pues a pesar de que por la prontitud de sus servidores en cargarle las armas, podía mantener un nutrido fuego, no pude acusarle de la muerte de una sola golondrina. Es más; los mismos pájaros parecían disfrutar de su diversión y burlarse de su falta de puntería, describiendo círculos en torno a los balcones o lanzándose como flechas junto a él.

La llegada de este anciano caballero cambió esencialmente el aspecto de las cosas, pero sin que diese motivos a suspicacias o disputas. Nos repartimos tácitamente el imperio, como hicieron los últimos reyes de Granada, con la diferencia de que nosotros mantuvimos la más amistosa alianza. Su soberanía era absoluta sobre el patio de los Leones y sus salas contiguas, en tanto que yo conservaba el pacífico dominio del territorio de los baños y el pequeño jardín de Lindaraja. Comíamos juntos bajo las arcadas del patio, donde las fuentes refrescaban el ambiente y los espumosos regatos cristalinos discurrían por los canalillos del pavimento de mármol.

Por las noches se congregaba una tertulia familiar en torno al noble y anciano caballero. La condesa, su esposa en segundas nupcias, llegaba de la ciudad acompañada de su hijastra Carmen, joven y encantadora criatura, casi una niña. También venían siempre algunos de sus oficiales, su capellán, su abogado, su secretario, su mayordomo y otros administradores y encargados de sus extensas posesiones, que le traían noticias y hablillas de la ciudad, y formaban su partida nocturna de *tresillo* o de *hombre* [1]. De este modo disfrutaba de una especie de corte doméstica, en la que todos le respetaban y trataban de contribuir a su distracción, sin que nadie diese muestras de servilismo o menoscabo de su propia dignidad. Nada parecido, en verdad, exigía la conducta del conde, pues dígase lo que se quiera del orgullo español, rara vez se muestra altivo o impide el curso de la vida social o doméstica. Más que en ninguna otra parte, son las relaciones entre parientes, francas y cordiales y

[1] Juego de naipes entre varias personas, con elección de palo que sea triunfo. (*N. del T.*)

desprovistas de orgullo o servilismo entre el superior y su subordinado. En este sentido, todavía conserva la vida española, especialmente en las provincias, mucho de la llaneza y sencillez de antaño.

El miembro más interesante, a mis ojos, de este grupo familiar, era la hija del conde, la adorable Carmencita. Tendría unos dieciséis años de edad y, al parecer, se la miraba como a una chiquilla, aunque era el ídolo de la familia, que la llamaba corrientemente con el infantil y cariñoso nombre de *la niña*. Sus formas no habían alcanzado aún plena madurez y desarrollo, pero poseía ya la exquisita armonía y flexible gracia que son características en este país. Sus ojos azules, su tez clara y sus rubios cabellos eran algo desusado en Andalucía, y daban una suavidad y gentileza a su porte, en contraste con el ardor corriente en la belleza española, aunque en consonancia con la sencillez y confiada inocencia de sus ademanes. Poseía al mismo tiempo esa innata disposición y volubilidad de las deliciosas mujeres de su tierra. Todo lo que hacía le salía bien, y al parecer sin esfuerzo. Cantaba, tocaba la guitarra y otros instrumentos y bailaba las pintorescas danzas de su tierra, despertando la admiración, pero sin pretender buscarla nunca. Todo en ella era espontáneo, nacido de su alegre carácter y feliz temperamento.

La presencia de esta deliciosa jovencita daba un nuevo encanto a la Alhambra, y parecía estar en armonía con aquellos lugares. Mientras el conde y la condesa, con el capellán y el secretario, jugaban su partida de *tresillo* bajo el vestíbulo del patio de los Leones, ella, ayudada por Dolores, que actuaba como su dama de honor, se sentaba junto a una de las fuentes y, acompañada de la guitarra, cantaba algunos de los romances populares que abundan en España o, lo que era más de mi agrado, alguna balada tradicional referente a los moros.

Siempre que piense en la Alhambra, recordaré a esta deliciosa criatura que gozaba con ingenua y feliz inocencia entre aquellos salones de mármol, bailando al son de las castañuelas moras o mezclando los trinos de plata de su voz con la música de las fuentes.

EL GENERALIFE

POR encima de la Alhambra y en el seno de la montaña, entre floridos jardines y suntuosas terrazas, se elevan las altas torres y los blancos muros del Generalife, palacio de ensueño, cargado de recuerdos históricos. Todavía pueden verse en él los famosos grandes cipreses que florecieron en tiempo de los árabes, relacionados por la tradición con la fabulosa historia de Boabdil y la sultana, su esposa.

Aquí se conservan los retratos de muchos de los actores del romántico drama de la conquista de Granada. Fernando e Isabel, Ponce de León, el valiente marqués de Cádiz y Garcilaso de la Vega, que dio muerte en singular combate al moro Tarfe, paladín de fuerzas hercúleas. También se puede ver en el Generalife un retrato que ha pasado desde hace mucho tiempo por ser del infortunado Boabdil, pero que se dice es de Aben Hud, rey moro de quien descendían los príncipes de Almería. De uno de estos príncipes, que se unió a las banderas de Fernando e Isabel al final de la conquista, y que fue bautizado con el nombre de Don Pedro de Granada Venegas, desciende el actual propietario de este palacio, el marqués de Campotéjar, residente en el extranjero, por cuya razón no tiene el Generalife en la actualidad ningún huésped aristocrático.

Y sin embargo, hay todo cuanto puede deleitar al más exigente sibarita meridional: frutas, flores, fragancia, verdes glorietas y macizos de arrayán, suave brisa y aguas cristalinas. He tenido aquí ocasión de contemplar esos paisajes que ponen los pintores como fondo de sus lienzos cuando representan palacios y jardines andaluces.

Celebrábamos la onomástica de la hija del conde, y Carmencita había hecho venir de Granada a varias de sus jóvenes amigas para pasar un alegre día de verano entre los aireados salones y glorietas de los palacios moriscos. La distracción de la mañana consistía en una visita al Generalife. Algunos de los que componían aquella alegre reunión se dispersaron en grupos por entre las verdes alamedas, las claras fuentes, las escalinatas italianas y las magníficas terrazas y balaustradas de mármol. Otros, entre los que me contaba yo mismo, tomaron asiento en una espaciosa galería o columnata, que dominaba un amplio panorama: la Alhambra, la ciudad y la vega, y al fondo, un lejano horizonte de montañas —mundo resplandeciente y fantástico que brillaba bajo el sol estival—. Mientras permanecíamos sentados, llegó a nuestros oídos, llenando todo el ambiente, el rasguear de una guitarra y el repiqueteo de las castañuelas que subía desde el valle del Darro, al mismo tiempo que divisábamos, en medio de la falda de la colina, un alegre grupo que se divertía debajo de los árboles, a la verdadera usanza andaluza; unos, tendidos sobre la hierba, y otros, bailando al son de la música.

Todas estas escenas y bullicio, unidos a la solemne soledad del lugar, a la apacible quietud reinante en torno a nosotros y a la deliciosa serenidad del ambiente, ejercían un mágico influjo sobre la imaginación y dio motivo para que algunos de la reunión, conocedores de la historia del lugar, contasen varios relatos y tradiciones populares relacionadas con este viejo palacio moro; era «como un tejido fabricado de sueños». Con ellas he compuesto yo la siguiente leyenda, que espero tenga la buena fortuna de serle grata al lector.

LEYENDA DEL PRÍNCIPE AHMED AL KAMEL O EL PEREGRINO DE AMOR

Había en otro tiempo un rey moro de Granada que sólo tenía un hijo llamado Ahmed, a quien sus cortesanos dieron el nombre de *al Kamel* o *el Perfecto,* por las inequívocas señales de superioridad que observaron en él desde su más tierna infancia. Los astrólogos las confirmaron con sus pronósticos, vaticinando en su favor todos los dones necesarios para ser príncipe perfecto y un dichoso soberano. Tan sólo una nube oscurecía su destino, aunque era de color de rosa: que tendría un temperamento amoroso y que correría grandes peligros por esta tierna pasión; pero que si lograba evadirse de sus halagos y seducciones hasta llegar a la edad madura, todos los peligros serían conjurados y su vida resultaría una serie ininterrumpida de felicidades.

Para hacer frente a dichos peligros, determinó sabiamente el rey educar al príncipe en un apartado retiro en donde nunca viese ningún rostro de mujer y en el que jamás oyera la palabra amor. Con este propósito construyó un magnífico palacio en la cumbre de la colina que hay más arriba de la Alhambra, en medio de deliciosos jardines, pero cercado de elevadas murallas —el mismo que hoy lleva el nombre de Generalife—. En este palacio fue encerrado el joven príncipe, confiado a la custodia y enseñanza de Eben Bonabben, uno de los más severos sabios de la Arabia, que había pasado la mayor parte de su vida en Egipto, dedicado al estudio de los jeroglíficos e investigando entre tumbas y pirámides, y que encontraba más encanto en una momia egipcia que en la más seductora de las bellezas. Se ordenó a éste que instruyese al príncipe en toda cla- se de conocimientos, pero sin que nunca supiese lo que era amor.

—Emplea, con este fin, todas las precauciones que juz- gues oportunas —dijo el rey—; pero recuerda, ¡oh Eben Bo- nabben!, que si mi hijo llega a saber algo de esa prohibida cien- cia, mientras se encuentre bajo tus cuidados, me responderás con tu cabeza.

Una amarga sonrisa se dibujó en el adusto rostrc del sabio Bonabben al escuchar esta amenaza.

—Esté tranquilo por su hijo el corazón de vuestra majes- tad, como yo lo estoy por mi cabeza. ¿Seré yo por ventura ca- paz de dar lecciones acerca de esa vana pasión?

Bajo el vigilante cuidado del filósofo creció el príncipe, re- cluido en el palacio y sus jardines. Tenía para su servicio esclavos negros, horrorosos mudos que nada conocían del amor, y si algo sabían, no tenían palabras para expresarlo. Su educa- ción intelectual era el principal cuidado de Eben Bonabben, que trataba de iniciarlo en la misteriosa ciencia de Egipto; pero en esto progresaba poco el príncipe, dando pruebas evi- dentes de que no sentía inclinación por la filosofía.

El joven Ahmed era, no obstante, extraordinariamente dócil, dispuesto a seguir los consejos que se le daban, y guián- dose siempre por el último que le aconsejara. Disimulaba su aburrimiento y escuchaba con paciencia los largos y doctos dis- tos discursos de Eben Bonabben, con lo que adquirió un barniz de varias clases de conocimientos, y así llegó felizmente hasta los veinte años, con la magnífica sabiduría que corresponde a un príncipe, pero completamente ignorante de lo que era amor.

Por este tiempo operóse un cambio en la conducta de Ahmed. Abandonó por completo los estudios y se aficionó a pasear por los jardines y a meditar junto a las fuentes. Entre otras cosas, le habían enseñado algo de música, que ahora le ocupaba gran parte del día, al mismo tiempo que se advertía en él cierto gusto por la poesía. El sabio Eben Bonabben se alarmó y trató de distraerlo de estas vanas aficiones mediante un severo curso de álgebra; pero el príncipe rechazó aquello con disgusto.

—No puedo soportar el álgebra —decía—. ¡La aborrezco! Necesito algo que me hable al corazón.

Eben Bonabben movió su venerable cabeza al oír aquellas palabras.

«He aquí el final de toda la filosofía —pensaba—. ¡El príncipe ha descubierto que tiene corazón!»

Vigiló desde entonces con ansiedad a su discípulo y observó que la ternura latente en su naturaleza estaba en actividad y sólo necesitaba un objeto en que manifestarse. Vagaba el príncipe por los jardines del Generalife, con una exaltación de sentimientos cuya causa desconocía. Algunas veces se sentaba y sumíase en deliciosos ensueños, o bien pulsaba su laúd, arrancándole los acentos más conmovedores, para después arrojarlo lejos de sí, mientras prorrumpía en quejas y suspiros.

Poco a poco esta amorosa predisposición de Ahmed comenzó a extenderse a los objetos inanimados; tenía sus flores favoritas, a las que acariciaba con tierna asiduidad. Más tarde puso su cariñosa predilección en varios árboles, de los que, uno en especial, que tenía forma graciosa y delicado ramaje, atrajo su amorosa ternura, y grabó su nombre en la corteza, colgó guirnaldas de sus ramas y cantó canciones en su alabanza, con el acompañamiento de su laúd.

Eben Bonabben se alarmó ante este estado de excitación de su discípulo, a quien veía al borde mismo de la prohibida ciencia, pues el más leve indicio podía revelarle el fatal secreto. Temblando por la salvación del príncipe y por la seguridad de su cabeza, se apresuró a apartarlo de los halagos y seducciones del jardín y lo encerró en la torre más alta del Generalife. Contenía ésta bellos aposentos que dominaban un horizonte casi ilimitado, aunque se mostraba, dada su altura, muy por encima de aquella atmósfera de deleites y lejos de aquellas encantadoras glorietas, tan peligrosas para los sentimientos del demasiado impresionable Ahmed.

¿Qué hacer, sin embargo, para acostumbrarlo a esta soledada y distraerlo en sus horas de fastidio? Ya había agotado

casi por completo toda clase de conocimientos amenos, y en cuanto al álgebra, no había ni que pensar en ella. Por fortuna, Eben Bonabben, cuando estuvo en Egipto, había aprendido el lenguaje de los pájaros con un rabino judío, que lo había recibido directamente del sabio Salomón, a quien se lo enseñó la reina de Saba. A la sola mención de este estudio, brillaron de alegría los ojos del príncipe, y con tal avidez se entregó a él, que muy pronto fue tan docto en esta ciencia como su propio maestro.

Ya no le parecía la torre del Generalife un lugar solitario, pues tenía a mano compañeros con quienes poder conversar. La primera amistad que hizo fue la de un gavilán que tenía su nido en una grieta de las altas almenas, desde donde se lanzaba a todas partes en busca de su presa. Ahmed, sin embargo, encontraba en él poco de alabanza y estima, porque no era sino un vulgar pirata del aire, soberbio y fanfarrón, que sólo hablaba de rapiñas, carnicerías y feroces hazañas.

Su nueva amistad fue la de un búho, pájaro de aspecto filosófico, cabeza grande y ojos inmóviles, que se pasaba todo el día en un agujero de la muralla haciendo guiños y revolviendo las pupilas, y que únicamente salía a merodear por la noche. Mostraba grandes pretensiones de sabio, hablaba un poco de astrología y de la luna y daba a entender que conocía algo de las ciencias ocultas; era, sobre todo, muy aficionado a la metafísica, por lo que el príncipe encontraba sus discursos más pesados todavía que los de su maestro Eben Bonabben.

Trabó conocimiento después con un murciélago que se pasaba todo el día colgado de las patas en un oscuro rincón de la bóveda, y sólo salía, furtivamente, al anochecer. Poseía escasos conocimientos de todas las cosas, se burlaba de lo que no conocía sino a medias y no parecía hallar placer en nada.

Había, además de éstos, una golondrina de la que el príncipe quedó prendado en un principio. Era muy habladora, pero inquieta, bulliciosa y siempre estaba volando; así que rara vez se detenía lo suficiente para poder mantener una prolongada conversación. Ahmed comprendió por último que era bastante superficial, incapaz de profundizar en las cosas, y pretendía conocerlo todo, sin saber nada en absoluto.

Estos eran únicamente los alados compañeros con quienes el príncipe hallaba ocasión de ejercitarse en el idioma recientemente adquirido, ya que la torre era demasiado elevada para que pudiesen frecuentarla otros pájaros. Pronto se cansó de sus nuevas amistades, cuya conversación hablaba tan poco a la cabeza y nada al corazón, y poco a poco fue volviendo a su soledad. Pasó el invierno y volvió la primavera con todo su belleza, verdor y suave dulzura, y con ella, el tiempo feliz en que los pájaros buscan su pareja y hacen sus nidos. De repente brotó de los bosques y jardines del Generalife un general concierto de cantos y melodías, que ascendió hasta el príncipe recluido en la soledad de su torre. Por todas partes el mismo tema universal —amor, amor, amor—, cantado y respondido en toda variedad de notas y tonalidades. El príncipe escuchaba silencioso y perplejo. «¿Qué será ese amor —se decía pensativo— de que tan lleno parece estar el mundo, y del cual nada conozco?» Acudió a informarse de su amigo el gavilán, y el pájaro rufián le contestó en tono desdeñoso:

—Debes dirigirte a los vulgares y pacíficos pájaros de la tierra, nacidos para ser presa de nosotros, los príncipes del aire. Mi oficio es la guerra y mi deleite el pelear. Yo soy un guerrero y nada sé de eso que llaman amor.

El príncipe se apartó de él con disgusto y buscó al búho en su retiro. «Esta es un ave —se dijo— de tranquilas costumbres y puede darme la solución del enigma.» Preguntó, pues, al búho que le dijese qué era ese amor que cantaban los pájaros del bosque.

Al oírlo, adoptó el búho una actitud de dignidad ofendida.

—Yo paso las noches —le respondió— dedicado al estudio y a la investigación, y los días, meditando en mi celda todo lo que he aprendido. En cuanto a esos pájaros cantores de que me hablas, no los oigo nunca; desprecio a ellos y a sus asuntos. Gracias a Alá no sé cantar; soy un filósofo e ignoro qué es eso que llaman amor.

El príncipe se fijó entonces en la bóveda, donde estaba

colgado de las patas su amigo el murciélago, y le hizo la misma pregunta. El interpelado frunción el hocico con gesto huraño.

—¿Para qué turbas mi sueño de la mañana con pregunta tan necia? —le respondió, gruñón—. Yo sólo vuelo cuando es de noche y todos los pájaros están dormidos, y nunca me han preocupado sus asuntos. No soy ni ave ni bestia, y doy por ello gracias a los cielos. He descubierto los defectos de todo el mundo, y a todos aborrezco, desde el primero hasta el último. En una palabra: yo soy un misántropo y nada sé de eso que llaman amor.

Como último recurso buscó entonces el príncipe a la golondrina y la detuvo cuando describía círculos en torno a la torre. La golondrina, como de costumbre, tenía mucha prisa y apenas si tuvo tiempo de responder.

—Te aseguro —le dijo— que tengo tantas cosas a que atender y tanto que hacer, que no he tenido tiempo para pensar en eso. Todos los días he de efectuar miles de visitas; debo resolver un millar de asuntos que no me dejan un momento de descanso para pensar en esas tonterías. En una palabra: yo soy una ciudadana del mundo y nada sé de eso que llaman amor.

Y dicho esto, la golondrina se lanzó hacia el valle y en un momento se perdió de vista.

Desconcertado y perplejo quedó el príncipe, aunque más estimulada su curiosidad ante las dificultades que encontraba para satisfacerla. En este estado de ánimo se hallaba, cuando entró en la torre su anciano guardián. Ahmed se adelantó ansioso a su encuentro.

—¡Oh Eben Bonabben! —exclamó—. Tú me has revelado muchas cosas de la sabiduría de la tierra; pero hay algo que ignoro, y quisiera que me lo explicases.

—Mi príncipe no tiene sino preguntar, y todo lo que esté al limitado alcance de la inteligencia de este su siervo, está a su disposición.

—Entonces, dime, ¡oh tú el más profundo de los sabios!: ¿Qué es eso que llaman amor?

Eben Bonabben quedó como herido por un rayo. Tembló

y palideció, y hasta le parecía que la cabeza se le escapaba de los hombros.

—¿Qué cosa es lo que ha podido sugerirte, príncipe mío, semejante pregunta? ¿Dónde has aprendido esa vana palabra?

El príncipe le condujo a la ventana de la torre.

—Escucha, Eben Bonabben —le dijo.

El sabio prestó atención. El ruiseñor se hallaba en la maleza, al pie de la torre, cantando a su amante que estaba entre los rosales; de todos los floridos romajes y del espeso arbolado se alzaba un himno melodioso que repetía invariablemente el tema de amor, amor, amor.

—¡Allah Akbar! ¡Dios es grande! —exclamó el filósofo Bonabben—. ¿Quién pretenderá ocultar este secreto al corazón del hombre, cuando hasta los pájaros del aire conspiran para revelarlo?

Luego, volviéndose hacia Ahmed, le dijo:

—¡Oh mi querido príncipe! No des oídos a estos cantos seductores. Cierra tu inteligencia a esta ciencia peligrosa. Sabe que el amor es la causa de todos los males que afligen a la pobre Humanidad, el origen de los odios y amarguras entre hermanos y amigos; el que engendra los crímenes, las traiciones, las crueles guerras; su séquito se compone de pesares e inquietudes, de días de congoja y noches de insomnio; él marchita la belleza, oscurece la alegría de la juventud y trae consigo los achaques y aflicciones de una prematura vejez. ¡Alá te conserve, príncipe querido, en completa ignorancia de eso que llaman amor!

Retiróse presuroso el sabio, dejando al príncipe sumido en una confusión aún más grande. En vano trataba de apartar de su imaginación tal idea, pues dominaba todos sus otros pensamientos, despertando en él extrañas inquietudes y vanas conjeturas. «Seguramente —se decía, mientras escuchaba los melodiosos trinos de los pájaros— no hay tristeza en esos cantos, sino que todo parece ternura y alegría. Si el amor es la causa de tales miserias y discordias, ¿por qué no se entristecen estas avecillas en su soledad, o se despedazan unas a otras, en vez de revolotear alegremente entre los árboles o jugar entre las flores?»

Una mañana reposaba en el lecho meditando sobre tan inexplicable materia. La ventana de su habitación estaba abierta para dar paso a la suave y temprana brisa, que llegaba saturada con la fragancia de la flor del naranjo del valle del Darro. Se oían débilmente los trinos del ruiseñor, que repetía incansable su acostumbra cantilena. Mientras el príncipe Ahmed escuchaba embebecido y lanzaba suspiros, se produjo un súbito y precipitado ruido en los aires, y un hermoso palomo, perseguido por un gavilán, penetró por la ventana y cayó jadeante al suelo, mientras su perseguidor, perdida ya su presa, marchó volando hacia las montañas.

El príncipe recogió a la pobre avecilla, acarició sus plumas y la anidó en su pecho. Cuando la hubo tranquilizado con sus caricias, la metió en una jaula de oro y le ofreció, con sus propias manos, el más escogido trigo blanco y el agua más pura. El palomo, sin embargo, se negó a tomar alimento y permanecía triste y encogido, exhalando lastimeros quejidos.

—¿Qué te pasa? —le preguntó Ahmed—. ¿No tienes todo lo que puede desear tu corazón?

—¡Ay, no! —replicó el palomo—. ¿No estoy separado de la compañera de mi alma en esta hermosa época de la primavera, verdadera estación del amor?

—¡Del amor!... —replicó Ahmed—. Por favor, mi linda avecilla: ¿Puedes tú decirme qué es el amor?

—Sí que puedo, príncipe mío. El amor es el tormento de uno, la felicidad de dos y la discordia y enemistad de tres. Es un encanto que atrae mutuamente a dos seres y los une por deliciosas simpatías, haciéndoles felices cuando están juntos y desgraciados cuando se separan. ¿No existe ningún ser con quien tú estés ligado por estos lazos de tierno afecto?

—Quiero a mi viejo maestro Eben Bonabben más que a ningún otro ser; pero me resulta con frecuencia fastidioso, y a veces me siento más feliz sin su compañía.

—No es ésa la amistad a que yo me refiero. Hablo del amor, el gran misterio y principio de la vida; el sueño embriagador de la juventud y sereno deleite de la edad madura. Mira, ¡oh príncipe!, y advierte cómo en esta agradable estación la Naturaleza entera está llena de ese amor. Todo ser creado tiene su compañero; el pájaro más insignificante canta a su pareja; hasta el mismo escarabajo corteja a la suya entre el polvo, y aquellas mariposas que ves revolotear por encima de la torre, jugueteando en el aire, son felices con su mutuo amor. ¡Ay, príncipe querido! ¿Cómo has pasado los preciosos días de tu juventud sin saber nada del amor? ¿No hay ninguna gentil criatura del otro sexo, una hermosa princesa, una encantadora dama, que haya cautivado tu corazón y llenado tu pecho de una suave congoja, de agradables tormentos y tiernos deseos?

—Empiezo a comprender —dijo el príncipe suspirando—; más de una vez he experimentado esa inquietud, sin conocer la causa; pero dime. ¿Dónde encontraré yo, en esta triste soledad, ese ser que me has descrito?...

La conversación se prolongó algo más y quedó completa la primera lección del amor del príncipe.

—¡Ay! —exclamó—. Si la posesión del amor es en verdad tal delicia, y la carencia de él tal amargura, no permita Alá que yo turbe la alegría de los que aman.

Y abriendo la jaula sacó al palomo y, luego de besarlo cariñosamente, se dirigió con él a la ventana.

—Vuela, ave feliz —le dijo—, y goza con la compañera de tu corazón estos días de primavera y juventud. ¿Para qué tenerte encerrada en esta triste prisión, donde nunca podrá penetrar el amor?

El palomo batió sus alas en señal de gozo, describió un círculo en el aire y se precipitó velozmente hacia las floridas alamedas del Darro.

El príncipe lo siguió con su mirada, y entregóse después a amargas reflexiones. El canto de los pájaros, que antes le deleitara tanto, aumentaba ahora su amargura. ¡Amor! ¡Amor! ¡Amor! ¡Ay, pobre príncipe! Ya sí que entendía lo que significaban aquellos trinos melodiosos.

Sus ojos despedían fuego cuando vio de nuevo al filósofo Bonabben.

—¿Por qué me has tenido en esta abyecta ignorancia? —le gritó—. ¿Por qué no me has revelado ese gran misterio y principio de la vida que todos, hasta el más vil de los insectos, conocen? Mira, mira la Naturaleza entera en un sueño de delicias. Todo ser creado se deleita con su compañera. Este, éste es el amor que yo he deseado conocer. ¿Por qué sólo yo estoy privado de sus goces? ¿Por qué se han malgastado todos los días de mi juventud sin conocer sus transportes y delicias?

El sabio Bonabben comprendió que era completamente inútil guardar toda reserva, puesto que el príncipe conocía ya la peligrosa y prohibida ciencia. Así que le reveló las predicciones de los astrólogos y los cuidados que se habían adoptado en su educación para conjurar todos los peligros que le amenazaban.

—Y ahora, querido príncipe —añadió—, mi vida está en tus manos. Si el rey tu padre descubre que has aprendido lo que es la pasión del amor mientras has estado bajo mi custodia y vigilancia, mi cabeza responderá de ello.

El príncipe, que era tan razonable como la mayoría de los jóvenes de su edad, escuchó atentamente las disculpas de su preceptor, y nada quiso alegar en contra de ellas. Por otra parte, sentía un afecto sincero por Eben Bonabben, y como sólo conocía el amor en teoría, consintió en guardar dentro de su pecho este conocimiento, antes que poner en peligro la cabeza del filósofo.

Mas, a pesar de todo, estaba condenada su discreción a sufrir duras pruebas. Pocos días después, cuando meditaba paseando por las alamedas de la torre, la paloma que él había libertado llegó volando por los aires y se posó confiadamente en su hombro.

El príncipe la estrechó contra su corazón, mientras decía:

—Feliz avecilla que puedes volar con la rapidez de la aurora hasta las regiones más remotas de la tierra: ¿dónde has estado desde que nos separamos?

—En un lejano país, príncipe querido, del que te traigo nuevas en recompensa de la libertad que me concediste. En mi vuelo raudo e incesante, que se extiende sobre las llanuras y montañas, una vez que me cernía por los aires, divisé debajo de mí un delicioso jardín, lleno de toda clase de flores y frutos. Se encontraba en las márgenes de un fugitivo arroyuelo junto a una verde pradera, y en el centro de la misma se elevaba un suntuoso palacio. Poséme en la rama de un árbol para descansar en mi fatigoso vuelo. En la verde orilla de la corriente vi una joven princesa, en la flor de su juventud y su belleza, rodeada de doncellas, jóvenes también, que la ataviaban con guirnaldas y coronas de flores; pero no hay flor silvestre o jardín que pueda compararse a ella en hermosura. Oculta en este retiro pasaba el tiempo la princesa, pues el jardín estaba cercado de altos muros y no se permitía la entrada a ningún ser humano. Mientras contemplaba a esta bellísima doncella, tan joven e inocente, y no contaminada todavía por el mundo, pensé en mi interior: «He aquí la criatura destinada por el Cielo para inspirar el amor de mi príncipe.»

La descripción que hizo la paloma fue una chispa de fuego para el inflamable corazón de Ahmed; todo su latente temperamento amoroso había encontrado por fin un objeto en quien manifestarse, y así se despertó en él una ardiente pasión por la princesa. Escribió una carta, redactada en el lenguaje más apasionado, en la que le confesaba su ferviente amor, aunque lamentándose de la infausta prisión de su persona, que le impedía ir en su busca para postrarse a sus pies. Añadió unas poesías de lo más tierna y conmovedora elocuencia, pues era poeta por naturaleza y ahora se sentía inspirado por el amor. La carta iba dirigida

«A la Bella Desconocida, del cautivo príncipe Ahmed.»

La perfumó después con almizcle y rosas, y se la entregó a la paloma.

—¡Ve, mi más fiel mensajera! Vuela sobre las montañas y valles, ríos y llanuras; no te poses en rama verde ni en prado que tenga flor hasta que hayas entregado esta carta a la señora de mis pensamientos.

Elevóse la paloma a gran altura y tomando rumbo partió como una flecha en línea recta. El príncipe la siguió con la mirada hasta que sólo fue un punto sobre las nubes, y, poco a poco, desapareció tras las montañas.

Uno y otro día esperaba Ahmed la vuelta de su mensajera de amor, mas todo fue en vano. Y ya comenzaba a acusarla de ingratitud, cuando una tarde, a la caída del sol, entró volando la fiel avecilla en su aposento, y cayendo a sus pies, expiró. La flecha de algún cruel cazador le había atravesado el pecho; mas con todo había luchado en los últimos instantes de su vida para cumplir su misión. Al inclinarse el príncipe, lleno de pena, sobre aquel noble mártir de la fidelidad, observó que tenía un collar de perlas en torno a su garganta, y pendiente de él, por debajo de un ala, una miniatura esmaltada con la imagen de una bellísima princesa en la flor de su juventud. Era sin duda la bella desconocida del jardín; pero ¿quién era y dónde se encontraba? ¿Cómo habría acogido su carta? ¿Enviaba este retrato como prueba de que aceptaba su amor? Desgraciadamente la muerte de la fiel paloma lo dejaba todo sumido en la duda y el misterio.

El príncipe miraba el retrato hasta que sus ojos se arrasaron de lágrimas; lo besaba y estrechaba contra su corazón y se pasaba las horas contemplándolo con melancólica ternura.

«¡Hermosa imagen! —decía—. No eres, ¡ay!, más que un retrato, y sin embargo, tus dulces ojos me miran tiernamente y tus rosados labios parece que quieren infundirme valor. ¡Vanas ilusiones! ¿No habrás contemplado nunca otro rival más afortunado que yo? ¿Dónde podré encontrar el original en este vasto mundo? ¡Quién sabe las montañas y reinos que nos separan y las desgracias que nos puedan amenazar! Tal vez ahora, en este mismo instante, se encuentra rodeada de enamorados, mientras que yo estoy aquí, prisionero en esta torre, en la que pasaré mis días adorando una pintada ilusión...»

El príncipe Ahmed tomó entonces una decisión.

«Huiré de este palacio —se dijo— que se ha convertido en una odiosa prisión y, peregrino de amor, buscaré a la desconocida princesa por toda la tierra.»

Escapar de la torre durante el día, cuando todos estaban despiertos, podría resultar bastante difícil; pero por la noche el palacio no estaba muy vigilado, pues nadie sospechaba una tentativa de esta clase en el príncipe, que siempre se había mostrado tan resignado en su cautividad. Ahora bien: ¿cómo guiarse en su fuga nocturna no conociendo el país? Se acordó entonces del búho que, acostumbrado a volar de noche, debía de conocer todas las veredas y pasos secretos. Fue, pues, a buscarle en su retiro y le interrogó acerca de este punto. Al oír esto, adoptó el búho una actitud de suficiencia.

—Has de saber, ¡oh príncipe! —contestó—, que nosotros los búhos somos una familia tan antigua como numerosa, aunque venida a menos, dueños todavía de ruinosos castillos y palacios en todas las partes de España. No hay torre en las montañas, fortaleza en el llano o vieja ciudadela en la población donde no habite algún hermano, tío o primo nuestro; al visitar a mis numerosos parientes, he fisgoneado todas las galerías y rincones y me he enterado de todos los escondrijos del país.

El príncipe se llenó de gozo al ver que el búho estaba tan profundamente versado en topografía, y le informó entonces en confianza, de su tierna pasión, y su proyectada escapatoria, rogándole al mismo tiempo que fuese su compañero y consejero.

—¡Ni pensarlo! —exclamó el búho, y su actitud era de enojo—. ¿Soy yo acaso un ave para ocuparme en cuestiones de amor? ¿Yo, que he consagrado toda mi vida a la meditación y al culto de la luna?

—No te ofendas, ¡oh tú el más digno de los búhos! —respondió el príncipe—; deja un poco de meditar y de pensar en los astros, ayúdame en mi fuga y tendrás todo lo que pueda desear tu corazón.

—Tengo cuanto necesito —respondió el búho—. Unos ratones son suficientes para mi frugal comida, y este agujero en la pared es bastante espacioso para mis estudios. ¿Qué más puede querer un filósofo como yo?

—Piensa, sapientísimo búho, que mientras pasas tontamente la vida en tu celda y contemplas la luna, todo tu talento está perdido para el mundo. Algún día seré un príncipe soberano y podré colocarte en un puesto de honor y dignidad.

El búho, aunque era filósofo y se hallaba por encima de las necesidades de la vida, no carecía de ambición, por lo que, al fin, consintió en fugarse con el príncipe y servirle de guía y mentor en su peregrinación.

Como es costumbre de los enamorados llevar a cabo sus planes con presteza, el príncipe recogió todas sus alhajas y las escondió entre su traje para destinarlas a los gastos del camino. Aquella misma noche se descolgó con un ceñidor por el balcón de la torre, escaló las murallas exteriores del Generalife y guiado por el búho completó su fuga, llegando antes del amanecer a las montañas.

Celebró entonces consejo con su guía acerca de la ruta futura.

—Si sirve para algo mi opinión —le dijo el búho— te recomendaría que marchásemos a Sevilla. Has de saber que, hace ya muchos años, hice allí una visita a un tío mío de gran dignidad y poder, que vivía en un ángulo ruinoso del Alcázar que existe en aquella población. En mis salidas nocturnas sobre la ciudad, observé con frecuencia una luz que brillaba en una torre solitaria. Poséme entonces sobre sus almenas y vi que dicha luz procedía de la lámpara de un mago árabe que se hallaba rodeado de libros de magia y sostenía en el hombro a su favorito, un viejo cuervo que había traído de Egipto. Tengo amistad con ese cuervo y a él debo gran parte de los conocimientos que poseo. El mago murió hace tiempo; pero el cuervo habita todavía en la torre, pues ya se sabe que estos pájaros gozan de una larga vida. Te aconsejo, ¡oh príncipe!, que busques a ese cuervo, porque es adivino y hechicero y conoce incluso la magia negra, por la que son tan famosos todos estos pájaros, en especial los de Egipto.

Quedó el príncipe sorprendido de la sensatez que encerraba este consejo y dirigió, por tanto, sus pasos hacia Sevilla. Para adaptarse a su compañero, viajaba sólo de noche y descansaba durante el día en alguna oscura caverna o ruinosa atalaya, pues el búho conocía todos los escondrijos de esta clase y tenía una auténtica pasión de arqueólogo por las ruinas.

Al fin, una mañana, al romper el día, llegaron a Sevilla,

donde el búho, que aborrecía la luz y el bullicioso ruido de las calles, se detuvo fuera de las puertas de la ciudad, estableciendo su cuartel en el hueco de un árbol.

Entró el príncipe en Sevilla y pronto encontró la torre mágica que sobresalía por encima de las casas de la población, del mismo modo que la palmera se alza sobre las hierbas del desierto; era, en efecto, la misma que existe hoy, conocida con el nombre de la Giralda, famosa torre morisca de Sevilla.

El príncipe subió por una gran escalera de caracol hasta lo alto de ella, donde encontró al cabalístico cuervo, pájaro viejo y misterioso, de cabeza encanecida y casi sin plumas, con una nube en un ojo, que le daba la apariencia de un espectro. Se sostenía sobre una pata, con la cabeza inclinada a un lado, mirando, con el ojo que le quedaba, un diagrama trazado en el pavimento.

El príncipe se llegó a él con el natural temor y reverencia que inspiraban su venerable aspecto y sobrenatural sabiduría.

—Perdona, ¡oh el más anciano y sapientísimo cuervo mágico! —exclamó—, si interrumpo por un momento esos estudios que son la admiración del mundo entero. Tienes delante de ti a un devoto del amor, que busca con ansia tu consejo para lograr el objeto de su pasión.

—En otras palabras —dijo el cuervo con una mirada significativa—, lo que tú deseas es consultar mi ciencia quiromántica. Bien: acércate y muéstrame tu mano para que yo descifre las misteriosas rayas de tu destino.

—Dispensa —dijo el príncipe—. Yo no vengo a descubrir los secretos del destino que Alá oculta a los ojos de los mortales; soy un peregrino de amor y solamente deseo encontrar el rastro que me conduzca al objeto de mi peregrinación.

—¿Y cómo es posible que no encuentres el objeto de tu amor en la seductora Andalucía? —le dijo el viejo cuervo mirándole con su único ojo—; pero ¿cómo es posible que te encuentres perplejo en la alegre Sevilla, donde bailan la *zambra* las damas de ojos negros, debajo de los naranjos?

Sonrojóse Ahmed y se asombró de oír hablar tan libremente a un viejo pájaro con un pie ya en la sepultura.

—Créeme —le dijo con gravedad—. Yo no persigo una empresa tan liviana e inútil como tú insinúas. Nada significan para mí esas bellezas andaluzas que bailan bajo los naranjos del Guadalquivir. Busco a una belleza desconocida y purísima, al original de este retrato; te ruego, pues, ¡oh poderoso cuervo!, que si está al alcance de tu arte o de tu inteligencia, me digas dónde puedo encontrarla.

El viejo cuervo se sintió un poco avergonzado ante la solemnidad del príncipe.

—Y ¿qué sé yo —le dijo secamente— de juventud y de belleza? Yo sólo visito a los viejos y decrépitos, no a los jóvenes y hermosos; soy el mensajero del Destino, que grazno presagios de muerte desde lo alto de las chimeneas y bato mis alas junto a la ventana de los enfermos. Vete, pues, a otra parte a buscar noticias de tu bella desconocida.

—¿Y dónde las he de buscar sino entre los hijos de la sabiduría, versados en el libro del Destino? Sabe que yo soy príncipe de sangre real, predestinado por las estrellas y llamado a una misteriosa empresa, de la que quizá dependa la suerte de los imperios.

Cuando el cuervo vio que era un asunto de gran importancia, en el que influían las estrellas, cambió de tono y ademanes y escuchó con profunda atención la historia del príncipe; terminada la cual le dijo:

—Por lo que se refiere a esa princesa, no puedo darte noticias, pues no suelo volar por los jardines ni por las glorietas que frecuentan las damas; pero apresúrate a ir a Córdoba, busca allí la palmera del gran Abderrahman, que se encuentra en el patio de la mezquita principal, y verás al pie de ella a un gran viajero que ha visitado todas las Cortes y países y ha sido favorito de reinas y princesas. El te dará noticias del objeto de tus pesquisas.

—Te agradezco en el alma tan preciosa información —dijo el príncipe—. ¡Pásalo bien, venerable hechicero!

—¡Adiós, peregrino de amor! —le dijo el cuervo con sequedad; y se entregó de nuevo al estudio de su diagrama.

Salió el príncipe de Sevilla, buscó a su compañero de viaje

el búho, que aún dormitaba en el hueco del árbol, y se dirigieron hacia Córdoba.

En las cercanías de esta ciudad cruzaron a través de jardines colgantes y bosques de naranjos y limoneros que dominaban el hermoso valle del Guadalquivir. Al llegar a sus puertas voló el búho a un oscuro agujero de la muralla y prosiguió el príncipe su camino en busca de la palmera plantada en otro tiempo por el gran Abderrahman, que se alzaba en medio del gran patio de la mezquita, por encima de los naranjos y cipreses. Algunos derviches y faquires estaban sentados en grupos bajo los claustros del patio, y muchos fieles hacía sus abluciones en las fuentes antes de entrar en la mezquita.

Al pie de la palmera había un grupo de gentes escuchando las palabras de uno que parecía hablar con gran animación. «Este debe de ser —se dijo el príncipe— el gran viajero que ha de darme noticias de la desconocida princesa.» Mezclóse a la multitud y quedó atónito cuando vio que aquél a quien todos escuchaban era un papagayo, que con su brillante plumaje verde, su insolente mirada y su típico penacho ofrecía el aspecto de un pájaro muy pagado de sí mismo.

—¿Cómo es posible —dijo el príncipe a uno de los circunstantes— que tantas personas serias puedan deleitarse con la verborrea de un pájaro charlatán?

—No sabes de quién estás hablando— le respondió el otro— Este papagayo es descendiente de aquel otro famoso de Persia, tan célebre por su habilidad en contar historias. Tiene toda la sabiduría del Oriente en la punta de la lengua, y recita versos con la misma rapidez con que se habla. Ha visitado varias Cortes extranjeras en las que ha sido considerado como un oráculo de erudición. Tiene también un gran partido entre el bello sexo, que admira mucho a los papagayos eruditos que saben recitar poesías.

—¡Basta! —dijo el príncipe—. Quisiera hablar en privado con ese distinguido viajero.

Se le concedió, en efecto, una entrevista particular, y en ella le expuso Ahmed el objeto de su peregrinación. Apenas terminó de hablar, cuando el papagayo estalló en tales carcajadas que parecía iba a reventar de risa.

—Dispensa mi regocijo —le dijo—, pero la sola mención del amor me hace reír.

El príncipe quedó sorprendido por aquel alborozo extemporáneo y le dijo:

—¡Cómo! ¿No es el amor el gran misterio de la Naturaleza, el principio secreto de la vida, el vínculo universal de la simpatía?

—Tonterías —le interrumpió el papagayo—. Dime: ¿dónde has aprendido toda esa monserga sentimental? Créeme: el amor es algo pasado de moda, y ya nunca se oye hablar de él entre personas de talento o entre gente refinada.

El príncipe suspiró al acordarse de la diferencia de este lenguaje al de la paloma. «Como este papagayo —pensó— ha vivido en la Corte, quiere aparecer como un caballero distinguido e ingenioso que no sabe nada de eso que llaman amor.» Deseando, pues, evitar que fuera ridiculizado más aún el sentimiento que llevaba en su corazón, dirigió sus preguntas al objeto inmediato de su visita.

—Dime —le preguntó—, ¡oh el más distinguido de los papagayos!; tú que has sido siempre admitido en las más íntimas habitaciones de las bellas damas, ¿has tropezado en el curso de tus viajes con el original de este retrato?

El papagayo cogió la miniatura con sus garras, movió la cabeza y la examinó atentamente con ambos ojos.

—A fe mía —exclamó— que es una bonita cara, muy bonita; pero he visto tantas bellas mujeres en mis viajes que apenas si puedo... ¡Pero, calle!..., ¡esperad! Voy a mirarla de nuevo; sí, no hay duda: ésta es la princesa Aldegunda. ¿Cómo podría olvidar a una de mis amigas predilectas?

—¡La princesa Aldegunda! —repitió el príncipe—. Y ¿dónde la podré hallar?

—Poco a poco, amigo mío —dijo el papagayo—. Más fácil es encontrarla que conseguirla. Es la hija única del rey cristiano de Toledo y está oculta al mundo hasta que cumpla diecisiete años, a causa de ciertas predicciones de los entrometidos y pícaros astrólogos. No podrás verla, porque ningún mortal puede hacerlo. Yo fui llevado a su presencia para distraerla, y te aseguro bajo palabra de papagayo que ha visto el mundo, que no he hablado en mi vida con princesa más ingenua.

—En confianza, querido papagayo —dijo Ahmed—; soy el heredero de un reino, y día llegará que me siente en un trono. Veo que eres un pájaro de cuenta y que conoces el mundo. Ayúdame a conseguir esa princesa y te prometo un cargo distinguido en la Corte.

—¡Con muchísimo gusto! —respondió el papagayo—. Pero deseo, si es posible, que sea una buena sinecura, pues nosotros, los sabios, tenemos un gran horror al trabajo.

Pronto hicieron sus preparativos de viaje, y el príncipe Ahmed salió de Córdoba por la misma puerta por donde había entrado. Ordenó al búho que bajara del agujero de la muralla, y lo presentó a su nuevo compañero de viaje como un sabio colega. Después emprendieron juntos la marcha.

Caminaban mucho más despacio de lo que convenía a la impaciencia del joven; pero el papagayo estaba acostumbrado a la vida aristocrática, y no le agradaba que le despertasen temprano. Al búho, por el contrario, le gustaba dormir en pleno mediodía, y por esta razón se perdía una gran parte del tiempo a causa de sus largas *siestas*. Otro inconveniente era sus aficiones de arqueólogo, pues insistía en detenerse a visitar todas las ruinas, contando largas y legendarias historias acerca de cada vieja torre o castillo del país. El príncipe creía que búho y papagayo, por ser pájaros ilustrados, entablarían una estrecha amistad; pero se equivocó en absoluto, pues siempre estaban en riña continua. Uno era un bromista, en tanto que el otro era un filósofo. El papagayo recitaba versos, hacía la crítica de los libros recientes y hablaba con elocuencia sobre algunos temas de erudición. El búho consideraba todo esto como bagatelas, y encontraba sus deleites en los problemas metafísicos. Entonces comenzaba el papagayo a entonar canciones, a decir chistes [1] y a gastar bromas a costa de su grave compañero,

---

[1] *Bons mots,* en el original.

riéndose a carcajadas de sus propias ocurrencias; todo lo cual era tomado por el búho como una seria ofensa a su dignidad, y así fruncía el ceño, se enfurruñaba y exaltaba, no volviendo a despegar los labios durante el resto del día.

El príncipe no se preocupaba de las disputas de sus dos compañeros, pues vivía absorto en los ensueños de su fantasía y en la contemplación del retrato de la bella princesa. De esta forma atravesaron los áridos pasos de Sierra Morena y las ardientes llanuras de la Mancha y de Castilla, siguiendo las riberas del «dorado Tajo», que serpenteaba en su curso por media España y Portugal. Divisaron, al fin, una ciudad fortificada con torres y murallas, erigida sobre un rocoso promontorio, cuyos pies bañaba la corriente del impetuoso río.

—¡Mirad! —exclamó el búho—. Esta es la antigua y renombrada ciudad de Toledo, famosa por sus antigüedades. Contemplad aquellas venerables torres y cúpulas, con su polvo de siglos, vestidas de legendaria grandeza, en donde tantos de mis antepasados se entregaron a la meditación.

—Bah! —exclamó el papagayo, interrumpiendo el solemne entusiasmo del arqueólogo—. ¿Qué tenemos nosotros que ver con leyendas y antigüedades, ni con tu linaje? Mira: lo que importa en este momento es la mansión de la juventud y de la belleza. Contempla al fin, ¡oh príncipe!, la morada de la princesa que buscas desde hace tiempo.

Miró Ahmed en la dirección indicada por el papagayo y divisó un suntuoso palacio que se alzaba entre los árboles de un ameno jardín, situado en una deliciosa y verde pradera de las márgenes del Tajo. Era aquél, ciertamente, el mismo lugar que le describiera la paloma como residencia del original del retrato. Lo contemplaba fijamente, mientras su corazón latía de emoción. «Quizá en este momento —pensaba— la hermosa princesa se recrea bajo esas frondosas alamedas o pasea lentamente por las espléndidas terrazas, o reposa, tal vez, dentro de aquella magnífica mansión.» Al observar más detenidamente, comprobó que los muros del jardín eran de gran altura, lo que hacía imposible el acceso, y que patrullas de guardias armados vigilaban a su alrededor.

177

Volvióse el príncipe hacia el papagayo, y le dijo:

—¡Oh la más perfecta de todas las aves! Tú que tienes el don de la palabra humana, corre a aquel jardín, busca al ídolo de mi alma y dile que el príncipe Ahmed, peregrino de amor, guiado por las estrellas, ha llegado en su busca a las floridas márgenes del Tajo.

El papagayo, orgulloso de esta embajada, voló hacia el jardín, se remontó por encima de sus altos muros y, luego de cernerse algún tiempo sobre el verde césped de las alamedas, se posó en el balcón de un pabellón que daba al río. Desde él, mirando al interior, vio a la princesa reclinada en un diván, con los ojos fijos en un papel, mientras las lágrimas se deslizaban suavemente, una tras otra, por sus pálidas mejillas.

El pájaro, entonces, puso en orden sus plumas, se ajustó su brillante casaca verde y, levantando su penacho, paróse junto a ella con galante ademán, mientras le decía con tono de ternura:

—Enjuga tus lágrimas, ¡oh tú la más hermosa de las princesas!, pues yo vengo a devolver la alegría a tu corazón.

La princesa se asustó al oír esta voz; pero como al volverse no viera ante sí sino a un pajarillo vestido de verde que le hacía saludos y reverencias, dijo:

—¡Ay! ¿Qué alegría puedes tú traerme si no eres más que un papagayo?

Enojóse el ave con esta respuesta.

—He consolado a muchas bellas damas en mi vida —le contestó—; pero dejemos eso a un lado. Ahora vengo como embajador de un príncipe real. Sabe que Ahmed, príncipe de Granada, ha llegado en tu busca y se halla acampado en este momento en las floridas márgenes del Tajo.

Al oír estas palabras, los ojos de la princesa brillaron más que los diamantes de su corona.

—¡Oh tú el más bondadoso de todos los papagayos! —exclamó gozosa—. Alegres son en verdad las nuevas que me traes, pues ya me encontraba triste y abatida, casi enferma de muerte, dudando de la constancia de Ahmed. Vuelve pronto y dile que tengo grabadas en mi corazón todas las frases de su carta y que sus versos han sido el alimento de mi alma. Dile también que debe prepararse a demostrárme su amor con la fuerza de las armas. Mañana cumplo diecisiete años y el rey mi padre prepara una gran torneo; varios son los príncipes que tomarán parte en la lid, y mi mano será otorgada como premio al vencedor.

El papagayo emprendió otra vez el vuelo, y cruzando por las alamedas, se dirigió a donde el príncipe esperaba su regreso. La alegría de Ahmed por haber encontrado el original de su adorado retrato y hallado a su princesa fiel y enamorada, sólo pueden concebirla los felices mortales que han tenido la dichosa fortuna de ver sus sueños convertidos en realidades. Sin embargo, algo había que nublaba su alegría, y era el próximo torneo. En efecto, ya lucían las armaduras en las riberas del Tajo y se oían resonar los clarines de los varios caballeros que con sus soberbios séquitos se dirigían a Toledo para tomar parte en la ceremonia. La misma estrella que había regido el destino del príncipe había influido también en el de la princesa; por eso estuvo oculta para el mundo hasta cumplir los diecisiete años, con el fin de protegerla contra la tierna pasión del amor. Sin embargo, la fama de su hermosura creció más que su reclusión. Varios príncipes poderosos se habían disputado su mano pero su padre, que era un rey muy prudente, la confió a la suerte de las armas, para evitar así el crearse enemigos si mostraba preferencia por alguno. Entre los candidatos rivales había varios famosos por su valor y destreza. ¡Qué situación para el infortunado Ahmed, desprovisto como se hallaba de armas e inexperto además en los ejercicios de la caballería!

—¡Qué príncipe más desgraciado soy! —exclamó—. ¡Y para esto he vivido encerrado bajo la mirada de un filósofo! ¿De qué me sirven el álgebra y la filosofía en materias de amor? ¡Ay, Eben Bonabben! ¿Por qué no te cuidaste de instruirme en el manejo de las armas?

Al oír estas lamentaciones, el búho rompió el silencio y empezó su discurso con una piadosa jaculatoria, pues era devoto musulmán.

—¡*Allah Akbar!* ¡Dios es grande! —exclamó—. En sus

manos están todos los secretos de las cosas, y sólo El rige los destinos de los hombres! Sabe, ¡oh príncipe!, que este país está lleno de misterios, ignorados por todos, menos por los que como yo pueden escudriñar en las ciencias ocultas. Has de saber también que en las vecinas montañas existe una gruta, y dentro de ella una mesa de hierro; sobre ésta se encuentra una mágica armadura y junto a ella un encantado corcel; todo lo cual permanece allí encerrado durante muchas generaciones.

Maravillado lo miraba el príncipe, en tanto que el búho, haciendo guiños con sus grandes y redondos ojos y erizando sus plumas, prosiguió de esta manera:

—Hace muchos años acompañé a mi padre por estos lugares, cuando iba visitando sus propiedades. Nos alojamos en dicha cueva, y entonces fue cuando descubrí el misterio. Es tradición de nuestra familia, que oí contar a mi abuelo, siendo yo muy pequeño, que esta armadura perteneció a cierto mago árabe que buscó refugio en la caverna cuando Toledo cayó en poder de los cristianos; allí murió, dejando su corcel y sus armas bajo un mágico encantamiento, y no podrán ser utilizadas sino por un musulmán y, aun por éste, sólo desde la salida del sol hasta el mediodía. El que las maneje durante este intervalo, vencerá siempre a cualquiera de sus adversarios.

—¡Basta! —exclamó el príncipe—. ¡Busquemos esa gruta!

Guiado por su legendario mentor halló el príncipe la cueva, situada en una de las ásperas sinuosidades de los rocosos picachos que se elevan en torno a Toledo; nadie sino la penetrante mirada de un búho o un arqueólogo pudiera descubrir su entrada. Una lámpara sepulcral de inagotable aceite lanzaba su pálida luz dentro de la gruta. En una mesa de hierro que había en el centro se encontraba la mágica armadura, con una lanza junto a ella y, próximo a éstas, un corcel árabe enjaezado para la lucha, pero inmóvil como una estatua. La brillante armadura estaba tan limpia como reluciera en sus primeros tiempos; el corcel en tan buen estado como si todavía estuviese pastando. Cuando Ahmed puso la mano sobre su cuello, comenzó a piafar y lanzó un sonoro relincho de alegría que conmovió las paredes de la caverna. Así, bien provisto de caballo y armas, decidió el príncipe tomar parte en la lucha del próximo torneo.

Llegó el memorable día. El palenque para el combate estaba preparado en la *vega,* debajo de las fuertes murallas de Toledo, donde se habían levantado tablados y galerías para los espectadores, cubiertos de ricos tapices y protegidos del sol por toldos de seda. Todas las bellezas del país se habían reunido en estas galerías; mientras cabalgaban en el campo, con sus escuderos y pajes, los empenachados caballeros, entre los que figuraban los príncipes que iban a tomar parte en el torneo. Todas las mujeres bellas del país quedaron eclipsadas cuando apareció la princesa Aldegunda en el pabellón real, ofreciéndose por vez primera a los ojos de la admirada concurrencia. Un murmullo de sorpresa surgió de la multitud al contemplar su peregrina hermosura; y los príncipes que aspiraban a su mano, sólo atraídos por la fama de sus encantos, sintieron ahora aumentar su ardor para la lucha.

La princesa, sin embargo, presentaba un melancólico aspecto. El color de sus mejillas cambiaba y sus ojos se dirigían con inquieta y ansiosa expresión sobre el engalanado tropel de caballeros. Los clarines iban ya a dar la señal del encuentro, cuando el heraldo anunció la llegada de un caballero extranjero, y Ahmed entró a caballo en la palestra. Un yelmo de acero cuajado de perlas se alzaba sobre su turbante; su coraza estaba recamada de oro; su cimitarra y su daga eran de las fábricas de Fez, cubiertas ambas de piedras preciosas. Llevaba al hombro un escudo redondo y en su mano empuñaba la lanza de mágica virtud. Los arreos de su corcel árabe, ricamente bordados, llegaban hasta el suelo, y el noble bruto piafaba y olfateaba el aire, relinchando de alegría al ver de nuevo el brillo de las armas. El arrogante y airoso aspecto del príncipe atrajo todas las miradas, y cuando le anunciaron con el nombre de «El Peregrino de Amor», se sintió un rumor y agitación general entre las bellas damas de las galerías.

Cuando Ahmed se presentó para inscribirse en la lista del torneo, ésta se encontraba cerrada para él, pues, según le dijeron, solamente los príncipes podían ser admitidos en la liza.

Declaró entonces su nombre y su linaje, y fue peor; era musulmán y no podía participar en un combate que tenía como premio la mano de una princesa cristiana.

Los príncipes rivales le contemplaban con actitud altiva y amenazadora, y hasta hubo uno de insolente aspecto y cuerpo hercúleo que se burló de su sobrenombre amoroso. Despertó la ira del príncipe, quien lo desafió a luchar. Tomaron distancia, dieron media vuelta y lanzáronse a la carga. Al primer contacto de la mágica lanza, el hercúleo burlón fue derribado de su silla. El príncipe se hubiera contentado con esto; pero, ¡ay!, tenía que habérselas con un caballo y una armadura endiabladas, pues, una vez en acción, nada había que pudiera contenerlos. El corcel árabe se lanzó contra el grueso del grupo y la lanza derribaba todo lo que se le ponía por delante; el gentil príncipe era llevado involuntariamente por el campo, que quedó sembrado de grandes y pequeños, nobles y plebeyos, mientras Ahmed se dolía interiormente de sus involuntarias proezas. El rey bramaba y rabiaba de cólera ante este atropello a sus vasallos y huéspedes, y mandó salir a todos sus guardias; pero éstos quedaban desarmados tan pronto como llegaban. El propio monarca se despojó entonces de sus vestiduras, empuñó escudo y lanza y avanzó para infundir temor al extranjero con la presencia de la majestad real; pero, ¡ay!, no le fue mejor a la majestad que a los otros, pues corcel y lanza no respetaban dignidades. Ante su propio espanto, Ahmed se vio arrastrado con toda su fuerza contra el rey, que en un instante voló por los aires, mientras su corona rodaba por el polvo.

En este momento el sol llegó al meridiano; el encanto mágico cesó en su poder y el caballo árabe se lanzó a través de la llanura, saltó la barrera, se arrojó al Tajo, pasó a nado su impetuosa corriente, llevó al príncipe casi sin alientos y maravillado a la gruta y tomó otra vez su anterior estado, inmóvil como una estatua, junto a la mesa de hierro. Descabalgó Ahmed con la natural alegría y se despojó de la armadura, para afrontar de nuevo los designios del Destino. Sentóse después en la caverna y meditó sobre el desesperado estado a que le habían reducido el endiablado caballo y la armadura. ¿Cómo se atrevería a presentarse en Toledo, después de haber infligido tal baldón a sus caballeros y semejante ultraje a su rey? ¿Qué pensaría también la princesa de una acción tan salvaje y grosera? Lleno de ansiedad, resolvió enviar a sus alados mensajeros en busca de noticias. El papagayo acudió a todos los sitios públicos y lugares frecuentados de la ciudad, y pronto regresó con un montón de chismes. Toda Toledo estaba consternada. La princesa había sido llevada desmayada al palacio; el torneo había concluido en confusión, y todo el mundo hablaba de la repentina aparición, prodigiosas hazañas y extraña desaparición del caballero musulmán. Unos decían que era un moro mágico; otros, que un demonio en forma humana; mientras que otros relataban tradiciones de guerreros encantados, ocultos en las grutas de las montañas, y pensaban que sería uno de éstos, que había hecho una brusca incursión desde su guarida. Todos convenían, en fin, que ningún mortal podía haber obrado tales maravillas, ni derribado a tan bizarros y esforzados caballeros cristianos.

El búho, por su parte, voló durante la noche y se cernió sobre la ciudad a oscuras, posándose en tejados y chimeneas. Se dirigió después hacia el palacio real, alzado sobre una rocosa meseta de Toledo, y revoloteó por sus terrazas y adarves, escuchando por todas las rendijas y mirando con sus grandes ojos saltones por todas las ventanas en donde había luz, asustando a dos o tres damas de honor. Sólo cuando el alba gris comenzó a despuntar tras las montañas, regresó de su furtiva expedición y contó al príncipe todo lo que había visto.

—Estaba observando por una de las más altas torres del palacio, cuando vi a través de una ventana a la hermosa princesa, reclinada en su lecho y rodeada de sirvientes y médicos, sin querer aceptar su ayuda y consuelo. Cuando aquéllos se retiraron, la vi sacar una carta de su seno, la leyó y besó, enrtegándose después a amargos lamentos; ante lo cual, a pesar de ser un filósofo, no pude por menos que sentirme conmovido.

El delicado corazón de Ahmed se entristeció al oír tales noticias.

—¡Cuán ciertas eran tus palabras, oh sabio Eben Bonabben! —exclamó—. Cuidados, penas y noches de insomnio son el destino de los enamorados. ¡Alá preserve a la princesa de la funesta influencia de eso que llaman amor!

Informes posteriores, recibidos de Toledo, confirmaron el relato del búho. La ciudad era presa de la inquietud y la alarma. La princesa fue trasladada a la torre más elevada del palacio, y todas las avenidas estaban muy vigiladas. Entre tanto, se había apoderado de la joven una devoradora melancolía, cuya causa nadie pudo explicar, negándose a tomar alimentos y a prestar oído a todas las frases de consuelo. Los médicos más hábiles ensayaron en vano toda su ciencia. Se pensó que había sido víctima de algún mágico hechizo, por lo que el rey publicó una proclama declarando que el que lograse curarla recibiría la joya más preciosa de su real tesoro.

Cuando el búho, que dormitaba en un rincón, oyó esta proclama, movió sus grandes ojos y adoptó un aspecto más misterioso que nunca.

—¡*Allah Akbar!* —exclamó—. Feliz el hombre que lleve a efecto tal curación, si tiene cuidado al escoger entre todas las cosas del tesoro real.

—¿Qué quieres decir, reverendísimo búho? —dijo Ahmed.

—Escucha, ¡oh príncipe!, lo que voy a cont..rte. Has de saber que nosotros los búhos somos gente ilustrada y muy dados a investigar las cosas ocultas e ignoradas. Durante mi última ronda nocturna por las cúpulas y torreones de Toledo, descubrí una academia de búhos arqueólogos que celebraba sus reuniones en una gran torre abovedada, donde se guarda el tesoro real. Estaban discutiendo sobre las formas, inscripciones y signos de las perlas y joyas antiguas y de las vasijas de oro y plata acumuladas en él, según las modas y costumbres de los distintos pueblos o edades; pero especialmente se interesaban por ciertas reliquias y talismanes existentes allí desde los tiempos del rey godo Don Rodrigo. Entre estas últimas había un cofre de madera de sándalo, cerrado por bandas de acero a la manera oriental, con misteriosos caracteres inscritos, sólo conocidos por algunas personas doctas. De este cofre y sus inscripciones se había ocupado la academia durante varias sesiones, dando motivo a prolongadas y graves disputas. Al hacer yo mi visita, un búho muy anciano, recientemente llegado de Egipto, se hallaba sentado sobre la tapa descifrando sus inscripciones y demostrando, según su lectura, que aquel cofre contenía la alfombra de seda del trono del sabio Salomón, que, indudablemente, había sido traída a Toledo por los judíos emigrados después de la destrucción de Jerusalén.

Cuando el búho terminó su discurso sobre antigüedades, quedó el príncipe abstraído por algún tiempo en profundas reflexiones.

—He oído hablar —dijo por último— al sabio Eben Bonabben de las maravillosas propiedades de ese talismán, que desapareció en la caída de Jerusalén y que se creyó perdido para la Humanidad. Sin duda alguna, sigue siendo un ignorado misterio para los cristianos de Toledo. Si yo pudiese apoderarme de esa alfombra, sería segura mi felicidad.

Al día siguiente despojóse el príncipe de sus ricas vestiduras y se disfrazó con el humilde traje de un árabe del desierto. Tiñóse la piel de color moreno, de tal modo que nadie habría reconocido en él al arrogante guerrero que tanta admiración y espanto había causado en el torneo. Báculo en mano, zurrón al hombro y con una pequeña flauta pastoril, encaminóse a Toledo, y al llegar a la puerta del palacio real se anunció como candidato al premio ofrecido por la curación de la princesa. Los guardias intentaron arrojarlo a palos, mienle decían:

—¿Qué pretende hacer un árabe vagabundo como tú en un caso en el que han fracasado los más sabios del país?

El rey, que se apercibió del alboroto, dio orden de que condujeran al árabe a su presencia.

—Poderosísimo rey —dijo Ahmed—: Tienes ante ti a un árabe beduino que ha pasado la mayor parte de su vida en las soledades del desierto. Estas, como es sabido, son guarida de demonios y espíritus malignos que nos atormentan a los pobres pastores en nuestras solitarias veladas, apoderándose de nuestras manadas y rebaños y enfureciendo incluso a los pacientes camellos. Nuestro mejor antídoto contra ellos es la música: tenemos ciertos aires legendarios, transmitidos de generación en generación, que cantamos y tocamos para ahuyentar a esos maléficos espíritus. Yo pertenezco a una familia agraciada y poseo aquella virtud en su más alto grado, Si tu hija se halla poseída de alguna influencia maligna de esa especie, respondo con mi cabeza que quedará libre de ella por completo.

El rey, hombre inteligente y conocedor de los maravillosos secretos que poseen los árabes, recobró la esperanza al oír el confiado lenguaje del príncipe. Y así, lo condujo inmediatamente a la alta torre, guardada por varias puertas, al final de la cual estaba la habitación de la princesa. Las ventanas daban a una terraza con balaustradas, desde las que se contemplaba Toledo, y todos sus alrededores. Permanecían aquéllas entornadas, y la princesa estaba postrada, en el interior, presa de una triste congoja y rechazando toda clase de consuelos.

Sentóse el príncipe en la terraza y tocó con su flauta pastoril varios aires populares árabes que había aprendido de sus servidores en el Generalife de Granada. La princesa continuó insensible, y los doctores que había presentes movieron la cabeza, hasta que, al fin, Ahmed dejó a un lado la flauta y, en una sencilla melodía, comenzó a cantar los amorosos versos de la carta en la que le había declarado su pasión.

La princesa reconoció la canción, y una súbita alegría se apoderó de su alma; levantó entonces la cabeza y escuchó; las lágrimas brotaron de sus ojos y se deslizaron por sus mejillas, mientras su pecho se agitaba emocionado. Hubiese querido ordenar que llevaran al trovador a su presencia; pero su natural timidez la hizo quedar silenciosa. El rey adivinó sus deseos y ordenó que Ahmed fuese conducido al aposento. Discretos fueron los amantes, pues tan sólo cruzaron miradas, aunque éstas decían más que muchos libros. Nunca obtuvo la música un triunfo más completo: volvió el color sonrosado a las suaves mejillas de la princesa, la frescura a sus labios y una luz de rocío a sus lánguidos ojos.

Todos los médicos allí presentes se contemplaban con asombro. El rey miraba al trovador árabe con una mezcla de admiración y miedo.

—¡Maravilloso joven! —exclamó—. Tú serás en adelante el primer médico de mi Corte, y no tomaré otra medicina que tu melodía. Por de pronto, recibe tu recompensa, la joya más preciada de mi tesoro.

—¡Oh rey! —respondió Ahmed—. Nada me importa el oro, la plata o las piedras preciosas. Una reliquia guardas en tu tesoro, procedente de los musulmanes que antes eran dueños de Toledo: un cofre de sándalo que contiene una alfombra de seda. Dame ese cofre y con eso sólo me contento.

Todos los presentes quedaron sorprendidos ante la moderación del árabe, y mucho más cuando trajeron el cofre de sándalo y sacaron la alfombra. Era ésta de fina seda verde, cubierta de caracteres hebraicos y caldeos. Los médicos de la Corte se miraban unos a otros, encogíanse de hombros y se burlaban de la simpleza de este nuevo curandero que se contentaba con tan mezquinos honorarios.

—Esta alfombra —dijo el príncipe— cubrió en otros tiempos el trono del sabio Salomón, y es digna de ser colocada a los pies de la hermosura.

Y diciendo esto, la extendió sobre la terraza, debajo de una otomana que habían traído para la princesa, y se sentó después a los pies de ella.

—¿Quién —exclamó— podrá oponerse a lo que hay escrito en el libro del Destino? He aquí cumplida la predicción de los astrólogos. Sabe, ¡oh rey!, que tu hija y yo hace mucho tiempo que nos amamos en secreto. ¡Mira en mí al Peregrino de Amor!

No bien salieron de sus labios estas palabras, cuando la alfombra se elevó por los aires, llevándose al príncipe y a la princesa. Y el rey y los doctores la miraron con la boca abierta y la siguieron con la vista hasta que se convirtió en un pequeño punto que destacaba sobre el blanco fondo de una nube, para desaparecer luego en la bóveda azul de los cielos.

El rey montó en cólera e hizo venir a su tesorero.

—¿Cómo has consentido? —le dijo— que un infiel se apodere de semejante talismán?

—¡Ay, señor! Nosotros no conocíamos sus propiedades, ni pudimos descifrar las inscripciones del cofre. Si es en efecto la alfombra del trono del sabio Salomón, está dotada de un poder mágico y puede transportar por el aire, de un sitio a otro, al que la posea.

El rey reunió un poderoso ejército y partió para Granada en persecución de los fugitivos. Luego de una larga y penosa marcha, acampó en la vega y envió un heraldo pidiendo la restitución de su hija. El mismo rey de Granada salió a su encuentro, con toda su Corte, y en él reconoció al trovador árabe, pues Ahmed había ocupado el trono a la muerte de su padre, haciendo de la hermosa Aldegunda su sultana.

El rey cristiano se apaciguó fácilmente cuando supo que a su hija le permitieron seguir fiel a sus creencias, no porque fuese muy piadoso, sino porque la religión es siempre un punto de orgullo y etiqueta en los príncipes. En vez de sangrientas batallas, hubo muchas fiestas y regocijo, tras los cuales regresó el rey muy contento a Toledo, y los jóvenes esposos siguieron reinando, tan feliz como acertadamente, en la Alhambra.

Conviene añadir que el búho y el papagayo siguieron al príncipe, por separado y en cómodas etapas, hasta Granada; viajando el primero de noche y deteniéndose en las distintas posesiones hereditarias de su familia; asistiendo el segundo a las alegres reuniones de todos los pueblos y ciudades que encontraba al paso.

Ahmed, agradecido, recompensó los servicios que le habían prestado durante su peregrinación. Nombró al búho su primer ministro y al papagayo maestro de ceremonias. Es inútil decir que nunca existió reino más sabiamente administrado ni Corte más cumplida en las reglas de la etiqueta.

UN PASEO POR LAS COLINAS

A la caída de la tarde, cuando el calor es menos intenso, solía distraerme con frecuencia dando largos paseos por los cerros vecinos y por los profundos y sombríos valles, acompañado de mi cronista-escudero Mateo, a cuya pasión por la charla daba yo el más amplio permiso en tales ocasiones; y apenas había roca, ruina, fuente rota o valle solitario de los que no me refierese alguna maravillosa historia o, sobre todo, alguna peregrina leyenda, pues nunca hubo un pobre diablo más espléndido en prodigar sus tesoros escondidos.

En el curso de uno de estos paseos manifestóse Mateo más comunicativo que de ordinario. Al ponerse el sol, salimos por la puerta de la Justicia y subimos por una alameda, hasta llegar a un grupo de higueras y granados, al pie de la *Torre de los Siete Suelos,* la misma de donde se dice que salió Boabdil cuando hizo la entrega de su capital. En este sitio, señalándome una bóveda subterránea en los cimientos, me informó Mateo que allí se ocultaba un monstruoso espíritu o fantasma que, según se decía, habitaba en esta torre desde el tiempo de los árabes, guardando los tesoros de un rey musulmán. Algunas veces sale este duende en el profundo silencio de la noche y recorre los bosques de la Alhambra y las calles granadinas, bajo la forma de un caballo sin cabeza, perseguido por seis perro que lanzan terribles ladridos y aullidos.

—¿Te lo has encontrado alguna vez en tus paseos? —le pregunté.

—No, *señor,* ¡gracias a Dios! Pero mi abuelo el sastre conoció varias personas que lo vieron, pues antes salía con más frecuencia que ahora, ya de una forma, ya de otra. Todos, en Granada, han oído hablar del *Velludo,* y las viejas y las nodrizas asustan a los chiquillos llamándolo cuando lloran. Se dice que es el espíritu de un cruel rey moro que mató a sus seis hijos y los enterró debajo de esas bóvedas, y ellos, en venganza, lo persiguen por las noches.

Me abstengo de relataros más acerca de los maravillosos detalles que me dio el crédulo Mateo sobre este terrible fantasma, que fue en tiempos pasados tema favorito de los cuentos infantiles y de las tradiciones populares de Granada, y del que hace honrosa mención un antiguo y erudito historiador, topógrafo de estos lugares [1].

Abandonando este famoso edificio, seguimos nuestro paseo, rodeando los frondosos jardines del Generalife, en los que dos o tres ruiseñores lanzaban al aire la melodía de sus trinos. Pasamos, por detrás de estos huertos, frente a cierto número de aljibes moriscos con una puerta abierta en el rocoso seno de la colina, pero tapiada. Estos aljibes —según me informó Mateo— fueron los baños favoritos tanto de él como de los camaradas de su niñez, hasta que los asustaron con la historia de un horrible moro que salía por la puerta de la roca para atrapar a los incautos bañistas.

Dejando atrás estos encantados aljibes, continuamos por un solitario camino de herradura que serpentea por los cerros, y al poco tiempo nos encontramos en unas agrestes y melancólicas montañas, desprovistas de árboles y salpicadas apenas de escaso verdor. Todo lo que se ofrecía a nuestra vista era triste y estéril, y se hacía muy difícil creer que a poca distancia detrás de nosotros se hallase el Generalife con sus floridos huertos y bellos jardines; ni que estuviésemos en las cercanías de la deliciosa Granada, la ciudad de las fuentes y de la vegetación. Pero tal es la naturaleza de España; agreste y dura desde el momento en que carece de cultivo; donde el desierto y el jardín se encuentran siempre el uno al lado del otro.

[1] Se refiere el autor al P. Echevarría, quien trata el asunto en su obra «Paseos por Granada».

El estrecho barranco por el que pasábamos, se llamaba —según Mateo— el *Barranco de la Tinaja,* porque allí fue encontrada una en tiempos pasados, repleta de oro morisco. La imaginación del pobre Mateo andaba siempre llena de estas áureas leyendas.

—¿Qué significa la cruz que veo allí, sobre un montón de piedras, en aquella parte estrecha del barranco?

—¡Ah! Eso no es nada. Un arriero que asesinaron allí hace unos años.

—Según eso, Mateo, ¿hay ladrones y asesinos casi en las puertas de la Alhambra?

—Ahora no, *señor;* eso era antes, cuando había muchos vagos por los alrededores de la fortaleza; pero hoy está limpio el terreno. No es que los gitanos que viven en las cuevas de las laderas de la colina, en las afueras de la fortaleza, no sean capaces alguna vez de cualquier cosa; pero no hemos tenido ningún crimen por aquí desde hace mucho tiempo. Al asesino del arriero lo ahorcaron en la fortaleza.

Continuamos barranco arriba, dejando a la izquierda una escarpada y pedregosa loma, llamada la *Silla del Moro* por la ya citada tradición de haber huido Boabdil allí durante una insurrección popular, permaneciendo todo el día sentado en la rocosa meseta, contemplando tristemente su amotinada ciudad.

Llegamos, por último, a la parte más alta de la colina que domina Granada, llamada el cerro del Sol. La noche se aproximaba; el sol poniente doraba apenas los picos más altos. Acá y allá veíase algún solitario pastor que conducía su rebaño por las pendientes para encerrarlo durante la noche; o algún arriero con su cansinas bestias atravesando alguna senda de la montaña para llegar a las puertas de la población antes del anochecer.

De pronto, el grave sonido de la campana de la catedral vino ondulando por los desfiladeros a anunciar la hora de la *oración.* El toque fue respondido por los campanarios de todas las iglesias y los dulces esquilones de los conventos, que se oían a través de la montaña. El pastor se detuvo en la falda de la colina, el arriero en medio del camino, y quitándose los sombreros permanecieron inmóviles un momento, murmurando la plegaria de la tarde. Hay siempre algo tierno y solemne en esta costumbre, según la cual, a una melodiosa señal, todos los seres humanos que habitan un lugar del país se unen en el mismo instante para tributar gracias a Dios por las mercedes del día. Parece que se esparce cierta fugaz santidad sobre la tierra, contribuyendo a realzar la escena el espectáculo del sol que, esplendoroso, se hunde en el horizonte.

En el caso presente, el efecto era más admirable por la naturaleza agreste y solitaria del lugar. Estábamos en una desnuda y escabrosa meseta del famoso cerro del Sol, donde los ruinosos aljibes y cisternas y los desmoronados cimientos de amplios edificios hablaban de una antigua población, ahora en silencio y soledad.

Mientras vagábamos por entre aquellos restos del pasado, llegamos a un agujero circular que parecía penetrar en el corazón de la montaña y que Mateo me señaló como una de las maravillas y misterios de este sitio. Supuse que sería un pozo abierto por los infatigables moros para obtener su elemento favorito en su mayor pureza. Mateo, sin embargo, conocía otra historia diferente y más de acuerdo con su carácter. Según una tradición, en la que creían firmemente su padre y su abuelo, se trataba de una entrada a las cavernas subterráneas de la montaña en la que Boabdil y su corte se ocultaban bajo un mágico hechizo, y desde donde salían durante la noche, a determinadas horas, para visitar de nuevo sus antiguas residencias.

—¡Ah, *señor!* Esta montaña está llena de esta clase de prodigios. En otro lugar había un hoyo como éste, y dentro de él una vasija de hierro colgada de una cadena. Nadie sabía lo que contenía, porque siempre estaba tapada, pero todo el mundo la suponía llena de oro moruno. Muchos trataron de sacarla, porque parecía estar al alcance de la mano; pero en el momento en que se la tocaba, se hundía honda, honda, y no surgía de nuevo en algún tiempo. Por fin, uno que la creía encantada, la tocó con una cruz para romper el embrujo, y a fe que lo rompió, porque la olla bajó hasta perderse de vista y nunca

más ha aparecido. Todo esto es verdad, *señor,* pues mi abuelo fue testigo presencial.

—¿Cómo es eso, amigo mío? ¿Llegó a ver la olla?

—No, *señor;* pero vio el agujero donde estaba colgada.

—Es lo mismo, Mateo.

El intenso crepúsculo, que en este clima es de corta duración, nos advertía que debíamos abandonar aquella tierra encantada. Cuando descendimos por la vertiente de la colina no se veía ni arriero ni pastor, ni se oía otra cosa sino nuestros pasos o el solitario chirrido de los grillos. Las sombras del valle se hacían cada vez más densas, hasta que todo se oscureció en torno nuestro. Sólo la elevada cumbre de Sierra Nevada conservaba un vago resplandor de la luz del día; sus elevados picos brillaban sobre el oscuro azul de los cielos y parecían estar junto a nosotros, por la extremada pureza de la atmósfera.

—¡Qué cerca se ve la Sierra esta tarde! —dijo Mateo—. Parece que se puede tocar con la mano y, sin embargo, está a muchas leguas de aquí.

Mientras decía esto, apareció una estrella sobre la blanca cúspide de la montaña, la única visible ya en el cielo; tan pura y grande, tan brillante y hermosa, que hizo lanzar estas exclamaciones de alegría al buen Mateo:

—*¡Qué estrella más hermosa! ¡Qué clara y limpia es! ¡No puede haber estrella más brillante!*

He observado con frecuencia esta sensibilidad de la gente del pueblo en España ante los encantos de las cosas naturales. El brillo de una estrella, la belleza o fragancia de una flor, la cristalina pureza de una fuente, todo esto les inspira una especie de poética alegría, y entonces ¡qué frases más eufónicas dicen en su magnífico lenguaje para dar expresión a sus transportes de entusiasmo!

—Pero, Mateo, ¿qué luces son aquellas que veo brillar por Sierra Nevada, debajo de las nieves, y que podrían tomarse por estrellas si no fueran rojas y no brillaran sobre la oscura ladera de la montaña?

—Aquéllas, *señor,* son hogueras que encienden los hombres

193

que recogen nieve y hielo para abastecer a Granada. Todas las tardes suben a la Sierra con mulos y pollinos y se turnan para descansar y calentarse, unos junto a las hogueras, mientras que otros llenan de hielo los serones. Bajan después para llegar a las puertas de Granada antes de la salida del sol. Esa Sierra Nevada, *señor,* es una masa de hielo en medio de Andalucía para tenerla fresca durante todo el verano.

Ya era completamente de noche. Nos encontrábamos en el *barranco* en el que estaba la cruz del arriero asesinado, cuando divisé cierto número de luces que se movían a distancia y parecían subir por la cañada. Al aproximarse, resultaron ser las antorchas de una comitiva de extrañas figuras vestidas de negro. A cualquier hora hubiera parecido una lúgubre procesión, pero lo era aún más en aquel lugar agreste y solitario.

Mateo se me acercó y me dijo en voz baja que se trataba de un cortejo fúnebre que conducía un cadáver al cementerio situado en aquella colina.

Al pasar la procesión junto a nosotros, los tristes reflejos de las antorchas iluminando las sombrías facciones y negras ropas de los acompañantes, producían un efecto fantástico, más horrible todavía al ver el rostro del difunto, que, según es costumbre española, iba sin cubrir sobre un féretro abierto. Permanecí un buen rato siguiendo con la vista el tétrico cortejo que serpenteaba por las oscuras veredas de la montaña. A mi imaginación acudió la vieja historia de una procesión de demonios que transportaba el cadáver de un pecador al cráter del Estrómboli.

—¡Ah, *señor!* —exclamó Mateo—. Le podría contar la historia de una procesión que se vio una vez por estos montes; pero se reiría usted de mí y me diría que era uno de los cuentos heredados de mi abuelo al sastre.

—De ningún modo, Mateo. No hay nada que me guste más que una historia maravillosa.

—Pues bien, *señor:* se trata de uno de esos hombres de que hablábamos hace poco, que recogen nieve en la Sierra [1]. Ha de

[1] Todavía lleva el nombre de *Camino de los Neveros* la ruta acostumbrada de esos antiguos recogedores de hielo y nieve. *(N. del T.)*

saber usted que hace muchos años, en tiempos de mi abuelo, vivía un viejo llamado el *tío Nicolás,* quien una vez llenos de nieve y hielo los serones de su mulo, regresaba de la Sierra. Como tenía mucho sueño, se montó en la bestia y pronto se quedó dormido. El hombre iba dando cabezadas y bamboleándose de un lado a otro, mientras su vieja y segura acémila marchaba por el borde de los precipicios o bajaba por los pendientes y escarpados *barrancos,* tan firme y segura como si anduviera por el llano. Despertó al fin el *tío Nicolás* y miró a su alrededor frotándose los ojos, pues en verdad había motivos para ello. A la brillante luz de la luna, tan clara como la del día, vio a la ciudad tan perfectamente como usted se ve las manos, resplandeciendo con sus blancos edificios como una fuente de plata a la luz de la luna. ¡Pero, *señor,* en nada se parecía a la ciudad que él había dejado unas pocas horas antes! En vez de la catedral, con su gran cúpula y sus torrecillas, las iglesias con sus campanarios y los conventos con sus pináculos, coronados todos con la Santa Cruz, no vio sino mezquitas árabes, minaretes y cupulillas orientales, todos terminados en relucientes medias lunas, como las que adornan las banderas de Berbería. Ahora bien, *señor:* como puede usted imaginarse, el *tío Nicolás* quedó aturdido al ver todo aquello; pero cuando estaba mirando a la población, un gran ejército subía por la montaña, rodeando los barrancos, unas veces a la claridad de la luna y otras en la oscuridad. Cuando se acercaba, comprobó que eran jinetes e infantes armados a la manera morisca. El *tío Nicolás* trató de apartarse de su camino, pero el viejo mulo mantúvose firme, y se resistía a dar un paso, temblando al mismo tiempo como la hoja del árbol, pues las sufridas bestias, *señor,* se asustan de estas cosas más que los seres humanos. Pues bien, *señor:* el fantástico ejército pasó junto a él. Eran hombres que en apariencia tocaban trompetas, mientras otros golpeaban címbalos y tambores, y, sin embargo, no se escuchaba ningún sonido. Avanzaban todos en silencio, del mismo modo que los ejércitos pintados que yo he visto desfilar por los escenarios del teatro de Granada, y todos iban pálidos como la muerte. A la retaguardia del ejército, entre dos negros jinetes moros, cabalgaba el Gran Inquisidor de Granada en una mula blanca como la nieve. El *tío Nicolás* se maravilló de verle en semejante compañía, pues el Inquisidor era famoso por su odio a los moros y a toda clase de infieles, judíos y herejes, a los que acostumbraba perseguir a sangre y fuego. Con todo, el *tío Nicolás* sintióse seguro teniendo a mano un sacerdote de tanta santidad. Así, pues, haciendo la señal de la cruz, le pidió a gritos su bendición, cuando..., ¡hombre!, recibió un golpe que lo envió, junto con su viejo mulo, al borde de un barranco, por el que rodó de pies y cabeza hasta el fondo. El pobre hombre no recobró el conocimiento hasta mucho después de salir el sol, y se encontró entonces en lo hondo de aquella profunda sima, con el mulo paciendo a su lado y la nieve de los serones completamente derretida. Regresó a duras penas a Granada, con el cuerpo magullado y molido; pero grande fue su alegría al encontrar la ciudad como siempre, con iglesias cristianas y cruces. Cuando relató la historia de su aventura nocturna todo el mundo se rió de él; unos decían que todo lo había soñado mientras dormitaba sobre su mulo; otros pensaron que era pura invención de su mente; pero lo más extraño y lo que más dio que pensar a todos seriamente en el asunto fue que el Gran Inquisidor murió aquel año. He oído decir con frecuencia a mi abuelo el sastre que aquello de llevarse el ejército fantástico el «doble» del sacerdote, tenía un significado mucho mayor de lo que la gente suponía.

—Entonces, ¿quieres decir, amigo Mateo, que hay una especie de limbo o purgatorio moro en el interior de estas montañas, al cual fue conducido el *padre* Inquisidor?

—¡No lo quiera Dios, *señor!* Yo no sé nada de eso. Yo sólo cuento lo que oí a mi abuelo.

Al mismo tiempo que Mateo terminaba su relato, que yo he referido sucintamente y que él había salpicado de muchos comentarios y minuciosos detalles, estábamos de regreso en las puertas de la Alhambra.

Las historias maravillosas sugeridas por Mateo en la primera parte de nuestro paseo en torno a la torre de Siete Suelos me indujeron, como de costumbre, a investigar sobre trasgos

y duendes. Supe que aquel terrible fantasma, *el Velludo,* había
sido desde mucho tiempo antes el tema predilecto de los cuentos de niñeras y de las tradiciones populares granadinas, de
que hace honrosa mención un antiguo historiador, topógrafo
de estos lugares. He reunido con gran trabajo los dispersos
fragmentos de una de estas leyendas populares y los he reco-
pilado en la siguiente, que sólo necesita cierto número de notas
y referencias eruditas al pie para adquirir categoría entre esas
verosímiles producciones que con toda seriedad pasan en el
mundo por hechos históricos.

LEYENDA DEL LEGADO DEL MORO

H AY en el interior de la fortaleza de la Alhambra, frente
al palacio real, una amplia y extensa explanada, la *Plaza
de los Aljibes,* llamada así por los depósitos subterráneos de
agua que existen en ella desde el tiempo de los moros. En un
rincón de esta plaza hay un pozo árabe, hecho en la roca viva,
de una gran profundidad, cuya agua es tan fresca como el hielo
y tan clara como el cristal. Los pozos abiertos por los moros
tienen fama, pues bien conocidos son los esfuerzos que realizaron para penetrar hasta los más puros y deliciosos manantiales
y fuentes. Este de que hablamos es popular en Granada, hasta
el punto de que los aguadores —unos con grandes garrafas al
hombro y otros con borricos cargados de cántaros— están continuamente subiendo y bajando por las pendientes y frondosas
avenidas de la Alhambra, desde por la mañana temprano hasta
las últimas horas de la noche.

Fuentes y pozos han sido —desde los tiempos bíblicos—
notables puntos de concurrencia y de charla en los climas cálidos. En el pozo en cuestión existe una especie de tertulia perpetua, que se prolonga todo el santo día, formada por los inválidos, las viejas y otros curiosos desocupados de la fortaleza,
que se sientan en los bancos de piedra bajo un toldo extendido
sobre el pozo para resguardar del sol al encargado. Allí se
pierde el tiempo charlando de los sucesos de la fortaleza, se
pregunta a todo aguador que llega las noticias de la ciudad y
se hacen largos comentarios sobre cuanto se ve y oye. No hay
hora del día en que no se anden por allí comadres y criadas

holgazanas en interminable cuchicheo, con el cántaro en la cabeza o en la mano, deseosas de oír el último chisme de aquella buena gente.

Entre los aguadores que concurrían alguna vez a este pozo se contaba un hombrecillo robusto, ancho de espaldas y zanquituerto, llamado Pedro Gil, pero más conocido por *Perejil,* a modo de abreviatura. Siendo aguador, por supuesto, tenía que ser *gallego,* pues la Naturaleza parece haber formado razas de hombres como lo ha hecho con los animales, para cada una de las diferentes clases de trabajo. En Francia, todos los limpiabotas son saboyanos; los porteros de los hoteles, suizos; y en los tiempos del miriñaque y el pelo empolvado, en Inglaterra, nadie como un irlandés, acostumbrado a andar por el barro, para dar un regular balanceo a una silla de mano. Lo mismo ocurre en España: los aguadores y mozos de cuerda son todos robustos hijos de Galicia. Nadie dice: «Búscame un mozo», sino: «Llama a un *gallego.»*

Volviendo a nuestro relato, Perejil el *gallego* había comenzado su oficio con sólo un gran cántaro de barro que se cargaba a la espalda; poco a poco prosperó y pudo comprar una ayuda: un pollino fuerte y peludo, animal el más apropiado para un aguador. A cada lado de su orejudo auxiliar, en una especie de serones, iban colgados sus cántaros, cubiertos con hojas de higuera para protegerlos del sol. No había en toda Granada aguador más diligente y alegre que él. En las calles resonaba su alegre voz mientras iba detrás de su borrico, pregonando con el acostumbrado grito de verano que se escucha en todas las ciudades españolas: *¿Quién quiere agua? ¡Agua más fría que la nieve!* ¿Quién quiere agua del pozo de la Alhambra, fría como el hielo y clara como cristal? Cuando servía a un parroquiano un reluciente vaso, dirigíale siempre una palabra agradable que le hacía sonreír; y si se trataba de alguna gentil dama o graciosa señorita, le dirigía una picaresca mirada o un requiebro a su hermosura, que resultaba irresistible. De esta manera, Perejil el *gallego* era tenido en toda Granada por el más cortés, agradable y feliz de los mortales. Pero no es precisamente quien canta más alto y quien más bromea el que tiene más alegre el corazón. Bajo todo su jovial aspecto, el honrado Perejil escondía penas y preocupaciones. Tenía que sostener una numerosa familia, una prole de harapientos chiquillos, hambrientos y bulliciosos como un nido de golondrinas, que siempre, al volver a casa por la noche, le pedían a gritos de comer. Tenía también esposa, que le servía de todo menos de ayuda. Había sido, antes de casarse, una bella aldeana, famosa por su habilidad en bailar el *bolero* y tocar las castañuelas. Todavía conservaba estas antiguas aficiones, con lo cual gastaba en fruslerías las míseras ganancias del honrado Perejil o se apoderaba hasta del jumento para irse de jolgorio al campo los domingos y días de los santos y esos innumerables días festivos que son en España casi más numerosos que los de trabajo. Para colmo, era una mujer un poco desaliñada, algo más que holgazana y, sobre todo, una charlatana de primer orden, que abandonaba casa, familia y todos sus quehaceres para irse a comadrear a casa de sus habladoras vecinas.

Pero Aquel que regula el viento para la esquilada oveja, acomoda el yugo del matrimonio a la sumisa cerviz. Perejil sobrellevaba con paciencia todos los despilfarros de su mujer y de sus hijos, con la misma mansedumbre con que su borrico llevaba los cántaros de agua; y aunque algunas veces se sacudiera las orejas en privado, nunca se atrevió a poner en duda las virtudes domésticas de su descuidada esposa.

Amaba a sus hijos lo mismo que el búho ama a sus crías, viendo en ellos multiplicada y perpetuada su propia imagen, pues eran como él, pequeños de estatura y fuertes, de anchas espaldas y estevados de piernas. El mayor placer del honrado Perejil consistía, siempre que podía celebrar un día de fiesta y disponía de unos cuantos *maravedíes,* en coger a todos sus hijos, y unos en brazos y otros agarrados a su chaqueta o pisándole los talones, llevarlos a disfrutar dando saltos por las huertas de la vega, en tanto que su mujer se quedaba bailando con sus amigas en las *Angosturas* del Darro.

Era una hora bastante avanzada de una noche de verano y ya la mayor parte de los aguadores habían abandonado su trabajo. El día había sido extraordinariamente bochornoso, pero se presentaba una de esas deliciosas noches de luna que tientan a los habitantes de los climas meridionales a desquitarse del calor y la inacción del día, quedándose al aire libre para gozar de la templada frescura del ambiente hasta cerca de la medianoche. Aún había por las calles consumidores de agua; por lo cual, Perejil, como padre considerado y previsor, pensó en sus hambrientos chiquillos. «Daré un viaje más al pozo —se dijo— para ganar el *puchero* del domingo para mis pequeños.» Y así diciendo, subió con paso firme la empinada cuesta de la Alhambra, cantando por el camino y descargando de vez en cuando un fuerte varazo en los lomos de su borrico, a modo de compás de su canción o de refresco del animal, pues en España para todas las bestias de carga sirve el palo de forraje.

Cuando llegó al pozo lo encontró desierto, con excepción de un solitario desconocido vestido de moro, sentado en un banco de piedra a la luz de la luna. Perejil se detuvo de pronto y lo miró con sorpresa no desprovista de temor; pero el moro le hizo señas para que se acercase.

—Estoy débil y enfermo —le dijo—; ayúdame a volver a la ciudad y te daré el doble de lo que puedas ganar con tus cántaros de agua.

El buen corazón del honrado aguador se sintió movido de misericordia ante la súplica del extranjero.

—Dios me libre —le respondió— de recibir ningún pago o recompensa por un sencillo acto de humanidad.

Ayudó, por tanto, al moro a subir en su borrico y partió con él lentamente hacia Granada; pero el pobre musulmán se hallaba tan débil que fue necesario irlo sosteniendo sobre el animal para evitar que cayese al suelo.

Cuando entraron en la población le preguntó el aguador adónde había de llevarlo.

—¡Ay! —exclamó el moro con voz desfallecida—. No tengo ni casa ni habitación, pues soy un extraño en este país. Permíteme que pase la noche en tu casa y serás generosamente gratificado.

De esta manera encontróse el honrado Perejil con el inesperado compromiso de un huésped infiel; pero era demasiado humano para negar hospitalidad por una noche a una pobre criatura en situación tan lamentable, por lo que condujo al moro a su hogar. Los chiquillos que habían salido a su encuentro con la boca abierta, gritándole como de costumbre al oír los pasos del borrico, huyeron espantados cuando vieron al desconocido del turbante, y fueron a ocultarse detrás de su madre. Esta se adelantó valientemente, como una gallina enfurecida al frente de sus polluelos cuando se aproxima un perro vagabundo.

—¿Qué infiel compañero —gritó— es este que traes a casa a estas horas para atraernos las miradas de la Inquisición?

—Cállate, mujer —respondióle el *gallego*—. Es un pobre extranjero enfermo, sin amigos ni hogar; ¿serías capaz de arrojarlo para que perezca en medio de la calle?

Todavía hubiera seguido protestando la mujer, pues aunque vivía en una choza era celosa guardadora del crédito de su casa. El pobre aguador, sin embargo, se mantuvo firme por primera vez y se negó a doblegarse al yugo de su esposa. Ayudó al pobre musulmán a bajar del pollino y le extendió una estera y una zalea en el suelo, en el sitio más fresco de la casa, única cama que le permitía su pobreza.

Al poco rato viose el moro acometido de violentas convulsiones para las que eran vanas toda ayuda y asistencia del humilde aguador. Los ojos del pobre paciente expresaban gratitud. Durante un intervalo de sus ataques, llamó a Perejil a su lado y, hablándole en voz baja, le dijo:

—Temo que mi fin está muy cercano. Si muero, te dejo esta caja en premio de tu caridad —y al decir esto, abrió su *albornoz* y mostró una cajita de madera de sándalo que llevaba atada a su cuerpo.

—Quiera Dios, amigo mío —respondió el honrado *gallego*—, que vivas muchos años para disfrutar de tu tesoro o lo que quiera que sea.

Movió el moro la cabeza, puso su mano sobre la caja y quiso hablar algo acerca de ella; pero volvieron sus convulsiones con mayor violencia y al poco rato expiró.

La mujer del aguador se puso como loca.

—Esto nos sucede —decía— por tu estúpida bondad; por meterte siempre en apuros para servir a los demás. ¿Qué va a ser de nosotros cuando encuentren este cadáver en nuestra casa? Nos mandarán a la cárcel por asesinos; y si escapamos con vida, nos arruinarán escribanos y *alguaciles*.

El pobre Perejil se sentía también atribulado y casi le pesaba haber hecho una buena obra. Al fin, le vino una idea.

—Aún no es de día —dijo—. Puedo sacar el cadáver de la ciudad y enterrarlo bajo la arena en las márgenes del Genil. Nadie vio entrar al moro en nuestra casa y nadie sabrá nada de su muerte.

Dicho y hecho. Con ayuda de su mujer, envolvió el cuerpo del infortunado musulmán en la esterilla donde había expirado; lo colocaron atravesado en el asno, y Perejil salió con él hacia las orillas del río.

Quiso la mala suerte que viviera frente al aguador un barbero llamado Pedrillo Pedrugo, uno de los más fisgones, chismosos y perversos hombres del mundo. Era un tipo con cara de comadreja y patas de araña, astuto y malicioso; ni el mismo Barbero de Sevilla le aventajaba en el conocimiento general de los negocios ajenos, de los que guardaba el secreto como en una criba. Decíase que dormía con un ojo abierto y el oído alerta para poder ver y escuchar, incluso en sueños, todo lo que pasaba a su alrededor. Era, en verdad, una especie de crónica escandalosa para los granadinos curiosos, y tenía más parroquianos que todos los de su gremio.

Este entrometido barbero oyó llegar a Perejil a una hora desusada de la noche, así como las exclamaciones de la mujer y de los hijos. Asomóse al instante por el ventanillo que le servía de observatorio, y vio cómo su vecino ayudaba a entrar en su casa a un hombre vestido de moro. Era esto tan raro y extraño, que Pedrillo Pedrugo no pegó un ojo en toda la noche. Cada cinco minutos se asomaba al ventanillo, observando las luces que brillaban por las rendijas de la puerta de su vecino; hasta que antes del amanecer vio salir a Perejil con su borrico muy cargado.

El curioso barbero, intrigadísimo, se vistió apresuradamente y deslizándose con cautela siguió al aguador a cierta distancia, hasta que le vio cavar un hoyo en la arenosa ribera del Genil y enterrar después algo que parecía un cadáver.

Diose prisa el hombre en volver a casa, y empezó a dar vueltas por su barbería, revolviendolo todo, hasta que salió el sol. Cogió entonces una bacía debajo del brazo y se encaminó a casa del *alcalde,* que era un cliente cotidiano.

El *alcalde* acababa de levantarse. Pedrillo le hizo sentar en una silla, púsole una toalla al cuello, preparó la bacía de agua caliente y comenzó a ablandarle la barba con los dedos.

—¡Qué cosas más extrañas pasan! —exclamó, a la vez que hacía de barbero y gacetillero—. ¡Qué cosas más extrañas! ¡Robo, asesinato y entierro; todo en una noche!

—¡Eh! ¿Cómo? ¿Qué estás diciendo? —gritó el *alcalde.*

—Digo —respondió el barbero, frotando la nariz y la barba de la autoridad con un trozo de jabón (pues el barbero español desdeña el uso de la brocha)—, digo que Perejil el *gallego* ha robado, asesinado y enterrado a un moro en esta condenada noche. *¡Maldita sea la noche!*

—Pero ¿cómo sabes tú todo eso? —preguntó el *alcalde.*

—Tenga usted paciencia, *señor,* y oirá todo lo que a ello se refiere —contestó Pedrillo, agarrándole por la nariz y deslizando la navaja por sus mejillas. Entonces le contó cuanto había visto, mientras hacía dos operaciones al mismo tiempo: afeitar, lavar la barba y enjugar el rostro del *alcalde* con una sucia toalla, al par que le refería el robo, asesinato y entierro del musulmán.

Es el caso que este *alcalde* era el hombre más déspota y más avariento y codicioso que se conocía en toda Granada. Sin embargo, no puede negarse que tenía gran aprecio a la Justicia, ya que la vendía a peso de oro. Supuso, pues, que se trataba de un caso de robo y asesinato y que, sin duda, lo robado debía de ser de bastante consideración. ¿Cómo se las arreglaría para ponerlo todo en las legítimas manos de la ley? Atrapar simplemente al delincuente sería dar carne a la horca; pero coger el botín significaba enriquecer al juez, y éste era, según su opinión, el objeto principal de la Justicia. Pensando así, mandó venir a su presencia al más fiel *alguacil,* un individuo delgado y de aspecto famélico, vestido a la antigua usanza española, según su cargo, con un amplio sombrero negro de copa con las alas vueltas hacia arriba por ambos lados, una singular gorrilla, capilla negra colgando de los hombros, un raído traje, también negro, que ponía de relieve su raquítica y seca figura y una vara en la mano, temida *insignia* de su oficio. Tal era el sabueso servidor de la ley, de antigua casta española, a quien puso sobre la pista del infortunado aguador; y fue tal su diligencia y seguridad, que cogió al pobre Perejil antes que éste hubiera vuelto a su casa, conduciéndole con su borrico ante el administrador de la Justicia.

El *alcalde* le dirigió una de sus más terribles miradas.

—¡Escúchame, miserable! —rugió con una voz que hizo juntarse las rodillas del pobre *gallego*—. ¡Óyeme! ¡Es inútil que niegues tu delito, pues todo lo sé! La horca es el castigo que merece el crimen que has cometido; pero yo soy compasivo y estoy dispuesto a venir a razones. El hombre que ha sido asesinado en tu casa era un moro, un infiel, un enemigo de nuestra fe. Sin duda, tú le mataste en un arrebato de celo religioso. Por tanto, seré indulgente contigo; devuelve todo lo que le has robado, y echaremos tierra al asunto.

El pobre aguador invocó a todos los santos como testigos de su inocencia; mas, ¡ay!, ni uno solo apareció; y aunque así lo hubieran hecho, el *alcalde* no hubiera dado crédito al santoral entero. El aguador contó toda la historia del árabe moribundo con la clara sencillez de la verdad, pero todo fue en vano.

—¿Persistes en seguir afirmando —preguntó el juez— que ese musulmán no tenía dinero ni alhajas que fueran el objeto de tu codicia?

—Es tan cierto como que confío en salvarme, usía —respondió el pobre hombre—. No tenía más que una cajita de sándalo que me legó en premio a mis servicios.

—¡Una caja de sándalo! ¡Una caja de sándalo! —exclamó el *alcalde;* y sus ojos brillaron ante la esperanza de joyas preciosas—. Y ¿dónde está esa caja? ¿Dónde la has escondido?

—Con perdón de usía —replicó el aguador—, está en una

de las aguaderas de mi burro, y enteramente al servicio de su señoría.

Apenas había pronunciado estas palabras, cuando el astuto *alguacil* salió como una flecha y volvió al instante con la misteriosa caja de sándalo. La abrió el *alcalde* con mano ávida y temblorosa, se agolparon todos los presentes para ver los tesoros que esperaban que contuviese, pero, con gran desencanto, no apareció en su interior sino un rollo de pergamino escrito en caracteres arábigos y un cabo de vela de cera.

Cuando no se va a ganar nada con que un preso aparezca convicto, la Justicia, aun en España, se inclina a ser imparcial. Así, pues, el *alcalde,* rehecho de su desilusión y viendo que no existía en realidad botín alguno en aquel asunto, escuchó desapasionadamente las explicaciones del aguador, que fueron corroboradas por el testimonio de su mujer. Convencido, por tanto, de su inocencia, lo absolvió de la pena de arresto y hasta le permitió llevarse el legado del moro, es decir, la caja de sándalo, como justa recompensa de su acto humanitario; pero se quedó con el burro para pago de costas.

Y he aquí una vez más al infortunado *gallego* reducido a la necesidad de llevar él mismo el agua, subiendo fatigosamente hasta el pozo de la Alhambra, con la enorme garrafa a la espalda.

Cuando subía las cuestas en el rigor del mediodía estival le abandonaba su acostumbrado buen humor.

—¡Perro *alcalde!* —iba gritando—. ¡Robarle a un pobre sus medios de subsistencia y el mejor amigo que tenía en el mundo! —y al recordar al amado compañero de sus trabajos, brotaba toda la bondad de su carácter—. ¡Ay, borriquillo de mi alma! —exclamaba, dejando la garrafa sobre una piedra y enjugándose el sudor de la frente—. ¡Ay, borriquillo de mi corazón! ¡Seguro estoy de que no has olvidado a tu antiguo amo! ¡Seguro estoy de que echarás de menos los cántaros! ¡Ay, pobre amigo mío!

Para alivio de sus males, siempre que volvía a su casa lo recibía su mujer con quejas y reconvenciones. Se aprovechaba de su ventaja, al haberle advertido que no realizase aquel noble acto de hospitalidad que les había acarreado tantos sinsabores, y como mujer de mala intención, utilizaba todas las ocasiones para echarle en cara que era superior a él en sagacidad. Si sus hijos no tenían qué comer o si necesitaban alguna prenda nueva, les decía con sorna:

—Id a vuestro padre, heredero del Rey Chico de la Alhambra; decidle que os dé el tesoro escondido en la caja del moro.

¿Hubo nunca en el mundo un pobre mortal más castigado por haber hecho una buena acción? El infortunado Perejil padecía en cuerpo y alma, pero a pesar de ello, soportaba con paciencia los crueles escarnios de su mujer. Por último, cierta noche, después de un caluroso día de trabajo, al verse injuriado como de costumbre, perdió el hombre la paciencia. No se atrevió a contestar, pero al fijarse sus ojos sobre la caja de sándalo, que estaba en un vasar con la tapa a medio abrir, como si se burlara de su humillación, cogióla y la arrojó indignado contra el suelo.

—¡Maldito sea el día en que puse mis ojos en ti —exclamó— y di asilo en mi casa a tu dueño!

Al chocar la caja contra el suelo, abrióse la tapa por completo y salió rodando el pergamino.

Perejil quedóse pensativo contemplando un rato el rollo, en silencio. «¡Quién sabe —dijo para sí, coordinando sus ideas— si este escrito tendrá alguna importancia, puesto que el moro parecía guardarlo con mucho cuidado!» Lo recogió, pues, y lo guardó en su pecho. A la mañana siguiente, cuando iba pregonando su agua por las calles, se detuvo en la tienda de un moro de Tánger que vendía joyas y perfumes en el Zacatín, y le rogó que le explicase el texto.

Leyó el moro con atención el pergamino y, acariciándose la barba dijo sonriente:

—Este manuscrito es una forma de encantamiento para recobrar el escondido tesoro que se encuentra bajo el influjo de un hechizo. Dice que tiene tal virtud, que los más fuertes cerrojos y barras, y hasta la misma roca viva, cederán ante él.

—¡Bah! —exclamó el aguador—. ¿Qué me importa todo

eso? Yo no soy encantador, ni sé una palabra de tesoros encerrados.

Pero aquella noche, cuando descansaba al oscurecer junto al pozo de la Alhambra, encontró allí reunido un grupo de charlatanes. Su conversación, como de costumbre a aquellas horas, recayó sobre viejas leyendas y tradiciones de carácter maravilloso. Como todos eran más pobres que las ratas, hablaban con preferencia del popular tema de las riquezas encantadas y enterradas por los moros en varios sitios de la Alhambra. Todos coincidían en la creencia de que había grandes tesoros ocultos bajo la torre de Siete Suelos.

Estas historias produjeron honda impresión en la mente del honrado Perejil, y arraigaron cada vez más en su pensamiento cuando volvió a pasar por las oscuras alamedas. «¡Y, quién sabe, si después de todo, no hay un tesoro escondido debajo de la torre, y el pergamino que dejé al moro me ayudaría a conseguirlo!» Embobado en esta repentina ilusión faltó poco para que se le cayese la garrafa.

Pasó aquella noche inquieto y agitado, sin poder pegar un ojo a causa de los pensamientos que turbaban su cerebro. Por la mañana, muy temprano, se dirigió a la tienda del moro y le contó cuanto pasaba en su imaginación.

—Usted sabe leer el árabe —le dijo—. Suponga que vamos juntos a la torre y probamos el efecto del encanto; si sale mal, no hemos perdido nada; pero si sale bien, partiremos por igual el tesoro que descubramos.

—¡Poco a poco! —replicó el musulmán—. Este escrito no es suficiente por sí solo; ha de ser leído a medianoche, a la luz de una vela compuesta y preparada de un modo especial, cuyos ingredientes no están a mi alcance. Sin una vela así, el pergamino no sirve para nada.

—¡No diga usted más! —gritó el *gallego*—. Tengo esa vela y voy a traerla al momento.

Dicho esto, corrió a su casa y regresó al punto con el cabo de vela de amarilla cera que había encontrado en la caja de sándalo.

El moro la tomó en sus manos y la olió.

—Aquí hay raros y costosos perfumes —dijo— combina-
dos con esta cera amarilla. Esta es la clase de vela que se espe-
cifica en el pergamino. Mientras esté encendida, se abrirán los
muros más fuertes y las cavernas más secretas; pero desgraciado del que se quede dentro cuando se apague, pues quedará
encantado en compañía del tesoro.

Convinieron entonces entre ellos que probarían el sortilegio
aquella misma noche. Y así, a una hora muy avanzada, cuando
nadie estaba despierto sino las lechuzas y los murciélagos, subieron la frondosa colina de la Alhambra y se aproximaron a
aquella espantable y misteriosa torre, rodeada de árboles y
convertida en algo formidable por tantas leyendas y tradiciones sobre ella. A la luz de una linterna abriéronse paso entre
las zarzas y los bloques de piedras esparcidos por el suelo, hasta llegar a la entrada de una bóveda situada debajo de la torre.
Llenos de temor y temblando de miedo, bajaron por unos escalones abiertos en la roca, que conducían a una cámara vacía,
húmeda y lóbrega, en la que había otra escalera que llevaba a
otra bóveda más profunda. De esta forma bajaron otros cuantos
tramos, que correspondían a otras tantas bóvedas, unas debajo
de otras. El suelo de la cuarta era sólido; y aunque según la
tradición todavía quedaban otros tres más abajo, se decía que
era imposible penetrar más, por hallarse los restantes cerrados
por un poderoso encantamiento. El aire de esta cuarta bóveda
era húmedo y frío, con cierto olor a tierra, y la luz apenas si
despedía algunos rayos. Se detuvieron un poco indecisos y fal-
tos de aliento, hasta que oyeron débilmente dar las doce en el
reloj de una torre; encendieron entonces el cabo de vela, que
esparció un olor a mirra, incienso y estoraque.

El moro comenzó a leer de prisa el pergamino. Apenas
había acabado, cuando se oyó un ruido como de un trueno subterráneo. La tierra se estremeció y abrióse el suelo, dejando
al descubierto otro tramo de escalones. Muertos de miedo, bajaron por él y divisaron a la luz de la linterna otra bóveda
cubierta de inscripciones árabes. En el centro de la misma había un gran cofre asegurado por siete barras de acero, y a uno
y otro lado vieron un moro encantado con su armadura, pero

209

inmóviles los dos como estatuas, sujetos allí por arte mágica. Delante del cofre había varios jarrones llenos de oro, plata y piedras preciosas. Metieron los brazos hasta el codo en el más grande de ellos, sacando puñados de grandes y hermosas monedas de oro morisco, brazaletes y adornos del mismo precioso metal y algún que otro collar de perlas orientales que se enredaban entre los dedos. Trémulos y jadeantes llenaban sus bolsillos de oro y joyas, mientras dirigían más de una mirada de espanto a los encantados moros que se hallaban allí sentados, inmóviles y horribles, contemplándolos sin pestañear. Al fin, se apoderó de ellos un repentino pánico por algún imaginario ruido, y corrieron escaleras arriba, tropezando el uno con el otro en el departamento superior, volcando y apagando el cabo de vela; y el pavimento se cerró de nuevo con ruido horrible.

Llenos de terror, no pararon hasta encontrarse fuera de la torre y ver las estrellas brillar a través de los árboles. Se sentaron entonces sobre la hierba y se repartieron el botín, contentos por el momento con aquel breve espigueo del jarrón, aunque dispuestos a volver otra noche y vaciarlos todos hasta el fondo. Para asegurarse de su mutua buena fe, se repartiecon los talismanes, quedándose uno con el pergamino y otro con la vela; hecho lo cual, se alejaron de allí, en dirección a Granada, con el corazón ligero y los bolsillos pesados.

Cuando bajaban de la colina, el precavido moro se acercó al oído del sencillo aguador para darle un consejo.

—Amigo Perejil —le dijo—; todo este asunto debe quedar en el mayor secreto hasta que consigamos el tesoro y lo hayamos puesto a salvo. ¡Si algo de esto llega a los oídos del *alcalde*, estamos perdidos!

—Es cierto —respondió el *gallego*—. Esa es la verdad.

—Amigo Perejil —dijo el moro—; tú eres un hombre prudente y no dudo de que sabrás guardar un secreto; pero tienes mujer.

—Ella no sabrá una palabra de esto —replicó el aguador con firmeza.

—Está bien —dijo el moro—. Cuento con tu discreción y con tu promesa.

Nunca se hizo un ofrecimiento más positivo y sincero; pero, ¡ay!, ¿quién es el hombre que puede ocultar un secreto a su mujer? Ninguno, desde luego; pero mucho menos Perejil el aguador, uno de los maridos más dóciles y cariñosos. Cuando regresó a su casa, encontró a su mujer llorando en un rincón.

—Muy bonito —gritó al verle entrar—. ¡Por fin has venido, después de pasarte toda la santa noche por esas calles! Me extraña que no te hayas traído otro moro de huésped.

Y rompió a llorar, destrozándose las manos y golpeándose el pecho.

—¡Qué desgraciada soy! —exclamaba. ¿Qué va a ser de mí? ¡Mi casa robada y saqueada por escribanos y *alguaciles;* y mi marido hecho un gandul, que ni siquiera trae a casa el pan para su familia, y se va por ahí día y noche, con esos infieles moros! ¡Ay, hijos míos! ¡Ay, hijos míos! ¿Qué será de nosotros? ¡Tendremos que salir todos a pedir limosna por esas calles!

Tanto se conmovió el honrado Perejil con las lamentaciones de su mujer, que no pudo impedir llorar él también. Reventaba su corazón tanto como su bolsillo, y no pudo contenerse. Metió la mano en él y sacó tres o cuatro hermosas monedas de oro, y se las echó sobre la falda. La pobre mujer lo miró con profundo asombro, no pudiendo comprender el significado de aquella lluvia dorada. Antes que pudiera volver de su sorpresa, sacó el *gallego* una cadena de oro y la agitó ante ella, saltando de alegría y abriendo la boca de oreja a oreja.

—¡La Santísima Virgen nos ampare! —exclamó la mujer—. ¿Qué has hecho, Perejil? ¡No hay duda: tú has matado a alguien y lo has robado!

Apenas surgió esta idea en su cerebro, cuando la creyó convertida en realidad. Ya veía cercana la cárcel y la horca, y un pequeño *gallego* estevado colgando de ella. Agobiada por los horrores que había forjado su imaginación, se vio acometida de un violento ataque de histerismo.

¿Qué podría hacer el pobre hombre? No tenía otro medio

de tranquilizar a su esposa y desvanecer los fantasmas de su fantasía, sino referirle toda la historia de su buena fortuna. Esto, por supuesto, no lo hizo sin antes obtener de ella promesa solemne de que lo guardaría en el más profundo secreto ante todo ser vivo.

Es imposible describir su alegría. Echó los brazos al cuello de su marido y poco faltó para que lo ahogara con sus caricias.

—Vamos, mujer —le dijo Perejil con honrada exaltación—, ¿qué me dices ahora del legado del moro? En adelante, no me ofendas cuando ayude a algún semejante en desgracia.

El digno *gallego* se retiró a su zalea y durmió tan profundamente como si lo hiciera en un lecho de plumas. No así su esposa, que vació todo el contenido de sus bolsillos sobre la estera y se sentó a contar las monedas de oro moruno, probándose los collares y pendientes e imaginándose la elegancia de su persona el día que pudiera disfrutar libremente de sus riquezas.

A la mañana siguiente cogió el honrado aguador una de aquellas grandes monedas de oro y se dirigió a venderla a la tienda de un joyero del Zacatín, fingiendo que la había encontrado en las ruinas de la Alhambra. Vio el joyero que tenía una inscripción árabe y que era de oro purísimo, y le ofreció la tercera parte de su valor, con lo que Perejil quedó muy contento. Compró entonces vestidos nuevos para sus hijos y toda clase de juguetes, amén de amplias provisiones para una espléndida comida; regresó después a su casa, donde puso a todos los chiquillos a bailar a su alrededor, mientras él hacía cabriolas en el centro, considerándose el más feliz de los padres.

La mujer del aguador cumplió, con sorprendente exactitud, su promesa de guardar el secreto. Durante día y medio fue de un lado a otro con aire de misterio y rebosante su corazón casi hasta estallar; pero, en fin, contuvo su lengua, a pesar de verse rodeada de sus locuaces vecinas. También es verdad que no pudo prescindir de darse cierta importancia, y se excusó de sus harapientos vestidos diciendo que se había encargado una *basquiña* nueva, adornada con encajes de oro y abalorios, junto con una nueva *mantilla* de blonda. Dio asimismo a entender la intención que tenía su marido de abandonar su oficio de aguador, porque no convenía a su salud. Ella creía también que se irían todos a pasar el verano en el campo, para que los niños disfrutasen el aire de la montaña, pues no se podía vivir en la ciudad en tan calurosa estación.

Las vecinas se miraban unas a otras, creyendo que la pobre mujer había perdido el juicio; y sus ademanes, gestos y elegantes pretensiones fueron motivo de burla general y la diversión de sus amigas, tan pronto como volvía la espalda.

Pero si se contenía fuera de casa, dentro de ella se desquitaba, poniéndose al cuello una sarta de ricas perlas orientales, brazaletes moriscos en sus brazos y una diadema de diamantes en la cabeza, paseándose con sus míseros harapos por la habitación y parándose de cuando en cuando para admirarse en un espejo roto. Aún más; en un impulso de ingenua vanidad, no pudo resistir, en cierta ocasión, asomarse a la ventana para saborear el efecto que producían sus adornos en los transeúntes.

Quiso la mala suerte que el entrometido barbero Pedrillo Pedrugo estuviera en aquel momento ociosamente sentado en su establecimiento, en el lado opuesto de la calle, y que su vigilante mirada captase el brillo de los diamantes. Fuese al instante a su observatorio y reconoció a la mujer del aguador, adornada con todo el esplendor de una novia oriental. No bien hubo hecho un minucioso inventario de sus adornos, se dirigió con toda rapidez a casa del *alcalde*. Al momento se hallaba otra vez el famélico *alguacil* sobre la pista, y antes de terminar el día cayó sobre el infortunado Perejil, que fue conducido de nuevo ante la presencia del juez.

—¿Cómo es eso, villano? —le gritó furioso el *alcalde*—. Me dijiste que el infiel que murió en tu casa no había dejado más que una caja vacía, y ahora me entero de que tu mujer se luce con sus harapos cubiertos de perlas y diamantes. ¡Ah, miserable! ¡Prepárate a devolver los despojos de tu desgraciada víctima y a patear en la horca, que está ya cansada de esperarte!

Cayó de hinojos el aterrorizado aguador, e hizo un minucioso relato de la maravillosa manera como había ganado sus riquezas. El *alcalde,* el *alguacil* y el curioso barbero escuchaban con viva codicia la leyenda árabe del tesoro encantado. Fue enviado el *alguacil* para que trajese al moro que le había ayudado en el mágico hechizo. Entró el musulmán medio muerto de miedo al verse en las manos de las arpías de la ley. Cuando vio al aguador, que le miraba con tímidos ojos y abatido continente, lo comprendió todo.

—¡Miserable animal! —le dijo al pasar junto a él—. ¿No te advertí que no le contaras nada a tu mujer?

El relato del moro coincidió exactamente con el de su colega; pero el *alcalde* fingió no creer nada, y empezó a amenazarles con la cárcel y una rigurosa investigación.

—¡Poco a poco, *señor alcalde!* —dijo el musulmán, que ya había recobrado su acostumbrada sagacidad y sangre fría—. No desperdiciemos los favores de la fortuna por quererlo todo. Nadie sabe una palabra de este asunto sino nosotros; guardemos, pues, el secreto. Aún queda en la cueva tesoro suficiente para enriquecernos a todos. Prometa usted un reparto equitativo, y todo se descubrirá. Si se niega, la cueva quedará cerrada para siempre.

El *alcalde* consultó aparte con el *alguacil.* Este era perro viejo en su cargo, y le aconsejó de este modo:

—Prometa usted todo lo que sea, hasta que esté en posesión del tesoro. Así puede apoderarse de todo; y si Perejil y su cómplice se atreven a protestar, amenáceles con la estaca y la hoguera por infieles y hechiceros.

El *alcalde* aprobó el consejo. Desarrugó su ceño, volvióse al moro y le dijo:

—Esa es una extraña historia que puede ser verdadera; pero yo quiero ser testigo ocular de ella. Esta noche vais a repetir el conjuro en mi presencia. Si en realidad existe tal tesoro, lo repartiremos amigablemente entre nosotros y no se sabrá más del asunto; si me habéis engañado, no esperéis dinero de mis manos. Entre tanto, quedaréis detenidos.

El moro y el aguador accedieron gustosos a estas condiciones, convencidos de que el resultado probaría la verdad de sus palabras.

A eso de la medianoche salió secretamente el *alcalde,* acompañado del *alguacil* y del entrometido rapabarbas, todos perfectamente armados. Llevaban como prisioneros al moro y al aguador, e iban provistos del vigoroso borrico de este último para cargar el codiciado tesoro. Llegaron a la torre sin haber sido vistos por nadie, ataron el burro a una higuera y bajaron hasta la cuarta bóveda.

Sacaron el pergamino, encendieron el cabo de vela amarilla y el moro leyó la fórmula del conjuro. Tembló la tierra como la primera vez, y se abrió el pavimento con un ruido atronador, dejando al descubierto el estrecho tramo de escalones. El *alcalde,* el *alguacil* y el barbero quedaron aterrados y no tuvieron valor para descender. El moro y el aguador entraron en la bóveda inferior y encontraron a los dos moros sentados como antes, inmóviles y silenciosos. Cogieron dos de los grandes jarrones llenos de monedas de oro y piedras preciosas. El aguador los subió uno a uno sobre sus espaldas. A pesar de ser un hombrecillo fuerte y acostumbrado a grandes cargas, vacilaba bajo el peso. Cuando colocó los jarrones a uno y otro lado del asno, aseguró que aquello era todo lo que el animal podía aguantar.

—Bastante hay por ahora —dijo el moro—; aquí están los tesoros que podemos llevarnos sin que nos descubran; suficientes para hacernos a todos tan ricos como pudiéramos desear.

—¡Cómo! ¿Quedan más tesoros abajo? —preguntó el *alcalde.*

—El de más valor de todos —contestó el moro—; un enorme cofre guarnecido con tiras de acero y lleno de perlas preciosas.

—Subamos ese cofre por todos los medios —gritó el codicioso *alcalde.*

—Yo no bajo más —dijo el moro tenazmente—; bastante hay ya para un hombre razonable; más aún es superfluo.

—Y yo —añadió el aguador— no sacaré más carga para partirle el espinazo a mi pobre burro.

Viendo que eran inútiles órdenes, amenazas y súplicas, el *alcalde* se volvió a sus dos secuaces y les ordenó:

—Ayudadme a subir el cofre y partiremos su contenido entre nosotros.

Y diciendo esto bajó los escalones, seguido con temblorosa repugnancia por el *alguacil* y el barbero.

Cuando el moro comprendió que habían bajado bastante, apagó el cabo de la vela, cerróse el pavimento con el acostumbrado estruendo y los tres codiciosos quedaron sepultados dentro.

Luego subió aprisa los tramos de escalones, y no se detuvo hasta encontrarse de nuevo al aire libre. El aguador le siguió con la ligereza que le permitieron sus cortas piernas.

—¿Qué has hecho? —gritó Perejil, tan pronto como cobró alientos—. El *alcalde* y los otros dos se han quedado encerrados en la bóveda.

—¡Ha sido voluntad de Alá! —dijo devotamente el moro.

—¿Y no los vas a dejar salir? —preguntó el *gallego*.

—¡No lo permita Alá! —replicó el moro acariciándose la barba—. Está escrito en el libro del Destino que permanecerán encantados hasta que algún futuro aventurero logre romper el embrujo. ¡Hágase la voluntad de Dios!

Y diciendo esto, arrojó el cabo de vela a la espesa maleza de la cañada.

Ya no había remedio. Por ello, el moro y el aguador se fueron a la ciudad, con el borrico ricamente cargado, no pudiendo por menos el honrado Perejil de abrazar y besar a su orejudo compañero de penas y fatigas, rescatado de este modo de las garras de la ley. Y en verdad que se podía dudar en aquel momento qué producía más placer al humilde hombrecillo: si el haber ganado un tesoro o haber recuperado su pollino.

Los dos afortunados socios dividieron amigable y equitativamente su tesoro, con la excepción de que el árabe, que gustaba más de las alhajas, procuró poner en su montón la mayor parte de las perlas, piedras preciosas y demás futesas, pero dando siempre al aguador magníficas joyas de oro macizo, de un tamaño cinco veces mayor, con lo que este último quedó

216

muy contento. Tuvieron cuidado de que no les sucediera ningún accidente, sino que marcharon a otras tierras a disfrutar en paz de sus riquezas. El moro regresó al Africa, a Tánger, su ciudad natal, y el *gallego* se dirigió a Portugal con su mujer, sus hijos y su borrico. Allí, con la dirección y consejo de su esposa, llegó a ser un personaje de importancia, pues hizo aquélla que su digno hombrecillo cubriese su cuerpo y sus cortas piernas con jubón y calzas, sombrero de plumas y una espada al cinto, dejando el nombre familiar de Perejil y adoptando el más sonoro de *Don Pedro Gil*. Creció su prole con robustez y alegría, si bien todos de corta talla y patizambos; en tanto que la *Señora Gil*, cubierta de flecos, brocado y encajes de pies a cabeza, con brillantes sortijas en todos los dedos, llegó a ser modelo de abigarrada elegancia.

En cuanto al *alcalde* y sus adjuntos, quedaron sepultados bajo la gran torre de Siete Suelos, y allí siguen encantados hasta hoy. Cuando hagan falta en España barberos mezquinos, *alguaciles* bribones y *alcaldes* corrompidos, pueden ir a buscarlos; pero si han de esperar su libertad hasta entonces, se corre el peligro de que su encantamiento dure hasta el día del Juicio.

LA TORRE DE LAS INFANTAS

C IERTA tarde que daba un paseo por el estrecho valle poblado de higueras, granados y mirtos, que separa las tierras de la fortaleza de las del Generalife, quedé sorprendido
ante la romántica aparición de una torre morisca en la muralla
exterior de la Alhambra, que se alzaba sobre las copas de los
árboles y recibía los rojos reflejos del sol poniente. Una solitaria ventana a gran altura dominaba el panorama del valle, y
cuando estaba mirándola, asomóse una joven con la cabeza
adornada de flores. Era, sin duda, de una familia más distin-
guida que la de toda la gente que vive en las viejas torres de
la fortaleza. Esta repentina y pintoresca aparición me recordó
las descripciones de bellas cautivas en los cuentos de hadas.
Mis caprichosos recuerdos crecieron más al informarme mi servicial Mateo que aquélla era la *Torre de las Infantas,* así llamada por haber sido —según la tradición— residencia de las hijas
de los reyes moros. Visité más tarde esta torre que, por lo
general, no se enseña a los extranjeros, aunque es muy digna
de atención, pues su interior es semejante en belleza arquitectónica y en delicadeza ornamental a cualquier parte del palacio.
La elegancia de su salón central, con su fuente de mármol,
elevados arcos y cúpula primorosamente labrada, y los arabescos y variados estucos de sus reducidas y bien proporcionadas
habitaciones, aunque maltratados por el tiempo y el abandono,
todo concuerda con la historia que dice haber sido en otro
tiempo morada de regias hermosuras.

La viejecita reina y bruja que vive debajo de las escaleras

de la Alhambra y que asiste a las *tertulias* nocturnas de doña Antonia, cuenta unas fantásticas tradiciones acerca de tres princesas musulmanas que estuvieron encerradas cierta vez en esta torre por su padre, rey tirano de Granada, que únicamente les permitía pasear de noche a caballo por las colinas, prohibiendo bajo pena de muerte que nadie les saliera al encuentro. Todavía —según su relato— se las suele ver de cuando en cuando en las noches de luna llena, cabalgando por sitios solitarios de la montaña en palafrenes ricamente enjaezados y resplandecientes de joyas; pero desaparecen apenas se les dirige la palabra.

Mas antes que narre alguna cosa acerca de estas princesas, el lector estará ansioso por saber algo de la bella moradora de la torre, la que con su cabeza adornada de flores se había asomado a la ventana. Supe que era la recién casada esposa del digno Ayudante de Inválidos, el cual, aunque bien entrado en años, había tenido el valor de compartir su lecho con una joven y vivaracha andaluza. Ojalá que el bueno y anciano Ayudante haya sido feliz en su elección y encuentre en la torre de las Infantas un refugio más seguro para la belleza femenina que lo fue, al parecer, en tiempos de los musulmanes, si hemos de dar crédito al siguiente relato.

LEYENDA DE LAS TRES HERMOSAS PRINCESAS

E N tiempos antiguos gobernaba en Granada un rey moro llamado Mohamed, a quien sus súbditos dieron el sobrenombre de el *Hayzari*, es decir, el *Zurdo*. Unos dicen que le llamaban de este modo porque era realmente más hábil con la mano izquierda que con la derecha; otros, porque solía hacerlo todo al revés, o más claro, porque echaba a perder todo aquello en que intervenía. Lo cierto es que por desgracia o mala administración sufría continuas contrariedades: fue tres veces destronado, y en una ocasión, disfrazado de pescador, pudo escapar difícilmente al Africa con vida. Sin embargo, era tan valiente como desatinado, y aunque zurdo, manejaba la cimitarra con tal destreza que siempre lograba recuperar el trono por la fuerza de las armas. Pero en lugar de aprender prudencia con los reveses, volvióse más inflexible y obstinado, y endureció su brazo izquierdo en su terquedad. Las calamidades públicas que atrajo sobre sí y sobre su reino pueden conocerlas todos los que investiguen en los anales árabes de Granada; la presente leyenda no trata más que de su vida privada.

Cierto día paseaba Mohamed a caballo con su séquito de cortesanos al pie de Sierra Elvira, cuando tropezó con una tropa de jinetes que volvía de hacer una correría por el país de los cristianos. Llevaban una larga recua de mulas cargadas de botín y muchos cautivos de ambos sexos, entre los que despertó el más vivo interés en el monarca la presencia de una bella joven, ricamente ataviada, que iba llorando sobre un pequeño palafrén, sin preocuparse de las frases de consuelo de una *dueña* que cabalgaba junto a ella.

Quedó prendado el monarca de su hermosura e, interrogado el capitán de la tropa, supo que era la hija del *alcaide* de una fortaleza fronteriza, a la que habían atacado por sorpresa y saqueado durante la incursión. Mohamed la reclamó como parte del botín real y la condujo a su harén de la Alhambra. Todo estaba allí preparado para distraerla y consolarla de su melancolía; el monarca, cada vez más enamorado, resolvió hacerla su sultana. La joven española rechazó al principio sus proposiciones, puesto que él era infiel, enemigo declarado de su patria y, lo que era peor, ¡que estaba muy entrado en años!

Viendo el rey que no le servía de nada su asiduidad, determinó atraerse a su favor a la *dueña* capturada con la joven. Era aquélla andaluza de nacimiento, cuyo nombre cristiano se ignora; no aparece mencionada en las leyendas moriscas sino por el sobrenombre de la discreta Kadiga, y en verdad que lo era, según lo demuestra su historia. Apenas celebró el rey moro una conversación secreta con ella, comprendió ésta al momento la fuerza moral que supondrían sus consejos para la joven, y comenzó a defender la causa del rey ante su señora.

—¡Válgame Dios! —le decía—. ¿A qué viene todo ese llanto y tristeza? ¿No es mejor ser la dueña de este hermoso palacio, con todas sus fuentes y jardines, que vivir encerrada en la vieja torre fronteriza de vuestro padre? ¿Y qué importa que Mohamed sea un infiel? ¿Qué es, a fin de cuentas, lo que os propone? Os casáis con él, no con su religión; y si es un poco viejo, más pronto quedaréis viuda y dueña y señora de vuestra voluntad; y puesto que de todas formas estáis en su poder, más vale ser reina que esclava. Cuando alguien cae en manos de un ladrón, mejor es venderle las mercancías a buen precio que dejárselas arrebatar por la fuerza.

Los argumentos de la discreta Kadiga triunfaron al fin. La joven española secó sus lágrimas y se convirtió en la esposa de Mohamed *el Zurdo*. Estaba conforme, al parecer, con la religión de su real esposo, en tanto que la discreta *dueña* se hizo inmediatamente fervorosa devota de las doctrinas musulmanas. Fue entonces cuando tomó el nombre árabe de Kadiga, y se le permitió continuar en el servicio de confianza de su señora.

Andando el tiempo, el rey moro fue padre feliz de tres hermosas hijas, nacidas en un mismo parto; aunque él hubiese preferido que fuesen varones, se consoló con la idea de que sus tres hijas eran demasiado hermosas para un hombre entrado en años y zurdo por añadidura.

Según costumbre de los monarcas musulmanes, convocó Mohamed a sus astrólogos en tan feliz acontecimiento, los cuales hicieron el horóscopo de las tres princesas y movieron sus cabezas.

—Las hijas, ¡oh rey! —le dijeron—, fueron siempre propiedad poco segura; pero éstas necesitarán mucho más de tu vigilancia cuando alcancen la edad núbil. Al llegar este día, guárdalas bajo tus alas y no las confíes a nadie.

Mohamed *el Zurdo* era tenido entre sus cortesanos por rey sabio, y así se consideraba él mismo. La predicción de los astrólogos no le produjo sino una pequeña inquietud; confiaba en su ingenio para preservar a sus hijas y burlar a los hados.

El triple natalicio fue el último trofeo conyugal del monarca, pues la reina no le dio más hijos y murió pocos años después, confiando sus hijitas al amor y fidelidad de la discreta Kadiga.

Muchas lunas tenían que pasar aún para que las princesas llegasen a la edad del peligro, esto es, a la edad de casarse. «No obstante, es bueno, prevenirse a tiempo», se dijo el astuto monarca; y así, determinó que fuesen educadas en el castillo real de Salobreña. Era éste un suntuoso palacio incrustado, por decirlo así, en la inexpugnable fortaleza morisca situada en la cumbre de una colina que domina al mar Mediterráneo; regio retiro en donde los monarcas musulmanes encerraban a los parientes que pudieran poner en peligro su seguridad, permitiéndoles todo género de lujos y diversiones, en medio de los cuales pasaban su vida en voluptuosa indolencia. Allí vivían las princesas, separadas del mundo, pero rodeadas de comodidades y servidas por esclavas que se anticipaban a sus deseos. Tenían para su regalo deliciosos jardines llenos de las frutas y flores más raras, con fragantes arboledas y perfumados baños. Por tres lados daba vista el castillo a un fértil valle esmaltado por cultivos de todo género y limitado por las altas montañas de la Alpujarra; por el otro, se contemplaba el ancho y resplandeciente mar.

En esta deliciosa morada, con un plácido clima y bajo un cielo sin nubes, crecieron las tres hermosas princesas: y aunque todas recibieron la misma educación, pronto dieron muestras de su diversidad de carácter. Se llamaban Zaida, Zoraida y Zorahaida, y éste era su orden de edad, pues hubo precisamente tres minutos de diferencia al nacer.

Zaida, la mayor, poseía un intrépido espíritu y se adelantaba siempre en todo a sus hermanas; lo mismo que hiciera al nacer. Era curiosa y preguntona y amiga de llegar al fondo de las cosas.

Zoraida destacaba por su apasionamiento hacia la belleza; por esta razón, sin duda, le deleitaba contemplar su propia imagen en un espejo o en una fuente, y sentía extremo cariño por las flores, joyas y otros adornos de buen gusto.

En cuanto a Zorahaida, la menor, era dulce, tímida, y extraordinariamente sensible, con un inmenso caudal de ternura disponible, como lo demostraba el número de flores, pájaros y animales de toda clase que acariciaba con el más entrañable cariño. Sus diversiones también eran sencillas, mezcladas con meditaciones y ensueños. Pasaba horas enteras sentada en un balcón, fijos sus ojos en las brillantes estrellas de una noche de verano o en el mar iluminado por la luna; y en esos momentos, la canción de un pescador, que llegaba débilmente de la playa, o las notas de una flauta morisca desde alguna barca que se deslizaba, eran suficientes para elevar sus sentimientos hasta el éxtasis. Pero la menor conmoción de la Naturaleza la llenaba de espanto, y bastaba el estampido de un trueno para hacerla caer desmayada.

Así transcurrieron los años, serena y apaciblemente. La discreta Kadiga, a quien fueron confiadas las princesas, seguía fiel a su cargo y servíalas con incesantes cuidados.

El castillo de Salobreña, como ya se ha dicho, estaba edificado sobre una colina a orillas del mar. Una de las murallas exteriores se extendía en torno a la montaña hasta llegar a una roca saliente que cabalgaba sobre las aguas, con una estrecha y arenosa playa al pie, bañada por las rizadas olas. La pequeña atalaya situada sobre esta roca se había convertido en una especie de pabellón, con ventanas de celosías que daban paso a la brisa marina. Allí solían pasar las princesas las calurosas horas del mediodía.

Hallábase un día la curiosa Zaida sentada en una de las ventanas del pabellón, mientras sus hermanas dormían la *siesta* reclinadas en otomanas. Atrajo entonces su atención una galera que venía costeando a golpes acompasados de remo. Al acercarse, la vio llena de hombres armados. Ancló la galera al pie de la torre, y un grupo de soldados moros desembarcó en la estrecha playa, conduciendo varios cautivos cristianos. La curiosa Zaida despertó a sus hermanas y las tres se asomaron cautelosamente a través de las espesas celosías que las ocultaban a cualquier mirada. Entre los prisioneros figuraban tres caballeros españoles, ricamente vestidos; estaban en la flor de la juventud, eran de noble apostura, y la arrogante altivez con que caminaban, a pesar de ir cargados de cadenas y rodeados de enemigos, revelaba la grandeza de sus almas. Miraban las princesas con profundo e intenso interés. Encerradas en aquel castillo, entre siervas, no viendo más hombres que los negros exclavos o los rudos pescadores de la costa, no es de extrañar que la presencia de aquellos tres caballeros, radiantes de juventud y de varonil belleza, produjese cierta emoción en sus corazones.

—¿Habrá en la tierra un ser más noble que aquel caballero vestido de carmesí? —exclamó Zaida, la mayor de las hermanas— ¡Mirad qué arrogante marcha, como si todos los que le rodean fuesen sus esclavos!

—¡Fijaos en aquel vestido de verde! —exclamó Zoraida—. ¡Qué gracia! ¡Qué gentileza! ¡Qué espíritu!

La gentil Zorahaida nada dijo, pero dio su preferencia, en secreto, al caballero vestido de azul.

Las tres princesas continuaron mirando fijamente a los pri-

sioneros hasta que se perdieron de vista; entonces, suspirando tristemente, se volvieron, mirándose un momento unas a otras, y sentáronse pensativas en sus otomanas.

En esta actitud las encontró la discreta Kadiga. Contáronle ellas lo que habían visto, y hasta el marchito corazón de la *dueña* se sintió conmovido.

—¡Pobres jóvenes! —exclamó—. ¡Apostaría que su cautiverio ha dejado dolorido el corazón de algunas bellas y linajudas damas de su país! ¡Ah, hijas mías! No tenéis una idea de la vida que esos caballeros llevan en su patria. ¡Qué elegancia en los torneos! ¡Qué devoción por sus damas! ¡Qué serenatas y galanteos!

La curiosidad de Zaida se despertó en extremo; era insaciable en preguntar y oír de labios de su *dueña* las más animadas descripciones de los episodios de sus días juveniles en su tierra natal. La hermosa Zoraida levantaba la cabeza y se miraba disimuladamente en su espejo, cuando la conversación recaía sobre los encantos de las damas españolas; mientras Zorahaida ahogaba sus suspiros al oír contar lo de las serenatas a la luz de la luna.

Diariamente renovaba sus preguntas la curiosa Zaida, y diariamente repetía sus relatos la discreta *dueña,* siendo escuchada por sus bellas oyentes con profundo interés y frecuentes suspiros. La prudente anciana cayó por último en la cuenta del daño que estaba causando. Acostumbrada a tratar como niñas a las princesas, no había considerado que insensiblemente habían ido creciendo y que ahora tenía ante sí a tres hermosas jovencitas en edad del matrimonio. «Ya es hora —pensó la *dueña*— de avisar al rey.»

Hallábase sentado cierta mañana Mohamed *el Zurdo* sobre un diván en uno de los frescos salones de la Alhambra, cuando llegó un esclavo de la fortaleza de Salobreña, con un mensaje de la prudente Kadiga, felicitándole por el cumpleaños de sus hijas. Al mismo tiempo le presentó el esclavo una delicada cestilla adornada de flores, dentro de la cual, sobre un lecho de pámpanos y hojas de higuera, venía un melocotón, un albaricoque y un prisco, cuya frescura, agradable color y madurez eran

225

una verdadera tentación. El monarca, versado en el lenguaje oriental de frutas y flores, adivinó al momento el significado de esta simbólica ofrenda. «De manera —se dijo— que ha llegado el período crítico señalado por los astrólogos: mis hijas están en edad de casarse. ¿Qué haré? Se hallan ocultas a las miradas de los hombres y bajo la custodia de la discreta Kadiga. Todo marcha perfectamente, pero no están bajo mi vigilancia, como previnieron los astrólogos; debo recogerlas al amparo de mis alas y no confiarlas a nadie.»

Así, pues, ordenó que prepararan una torre de la Alhambra para recibirlas, y partió a la cabeza de sus guardias hacia la fortaleza de Salobreña para traérselas personalmente.

Tres años habían transcurrido desde que Mohamed viera a sus hijas por última vez; y apenas daba crédito a sus ojos ante el maravilloso cambio que se había operado en su aspecto en aquel breve espacio de tiempo. Durante este intervalo traspasaron las princesas esa asombrosa línea divisoria en la vida de la mujer, que separa a la imperfecta, informe e irreflexiva niña, de la gallarda, ruborosa y pensativa muchacha. Algo semejante al paso desde las áridas, desiertas e insulsas llanuras de la Mancha a los voluptuosos valles y frondosas colinas de Andalucía.

Zaida era alta y bien formada, de arrogante aspecto y penetrante mirada. Entró con andares resueltos y majestuosos e hizo una profunda reverencia a Mohamed, tratándolo más como soberano que como padre. Zoraida, de regular estatura, seductora mirada, agradable continente y extraordinaria belleza, realzada con la ayuda de su tocado, se acercó sonriente a su padre, besóle la mano y le saludó con varias estrofas de un poeta árabe popular, de lo que quedó encantado el monarca. Zorahaida era tímida y reservada, más baja que sus hermanas y con ese tipo de belleza tierna y suplicante que parece buscar cariño y protección. No estaba dotada para el mando, como su hermana mayor, ni deslumbraba, como la segunda, sino que había nacido para alimentar en su pecho el cariño de un hombre, anidarlo dentro y sentirse feliz. Aproximóse a su padre con paso tímido y casi vacilante, y hubiera querido coger su mano para besarla; pero al mirarle a la cara y verla iluminada con una sonrisa paternal, dio rienda suelta a su natural ternura y se arrojó al cuello.

Mohamed *el Zurdo* contempló a sus bellas hijas con cierta mezcla de orgullo y perplejidad, pues mientras se complacía en sus encantos, recordaba la predicción de los astrólogos.

—¡Tres hijas! ¡Tres hijas —murmuró repentinamente—, y todas en edad matrimonial! ¡He aquí una tentadora fruta del jardín de las Hespérides, que necesita la guarda de un dragón!

Preparó su regreso a Granada, enviando heraldos por delante, con la orden de que nadie transitara por el camino por donde habían de pasar, y que todas las puertas y ventanas estuviesen cerradas al acercarse las princesas. Hecho esto, partió escoltado por un escuadrón de negros jinetes de horrible aspecto, vestidos con brillantes armaduras.

Cabalgaban las princesas al lado del rey, tapadas con velos, sobre hermosos palafrenes blancos, con arreos de terciopelo y bordado de oro, que arrastraban hasta el suelo; los bocados y estribos eran también de oro, y las bridas de seda, adornadas con perlas y piedras preciosas. Los palafrenes iban cubiertos de campanillas de plata que producían un agradable tintineo al andar. Pero ¡desgraciado del que se parase en el camino cuando se oyera la música de estas campanillas! Los guardianes tenían orden de darle muerte sin piedad.

Ya se aproximaba la cabalgata a Granada, cuando tropezó, en una de las márgenes del río Genil, con un pequeño grupo de soldados moros que conducían un convoy de prisioneros. Era demasiado tarde para que aquellos hombres se apartaran del camino, por lo que se arrojaron con sus rostros pegados a la tierra y ordenaron a los cautivos que hicieran lo mismo. Entre éstos se hallaban aquellos tres caballeros que las princesas habían visto desde el pabellón. Ya porque no entendiesen la orden, o porque fueran demasiado altivos para obedecerla, lo cierto es que continuaron en pie contemplando la cabalgata que se aproximaba.

Encendióse el monarca de ira ante este flagrante incumplimiento de sus órdenes, desenvainó la cimitarra y avanzó hacia ellos; ya iba a descargar el golpe con su mano zurda, golpe que hubiera sido fatal por lo menos para uno de los caballeros, cuando las princesas le rodearon e imploraron piedad para los prisioneros; hasta la tímida Zorahaida olvidó su mutismo y tornóse elocuente en su favor. Mohamed se detuvo con el arma en alto, cuando el capitán de la guardia se arrojó a sus plantas.

—No realice tu majestad —le dijo— una acción que puede escandalizar a todo el reino. Estos son tres bravos y nobles caballeros españoles que han sido apresados en la batalla, luchando como leones; son de alto linaje y pueden valer un rescate.

—¡Basta! —dijo el rey—. Les perdonaré la vida, pero castigaré su audacia; conducidlos a Torres Bermejas y obligadlos a los más duros trabajos.

Mohamed estaba cometiendo uno de sus acostumbrados y zurdos desatinos. En el tumulto y agitación de esta borrascosa escena habían levantado sus velos las tres prisioneras, dejando ver su radiante hermosura; y la prolongación del diálogo dio lugar a que la belleza produjera su efecto. En aquellos tiempos la gente se enamoraba más pronto que ahora, como enseñan todas las historias antiguas; no es extraño, por consiguiente, que los corazones de los tres caballeros quedasen completamente cautivados; sobre todo cuando la gratitud se unía a su admiración. Es un poco singular, sin embargo, aunque no menos cierto, que cada uno de ellos quedó prendado de una belleza diferente. En cuanto a las princesas, se admiraron más que nunca del noble aspecto de los cautivos, acariciando en su interior cuanto habían oído de su valor y noble linaje.

La cabalgata prosiguió su marcha; caminaban pensativas las princesas en sus soberbios palafrenes, y de cuando en cuando dirigían una furtiva mirada hacia atrás, en busca de los cautivos cristianos que eran trasladados a la prisión que se les había designado en Torres Bermejas.

La residencia preparada para ellas era una de las más delicadas que la fantasía puede concebir; una torre algo apartada del palacio principal de la Alhambra, aunque comunicaba con él por la muralla que rodea toda la cumbre de la colina. Por un lado daba vista al interior de la fortaleza, y al pie tenía un pequeño jardín poblado de las flores más peregrinas. Por el otro, dominaba una profunda y frondosa cañada que separaba los terrenos de la Alhambra de los del Generalife. El interior de esta torre estaba dividido en pequeñas y lindas habitaciones, magníficamente decoradas en elegante estilo árabe, y rodeando un alto salón, cuyo techo abovedado subía casi hasta lo alto de la torre; sus muros y artesonados estaban adornados de arabescos y calados que relucían con sus áureos y brillantes colores. En el centro del pavimento de mármol había una fuente de alabastro, rodeada de flores y hierbas aromáticas, de la que surgía un caudal de agua que refrescaba todo el edificio y producía un murmullo arrullador. Dando vuelta al salón, veíanse colgadas jaulas de alambre de oro y plata, con pajarillos del más fino plumaje y de armoniosos trinos.

Siempre se mostraron alegres las princesas en el castillo de Salobreña, por cuya razón esperaba el rey verlas entusiasmadas en el Alcázar. Pero con gran sorpresa suya, empezaron a languidecer, tristes y melancólicas con cuanto las rodeaba. No recibían deleite en la fragancia de las flores; el canto del ruiseñor turbaba su sueño por la noche y no podían soportar con paciencia el eterno murmullo de la fuente de alabastro, desde la mañana a la noche y desde la noche a la mañana.

El rey, que era de carácter algo enojadizo y tiránico, se irritó mucho al principio; pero reflexionó después en que sus hijas habían llegado ya a una edad en la que se ensancha la imaginación femenina y aumentan sus deseos. «Ya no son niñas —se dijo—; son ya mujeres, y necesitan objetos apropiados que atraigan su atención.» Llamó, pues, a todas las modistas, joyeros y artífices en oro y plata del Zacatín de Granada, y las princesas quedaron abrumadas de vestidos de seda, de tisú, y brocados, chales de cachemira, collares de perlas y diamantes, anillos, brazaletes y ajorcas, y toda clase de objetos preciosos.

Mas todo fue inútil; las princesas continuaron pálidas y tristes en medio de su lujo, y parecían tres capullos marchitos que se consumían en el tallo. El monarca no sabía qué resolver; tenía generalmente una gran confianza en su propio juicio, por lo que nunca pedía consejo. «Los antojos y caprichos de tres jóvenes casaderas —se decía— son en verdad suficientes para confundir al más avisado.» Y por primera vez en su vida buscó la ayuda de un consejo. La persona a quien acudió fue a la experimentada *dueña*.

—Kadiga —le dijo—, sé que eres una de las mujeres más discretas del mundo, así como una de las más dignas de fiar: por estas razones te he mantenido siempre al lado de mis hijas. Nunca deben los padres ser reservados con aquellos en quienes depositan su confianza. Ahora quiero que averigües la secreta enfermedad que aqueja a las princesas y descubras los medios de devolverles pronto la salud y la alegría.

Kadiga, por supuesto, prometió obedecerle. En realidad conocía mejor que ellas mismas la enfermedad que padecían; y encerrándose con las jóvenes, procuró ganarse su confianza.

—Mis queridas niñas: ¿por qué razón estáis tan tristes y abatidas en un sitio tan hermoso, donde tenéis cuanto pueda desear vuestro corazón?

Las infantas miraron melancólicamente en torno al aposento y lanzaron un suspiro.

—¿Qué más podéis anhelar? ¿Queréis que os traiga el maravilloso papagayo que habla todas las lenguas y hace las delicias de Granada?

—¡Qué horror! —exclamó la princesa Zaida—. Un pájaro horrible y chillón, que habla sin saber lo que dice; preciso es haber perdido el juicio para soportar semejante plaga.

—¿Os mando traer un mono del Peñón de Gibraltar para que os divierta con sus gestos?

—¡Un mono! ¡Bah! —exclamó Zoraida—. Una detestable imitación del hombre. Aborrezco a ese asqueroso animal.

—¿Y qué me decís del famoso cantor negro Casem, del harén real de Marruecos? Aseguran que tiene una voz tan delicada como la de una mujer.

—Me aterra ver a estos esclavos negros —dijo la delicada Zorahaida—; además, he perdido toda afición por la música.

—¡Ay, hija mía! No dirías eso —respondió la vieja maliciosamente— si hubieses escuchado la música que yo oí anoche a los tres caballeros españoles con quienes nos encontramos en el viaje. Pero ¡válgame Dios, hijas mías! ¿Qué os sucede para poneros tan ruborosas y en tal confusión?

—¡Nada, nada, buena madre; sigue, por favor!

—Pues bien: cuando pasaba ayer noche por Torres Bermejas, vi a los tres caballeros descansando del trabajo del día. Uno de ellos tocaba la guitarra con mucha gracia, mientras los otros dos cantaban por turno; y con tal estilo lo hacían, que los mismos guardias parecían estatuas u hombres encantados. ¡Alá me perdone!, pero no pude evitar el sentirme conmovida al escuchar las canciones de mi tierra natal. Y luego, ¡ver tres jóvenes tan nobles y gentiles, cargados de cadenas y en esclavitud!

Al llegar aquí, la bondadosa anciana no pudo contener sus lágrimas.

—Tal vez, madre, podrías lograr que viésemos a esos caballeros —dijo Zaida.

—Yo creo —dijo Zoraida— que un poco de música nos animaría mucho.

La tímida Zorahaida no dijo nada, pero echó sus brazos al cuello de Kadiga.

—¡Pobre de mí! —exclamó la discreta anciana—. ¿Qué estáis diciendo, hijas mías? Vuestro padre nos mataría a todos si oyese semejante cosa. Sin duda que los caballeros son jóvenes muy nobles y bien educados; pero ¿qué importa? Son enemigos de nuestra fe, y no debéis pensar en ellos sino para aborrecerlos.

Hay una admirable intrepidez en la voluntad femenina, en especial cuando la mujer está en edad de casarse; por la cual, no se acobarda ante los peligros o las prohibiciones. Las princesas se colgaron a la vieja *dueña* y le rogaron, suplicaron y advirtieron que su negativa les destrozaría el corazón.

¿Qué podía hacer ella? Era, ciertamente, la mujer más discreta del mundo y la más fiel servidora del rey; pero ¿consentiría que se destrozase el corazón de tres bellas infantas por el simple rasgueo de una guitarra? Además, aunque estaba tanto tiempo entre moros y había cambiado de religión imi-

231

tando a su señora, como fiel servidora suya, al fin, era española de nacimiento y sentía la nostalgia del cristianismo en el fondo de su corazón; así, pues, se propuso buscar el modo de satisfacer el deseo de las jóvenes.

Los cautivos cristianos presos en Torres Bermejas, vivían a cargo de un barbudo *renegado* de anchas espaldas llamado Hussein Baba, que tenía fama de ser bastante aficionado al soborno. Kadiga le visitó en secreto y, deslizándole en la mano una gran moneda de oro, le dijo:

—Hussein Baba: mis señoras, las tres princesas que están encerradas en la torre, muy necesitadas de distracción, han oído hablar del talento musical de los tres caballeros españoles, y están deseosas de escuchar alguna prueba de su habilidad. Segura estoy de que eres demasiado bondadoso para negarte a un capricho tan inocente.

—¡Cómo! Y luego que pongan mi cabeza haciendo muecas en la puerta de mi torre. Esa sería la recompensa que me daría el rey, si llegase a descubrirlo.

—No hay peligro ninguno; podemos arreglar el asunto de tal manera que se satisfaga el capricho de las princesas sin que su padre se entere. Tú conoces el profundo barranco que pasa por la parte exterior de las murallas, precisamente por debajo de la torre. Pon allí a trabajar a los tres cristianos y, en los intermedios de su tarea, déjalos tocar y cantar como si fuera para su propio recreo. De esta manera podrán oírlos mis señoras desde las ventanas de la torre, y puedes confiar en que pagaré bien tu condescendencia.

Cuando la buena anciana concluyó su arenga, oprimió cariñosamente la ruda mano del *renegado,* dejándole en ella otra moneda de oro.

Esta elocuencia fue irresistible. Al día siguiente, los tres caballeros trabajaron en el barranco. Durante las horas calurosas del mediodía, mientras sus compañeros de penas y fatigas dormían a la sombra, y la guardia, amodorrada, daba cabezadas en sus puestos, sentáronse sobre la hierba al pie de la torre y cantaron unas melodías españolas con el acompañamiento de la guitarra.

Profundo era el barranco y alta la torre; pero sus voces se elevaban claramente en el silencio de aquellas horas estivales. Las princesas escuchaban desde su balcón; habían aprendido de su *dueña* la lengua española, y se conmovieron por la ternura de la canción. La discreta Kadiga, por el contrario, estaba muy inquieta.

—¡Alá nos proteja! —exclamó—. Están cantando una cantilena amorosa dirigida a vosotras. ¿Quién vio nunca semejante audacia? Ahora mismo voy a decirle al capataz de los esclavos que les dé una soberana paliza.

—¿Cómo? ¿Apalear a tan galantes caballeros porque cantan con tanta dulzura?

Las tres hermosas infantas se horrizaron ante semejante idea. Y a pesar de toda su virtuosa indignación, la buena anciana, que era de condición apacible, se tranquilizó fácilmente. Por otra parte, parecía que la música había logrado un benéfico efecto en sus jóvenes señoras. Insensiblemente volvieron los colores a sus mejillas y comenzaron a brillar sus ojos; así, que no opuso ninguna objeción al amoroso canto de los caballeros.

Cuando acabaron sus coplas los cautivos, quedaron en silencio las doncellas por un momento; al fin, Zoraida tomó un laúd, y con dulce, débil y emocionada voz, entonó una cancioncilla africana, cuyo estribillo era éste:

Aunque la rosa se oculte entre sus pétalos
escucha con deleite la canción del ruiseñor.

Desde entonces, trabajaron los caballeros casi a diario en aquella cañada. El considerado Hussein Baba se hizo cada vez más indulgente y más propenso cada día a quedarse dormido en su puesto. Durante algún tiempo se estableció una misteriosa correspondencia por medio de canciones populares y romances, consistentes, en cierto modo, en una conversación que revelaba los sentimientos de unos y otros. Poco a poco las princesas se fueron asomando al balcón siempre que podían burlar la vigilancia de los guardias. También conversaban con los caballeros por medio de flores cuyo simbólico lenguaje conocían mutuamente. Las mismas dificultades de su correspondencia aumentaba sus encantos y avivaba la pasión que de tan singular manera despertara en sus corazones; pues el amor se complace en luchar con los obstáculos y crece con más fuerza cuando más estrecho y limitado es el terreno.

El cambio operado en el aspecto y carácter de las princesas con esta secreta correspondencia sorprendió y agradó al zurdo rey; pero nadie se mostraba más satisfecho que la discreta Kadiga, la cual lo consideraba todo debido a su hábil prudencia.

Mas he aquí que esta telegráfica comunicación interrumpióse durante unos días, pues los caballeros no volvieron a aparecer por el barranco. En vano miraban las tres jóvenes desde la torre; en vano asomaban sus cuellos de cisne por el balcón; en vano gorjeaban como ruiseñores en sus jaulas: no veían a sus enamorados caballeros cristianos, ni una nota respondía desde la alameda. La discreta Kadiga salió en busca de noticias, y pronto regresó con el rostro lleno de turbación.

—¡Ay, hijas mías! —exclamó—. ¡Ya preveía yo en qué iba a parar todo esto, pero tal fue vuestra voluntad! Podéis colgar el laúd en los sauces. Los caballeros españoles han sido rescatados por sus familias, han bajado a Granada y estarán preparando el regreso a su patria.

Las tres bellas infantas quedaron desconsoladas con aquella noticia. Zaida se indignó por la descortesía usada con ella, al marcharse de este modo, sin una palabra de despedida. Zoraida se retorcía las manos y lloraba; mirándose en el espejo, se enjugaba sus lágrimas y volvía a llorar de nuevo amargamente. La gentil Zorahaida, apoyada en el alféizar de la ventana, lloraba en silencio, y sus lágrimas regaron gota a gota las flores de la ladera en que tantas veces se habían sentado los tres desleales caballeros.

La discreta Kadiga hizo cuanto pudo por mitigarles su pena.

—Consolaos, hijas mías —les decía—; esto no será nada cuando os hayáis acostumbrado. Así es el mundo. ¡Ay! Cuando seáis tan viejas como yo, sabréis lo que son los hombres. Segura estoy que esos jóvenes tienen amores con algunas bellas españolas de Córdoba o Sevilla, y pronto les darán serenatas bajo sus balcones, sin acordarse de las bellezas moras de la Alhambra. Consolaos, pues, hijas mías, y arrojadlos de vuestros corazones.

Las alentadoras palabras de la discreta Kadiga sólo sirvieron para acrecentar el dolor de las tres princesas, que permanecieron inconsolables durante dos días. En la mañana del tercero, la buena anciana entró en sus habitaciones, trémula de indignación.

—¡Quién se hubiera imaginado tamaña insolencia en un ser mortal! —exclamó, tan pronto como pudo hallar palabras para expresarse—. Pero bien merecido me lo tengo por contribuir a engañar a vuestro digno padre. ¡No me habléis más en la vida de vuestros caballeros españoles!

—Pero ¿qué ha sucedido, buena Kadiga? —exclamaron las princesas con anhelante inquietud.

—¿Que qué ha sucedido? ¡Qué han hecho traición o lo que es lo mismo, que me han propuesto hacer una traición! ¡A mí, la más fiel de los súbditos de vuestro padre, la más leal de las *dueñas!* ¡Sí, hijas mías, los caballeros españoles se han atrevido a proponerme que os persuada para que huyáis con ellos a Córdoba y os hagáis sus esposas!

Y al llegar aquí la astuta vieja se cubrió el rostro con las manos entregándose a un violento acceso de pesar e indignación. Las tres hermosas infantas tan pronto se ponían rojas como pálidas, estremecíanse, bajaban sus ojos al suelo y se miraban de reojo unas a otras; pero no dijeron nada. Entre tanto se sentó Kadiga, agitándose violentamente, mientras prorrumpía de cuando en cuando en exclamaciones:

—¡Que haya yo vivido para ser insultada de este modo! ¡Yo, la más fiel servidora!

Al fin, la mayor de las princesas, que poseía más valor y tomaba siempre la iniciativa, se acercó a ella y, poniéndole una mano en el hombro, le dijo:

—Y bien, madre; suponiendo que nosotros estemos dispuestas a huir con esos caballeros cristianos, ¿sería eso posible?

La buena anciana se contuvo bruscamente en su desconsuelo y, alzando la mirada, repitió:

—¿Posible? ¡Claro que es posible! ¿No han sobornado ya los caballeros a Hussein Baba, el *renegado* capitán de la guardia, y han concertado con él todo el plan? Pero, ¡cómo! ¡Pensar en engañar a vuestro padre! ¡A vuestro padre, que ha depositado en mí toda su confianza!

Y aquí la buena mujer cedió a otra explosión de dolor, y comenzó a agitarse y a retorcerse las manos.

—Pero nuestro padre nunca depositó confianza alguna en nosotras —replicó la mayor de las princesas—. Nos confió a cerrojos y barrotes y nos trató como a cautivas.

—Eso es verdad —respondió Kadiga, conteniendo de nuevo sus lamentaciones—. Realmente os ha tratado de un modo indigno, encerrándoos aquí, en esta vieja torre, para que se marchite vuestra lozanía como las rosas que se deshojan en un búcaro. Sin embargo, ¡huir de vuestro país natal!...

—¿Y no es la tierra adonde vamos la patria de nuestra madre, donde viviríamos en libertad? ¿No tendríamos cada una un marido joven en vez de un padre viejo y severo?

—¡Sí; también todo eso es verdad! He de confesar que vuestro padre es un tirano; pero entonces... —volviendo a su dolor—, ¿me dejaréis aquí abandonada, para que yo soporte el peso de su venganza?

—De ninguna manera, mi buena Kadiga; ¿no puedes venir con nosotras?

—Ciertamente que sí, hija mía. A decir verdad, cuando traté de este asunto con Hussein Baba, prometió cuidar de mí si yo os acompañaba en la huida; pero pensadlo bien, hijas mías: ¿estáis dispuestas a renunciar a la fe de vuestro padre?

—La religión cristiana fue la primera de nuestra madre —argumentó la mayor de las princesas—. Estoy dispuesta a recibirla, y segura de que mis hermanas también.

—Tienes razón —exclamó el aya con alegría—. Esa fue la primitiva religión de vuestra madre, y se lamentó muy amargamente, en su lecho de muerte, de haber abjurado de ella. Entonces le ofrecí cuidar de vuestras almas, y ahora me alegra el veros en camino de salvación. Sí, hijas mías: yo también nací cristiana y he seguido siéndolo en el fondo de mi corazón, y estoy resuelta a volver a mi fe. He tratado esto con Hussein Baba, español de nacimiento y natural de un pueblo no muy distante de mi ciudad natal. También está él ansioso de ver su patria y reconciliarse con la Iglesia. Los caballeros nos han prometido que, si estamos dispuestos a ser marido y mujer al regresar a nuestra patria, ellos nos ayudarán generosamente.

En una palabra: resultó que esta discretísima y previsora anciana había consultado ya con los caballeros y el *renegado*, y concertado con ellos todo el plan de fuga. Zaida lo aceptó inmediatamente, y su ejemplo, como de costumbre, determinó la conducta de las hermanas. También es verdad que Zorahaida, la más joven, vacilaba; pues su alma dulce y tímida luchaba entre el cariño filial y la pasión juvenil; mas, como siempre, la hermana mayor ganó la victoria, y entre lágrimas silenciosas y suspiros ahogados, preparóse también para la evasión.

La escarpada colina sobre la que está edificada la Alhambra, se halla desde tiempos antiguos minada por pasadizos subterráneos, abiertos en la roca, que conducen desde la fortaleza a varios sitios de la ciudad y a distintos portillos en las márgenes del Darro y del Genil; construidos en épocas diferentes por los reyes moros, como medios de escapar en las insurrecciones repentinas, o para las secretas salidas de sus aventuras privadas. Muchos de estos pasadizos se encuentran hoy completamente ignorados, y otros, cegados en parte por los escombros, o tapiados —recuerdo para nosotros de las celosas precauciones o estratagemas guerreras del gobierno moro—. Por uno de estos subterráneos pasadizos había determinado Hussein Baba llevar a las princesas hasta una salida más allá de las murallas de la ciudad, en donde estarían preparados los caballeros con veloces corceles para huir con todos hasta la frontera.

Llegó la noche señalada. La torre de las infantas fue cerrada como de costumbre, y la Alhambra quedó sumida en el más profundo silencio. A eso de la medianoche, la discreta Kadiga escuchó desde una ventana que daba al jardín. Hussein Baba el *renegado* ya estaba debajo y daba la señal convenida.

La *dueña* amarró el extremo de una escala al balcón, la dejó caer hasta el jardín y bajó por ella. Las dos princesas mayores la siguieron con el corazón palpitante; pero cuando llegó su turno a la más joven, Zorahaida, comenzó a vacilar y temblar. Varias veces se aventuró a posar su delicado piececito sobre la escala, y otras lo retiró, cada vez más agitado su pobre corazón cuanto más vacilaba. Dirigió sus ojos anhelantes sobre la habitación tapizada de seda; en ella había vivido, es cierto, como pájaro en jaula; pero dentro de ella se encontraba segura. ¿Quién podría adivinar los peligros que la rodearían cuando se viera lanzada por el ancho mundo? Recordó entonces a su gallardo caballero cristiano, y al instante posó su lindo pie sobre la escala; pero pensó de nuevo en su padre, y lo volvió a retirar. Es inútil intentar describir el conflicto que se libraba en el pecho de una joven tan tierna y enamorada, a la vez que tímida e ignorante de la vida.

En vano le imploraban sus hermanas, regañaba la *dueña* y blasfemaba el *renegado* debajo del balcón; la gentil doncella mora seguía dudosa y vacilante en el momento de la fuga, tentada por los encantos de la culpa, pero aterrada de sus peligros.

A cada instante aumentaba el riesgo de ser descubiertos. Se oyeron pasos lejanos.

—¡Las patrullas haciendo su ronda! —gritó el *renegado*—. ¡Si nos entretenemos, estamos perdidos! ¡Princesa: baja inmediatamente o nos vamos sin ti!

Zorahaida se sintió presa de agitación febril; luego, desatando las cuerdas con desesperada resolución, dejólas caer desde la ventana.

—¡Está decidido! —exclamó—. Ya no me es posible la fuga! ¡Alá os guíe y os bendiga, queridas hermanas!

Las dos princesas mayores se horrorizaron al pensar que iban a abandonarla, y se habrían quedado con gusto; mas la patrulla se acercaba, el *renegado* estaba furioso, y se vieron empujadas hacia el pasadizo subterráneo. Anduvieron a tientas por un confuso laberinto labrado en el corazón de la montaña, y lograron llegar, sin ser vistas, a una puerta de hierro que daba a la parte exterior de la muralla. Los caballeros españoles esperaban allí para recibirlas, disfrazados de soldados moros de la guardia que mandaba el *renegado*.

El amante de Zorahaida se puso frenético cuando supo que ella se había negado a abandonar la torre; pero no se podía perder el tiempo en lamentaciones. Las dos infantas fueron colocadas a la grupa con sus enamorados caballeros; la discreta Kadiga montó detrás del *renegado*, y todos partieron veloces en dirección al Paso de Lope, que conduce por entre montañas a Córdoba.

No habían avanzado mucho cuando oyeron el ruido de tambores y trompetas en los adarves de la Alhambra.

—¡Han descubierto nuestra fuga! —dijo el *renegado*.

—Tenemos veloces caballerías, la noche es oscura y podemos burlar toda persecución —replicaron los caballeros.

Espolearon a sus corceles y volaron raudos a través de la vega. Llegaron al pie de Sierra Elvira, que se levanta como un promontorio en medio de la llanura; el *renegado* se detuvo y escuchó.

—Hasta ahora —afirmó— nadie nos sigue, y podremos escapar a las montañas.

Al decir esto, brilló una intensa luz en lo alto de la atalaya de la Alhambra.

—¡Maldición! —gritó el *renegado*—. Esa luz es la señal de alerta para todos los guardias de los pasos. ¡Adelante! ¡Adelante! ¡Espoleemos con furia, pues no hay tiempo que perder!

Emprendieron una veloz carrera; el choque de los cascos de los caballos resonaba de roca en roca conforme volaban por el camino que rodea la pedregosa Sierra Elvira. En tanto que galopaban, la luz de la Alhambra era contestada en todas direcciones, y una tras otra brillaban las luminarias sobre las *atalayas* de los montes.

—¡Adelante! ¡Adelante! —gritaba el *renegado*, mientras lanzaba juramentos—. ¡Al puente! ¡Al puente, antes que la alarma llegue hasta allí!

Doblaron el promontorio de la Sierra, y dieron vista al famoso Puente de Pinos, que salva una impetuosa corriente, muchas veces teñida con sangre cristiana y musulmana. Para mayor confusión, la torre del puente se pobló de luces y brillaron en ella las armaduras. El *renegado* detuvo el caballo, se alzó sobre los estribos y miró a su alrededor un momento; luego, haciendo una señal a los caballeros, se salió del camino, costeó el río durante algún trecho y se adentró en sus aguas. Los caballeros ordenaron a las princesas que se sujetaran bien a ellos, e hicieron lo mismo. Fueron arrastrados un poco por la rápida corriente, cuyas aguas rugían en torno; pero las hermosas princesas se afianzaron a los jinetes, sin exhalar una queja. Alcanzaron la orilla opuesta sanos y salvos, guiados por el *renegado,* cruzaron por escabrosos y desusados pasos y ásperos *barrancos,* a través del corazón de la montaña, evitando los caminos ordinarios. En una palabra: lograron llegar a la antigua ciudad de Córdoba, en donde fue celebrado con grandes fiestas el regreso de los caballeros a su patria y a sus amigos, pues pertenecían a las más nobles familias. Las hermosas princesas fueron seguidamente admitidas en el seno de la Iglesia y, después de haber abrazado la fe cristiana, llegaron a ser felices esposas.

En nuestra prisa por ayudarles a cruzar el río y las montañas, hemos olvidado decir qué aconteció a la discreta Kadiga. Se aferró como un gato a Hussein Baba, en su carrera a través de la vega, chillando a cada salto y haciendo arrancar blasfemias al barbudo *renegado;* mas cuando éste se dispuso a entrar en el río con el caballo, su terror no conoció límites.

—No me aprietes con tanta fuerza —gritaba Hussein Baba—; agárrate a mi cinturón y nada temas.

Ella se había sujetado fuertemente con ambas manos al cinturón de cuero que llevaba ceñido el robusto *renegado;* pero cuando éste se detuvo con los caballos en la cumbre del monte para tomar aliento, la *dueña* había desaparecido.

—¿Qué ha sido de Kadiga? —gritaron alarmadas las princesas.

—¡Sólo Alá lo sabe! —contestó él *renegado*—. Mi cinturón se desató en medio del río, y Kadiga fue arrastrada por la

corriente. ¡Cúmplase la voluntad de Alá!; aunque fuera un cinturón bordado de gran precio.

No había tiempo que perder en inútiles lamentaciones; con todo, las princesas lloraron amargamente la pérdida de su discreta consejera. Aquella excelente anciana, sin embargo, no perdió en el agua más que la mitad de sus siete vidas; un pescador, que recogía sus redes a alguna distancia de allí, la sacó a tierra no poco asombrado de su milagrosa pesca. Lo que fuera después de la discreta Kadiga, no lo menciona la leyenda; pero se sabe que evidenció su discreción no poniéndose jamás al alcance de Mohamed *el Zurdo*.

Tampoco se sabe mucho de la conducta de aquel sagaz monarca cuando descubrió la huida de sus hijas y el engaño que le jugara la más fiel de sus servidoras. Aquélla había sido la única vez que había pedido un consejo, y no hay noticias de que volviera jamás a incurrir en semejante debilidad. Tuvo buen cuidado de guardar a la hija que le quedaba, la que no se sintió con valor para fugarse. Se cree como cosa cierta que Zorahaida se arrepintió interiormente de haber quedado en la Alhambra. Alguna vez se la veía reclinada en los adarves de la torre, mirando tristemente las montañas en dirección a Córdoba; otras veces se oían las notas de su laúd acompañando elegíacas canciones, en las cuales lamentaba la pérdida de sus hermanas y de su amante, y se dolía de su solitaria existencia. Murió joven, y según el rumor popular fue sepultada en una bóveda bajo la torre, dando lugar su prematura muerte a más de una conseja tradicional.

La leyenda que sigue a continuación, que parece nacida en cierto modo de la que acabamos de contar, está demasiado ligada a nobles e históricos nombres para ser puesta en duda por completo. La hija del conde y alguna de sus jóvenes amigas, a quienes les fue leída en una de las *tertulias* nocturnas, opinaban que ciertos fragmentos de la misma tenían mucha apariencia de realidad; y Dolores, mucho más versada que ellas en las improbables verdades de la Alhambra, la creía a pies juntillas.

LEYENDA DE LA ROSA DE LA ALHAMBRA

ALGÚN tiempo después de la entrega de Granada por los moros, fue esta deliciosa ciudad residencia frecuente y favorita de los soberanos españoles, hasta que se vieron ahuyentados de ella por los continuos terremotos que derribaron muchos de sus edificios e hicieron estremecer hasta sus cimientos a las viejas torres moriscas.

Muchos, muchos años transcurrieron, durante los cuales rara vez se vio honrada Granada con algún huésped real. Cerrados y silenciosos quedaron los palacios de la nobleza, y la Alhambra —como una beldad desdeñada— permanecía en triste soledad en medio de sus abandonados jardines. La torre *de las Infantas,* en otro tiempo residencia de las tres bellas princesas, participaba de esta general desolación; la araña tejía su tela a través de las doradas bóvedas, y los murciélagos y lechuzas anidaban en aquellas cámaras otrora embellecidas con la presencia de Zaida, Zoraida y Zorahaida. El abandono de esta torre puede obedecer en cierto modo a algunas supersticiosas creencias de sus vecinos, pues se rumoreaba que el espíritu de la joven Zorahaida, que había muerto en aquella torre, era visto con frecuencia a la luz de la luna, sentado junto a la fuente del salón o llorando en las almenas; y que los caminantes que pasaban por el valle oían a medianoche las notas de su argentino laúd.

Por fin se vio una vez más la ciudad de Granada favorecida con la presencia de personajes reales. Todo el mundo sabe que Felipe V fue el primer Borbón que empuñó el cetro de España; que casó en segundas nupcias con Isabel, la bella princesa de Parma, y que por esta serie de circunstancias, un príncipe francés y una princesa italiana se sentaron juntos en el trono hispánico. La Alhambra fue reparada y decorada a toda prisa para recibir a los ilustres huéspedes. Con la llegada de la Corte cambió por completo el aspecto del palacio, poco antes desierto. El estruendo de tambores y trompetas; el trotar de caballos por las avenidas y patios exteriores, el brillo de las armas y el ondear de banderas por barbacanas y adarves, traía a la memoria el antiguo esplendor marcial de la fortaleza. Con todo, dentro del real palacio se respiraba un ambiente más apacible; escuchábase allí el crujir de las telas, el cauteloso paso y la voz murmuradora de los reverenciosos cortesanos a través de las antecámaras, el ir y venir de pajes y damas de honor por los jardines, y el sonar de la música que salía de las puertas y abiertas ventanas.

Entre los que prestaban sus servicios en la regia comitiva, había un paje favorito de la reina, llamado Ruiz de Alarcón. Con decir que era paje favorito de la reina queda hecho su elogio, pues cuantos figuraban en el cortejo de la augusta Isabel habían sido elegidos por su gracia, su belleza o sus méritos. Acababa de cumplir dieciocho años y era esbelto, ligero y flexible de ademanes, y hermoso como un joven Antinoo. Ante la reina guardaba siempre toda clase de respeto y deferencias; pero en el fondo era un mozalbete travieso, acariciado y mimado por las damas de la Corte, y más experimentado en cuestión de faldas de lo que podía esperarse de sus años.

Una mañana estaba el ocioso paje paseando por los bosques del Generalife que dominan los torreones de la Alhambra. Se había llevado para distraerse un halcón favorito de la reina. En el curso de su paseo vio un pájaro que salía volando de entre la maleza, quitó la caperuza al ave de rapiña y la echó a volar. El halcón se elevó en los aires y cayó sobre su presa; pero se le escapó y continuó volando sin hacer caso de las llamadas del paje. Siguió éste con la mirada al truhán del pájaro en su caprichoso vuelo, hasta que lo vio posarse sobre las almenas de una apartada y solitaria torre, en la muralla exterior de la Alhambra, construida al borde de un barranco que separa la fortaleza real de los terrenos del Generalife; era ésta, en una palabra, la torre de las Infantas.

Descendió el paje al barranco y se acercó a la torre; pero no existía ningún paso por la cañada, y la gran altura de aquélla hacía inútil todo intento de escalo; por lo que, buscando una de las puertas de la fortaleza, dio un gran rodeo por el lado de la torre que mira al interior de las murallas.

Delante de ella había un pequeño jardín, cercado por cañas y cubierto de mirto. Abriendo un portillo, atravesó el paje cuadros de flores y macizos de rosales, hasta llegar a la puerta, que estaba cerrada y con el cerrojo echado. Por un agujero que había en ella miró al interior. Vio un saloncito morisco de caladas paredes, gráciles columnas de mármol y una fuente de alabastro rodeada de flores. En el centro, una dorada jaula con un pajarillo; bajo ella, sobre una silla, descansaba un gato romano entre madejas de seda y otros objetos de labor femenina, y una guitarra adornada con cintas estaba apoyada junto a la fuente.

Sorprendióse Ruiz de Alarcón ante aquellas muestras de buen gusto y femenina elegancia en una torre solitaria que él suponía deshabitada. Acudieron entonces a su recuerdo las leyendas de salones encantados, tan corrientes en la Alhambra, y pensó que tal vez fuese el gato alguna hechizada princesa.

Llamó bajito a la puerta, y un hermoso rostro asomó a un alto ventanillo; pero al instante desapareció. Esperó confiado en que se abriría la puerta, mas en vano; no oyó ruido de pasos en el interior, y todo permaneció en silencio. ¿Se habrían engañado sus sentidos, o era aquella hermosa aparición el hada de la torre? Volvió a llamar con más fuerza. Tras breve pausa, apareció nuevamente aquel rostro seductor; era el de una bellísima damisela de quince años.

El paje se quitó inmediatamente su sombrero de plumas, y le rogó, en los términos más corteses, que le permitiera subir a la torre para coger su halcón.

—No me atrevo a abriros la puerta, *señor* —contestó la doncella ruborizándose—; mi tía me lo tiene prohibido.

—Os lo suplico, hermosa joven. Es el halcón favorito de la reina y no puedo volver al palacio sin él.

—¿Sois, pues, uno de los caballeros de la Corte?

—Sí, hermosa doncella; pero perdería el favor de la reina y mi puesto si se extraviase ese halcón.

—¡*Santa María!* Precisamente es a los caballeros de la Corte a quienes me ha encargado mi tía de modo especial que no abra la puerta.

—Pero eso será a los malos caballeros. Yo no soy de ésos, sino un sencillo e inofensivo paje, que se verá arruinado y perdido si os negáis a esta pequeña merced.

Conmovióse el corazón de la muchacha ante la congoja del mozo. Sería una pena que se arruinara por cosa tan insignificante. Seguramente aquel joven no era uno de los seres peligrosos que su tía le había descrito como una especie de caníbales, siempre al acecho para hacer presa en las incautas doncellas; por otra parte, ¡era tan gentil y modesto!; ¡resultaba tan encantador, gorro en mano y en actitud suplicante!...

El astuto paje vio que la guarnición comenzaba a vacilar, y redobló sus súplicas en términos tan conmovedores que no era posible una negativa en la joven; así, pues, la ruborosa y pequeña guardiana de la torre bajó y abrió la puerta, con mano trémula; y si el paje quedó cautivado con sólo la contemplación de su rostro al asomarse a la ventana, sintióse ahora extasiado ante la figura completa que tenía ante los ojos.

Su corpiño andaluz y su adornada *basquiña* realzaban la redonda y delicada simetría de su talle, que apenas se acercaba a la edad de la mujer. Llevaba el lustroso cabello partido en su frente con escrupulosa exactitud y adornado con una fresca rosa recién cortada, según la costumbre general del país. Su cutis, en verdad, estaba algo tostado por el ardor del sol meridional, pero esto mismo servía para dar más encanto al color de sus mejillas y aumentar el brillo de sus dulces ojos.

Ruiz de Alarcón observó todo esto de una sola mirada, pues no le interesaba detenerse de momento; se limitó a murmurar alguna frase de gratitud y subió rápidamente la escalera de caracol en busca del halcón.

Pronto volvió con el pájaro truhán en la mano. La joven, entre tanto, se había sentado junto a la fuente del salón y estaba devanando seda; pero en su turbación dejo caer una madeja sobre el pavimento. Apresuróse el paje a cogerla y, doblando galantemente una rodilla en tierra, se la ofreció; mas apoderándose de la mano extendida para recibirla, imprimió en ella un beso más ardiente y fervoroso que todos los que depositara jamás en la hermosa mano de su soberana.

—¡*Ave María, señor!* —exclamó la joven, enrojeciendo más, llena de confusión y sorpresa, pues nunca había recibido saludo semejante.

El modesto paje le pidió mil perdones, asegurando que aquélla era la costumbre cortesana para expresar el más profundo homenaje y respeto.

El enojo de la muchacha —si es que lo sintió— se apaciguó fácilmente; no obstante, su vergüenza y aturdimiento continuaron y volvió a sentirse cada vez más ruborizada, fijos los ojos en su labor, enredando la madeja que trataba de devanar.

El hábil joven advirtió la confusión que dominaba en el campo enemigo, y hubiera querido aprovecharse de ella. Pero los discretos argumentos que intentaba utilizar murieron en sus labios; sus galanteos eran torpes e ineficaces, y, con gran sorpresa suya, aquel inteligente mancebo que se distinguía por su gracia y desenvoltura ante las más entendidas y expertas damas de la Corte, sentíase confuso y balbuciente en presencia de una ingenua chiquilla de quince años.

La inocente muchacha poseía, en verdad, guardianes más eficaces en su modestia y candidez que en los cerrojos y barrotes preparados por su vigilante tía. Mas ¿dónde está ese corazón de mujer insensible a los primeros murmullos del amor? La joven, con toda su ingenuidad, comprendió instintivamente todo lo que la balbuciente lengua del paje no supo expresar, y su pecho se agitaba al ver, por vez primera, un amante rendido a sus pies. ¡Y qué amante!...

La turbación del mancebo, aunque sincera, duró poco; y cuando comenzaba a recobrar su habitual aplomo y serenidad se oyó una voz chillona a lo lejos.

—¡Mi tía, que vuelve de misa! —chilló la joven, asustada—. *Señor,* os ruego que os marchéis.

—No, hasta que me concedáis esa rosa de vuestro cabello como recuerdo.

Desenredóla apresuradamente de sus negras trenzas y le dijo agitada y ruborosa:

—Tomadla: pero marchaos por favor.

El paje cogió la flor, cubriendo al mismo tiempo de besos la linda mano que se la ofrecía. Luego, poniendo la rosa en su gorro y colocando el halcón en su puño, se deslizó por el jardín, llevándose consigo el corazón de la gentil Jacinta.

Cuando la vigilante tía llegó a la torre, notó la agitación de su sobrina y cierto desorden en la sala; pero unas palabras de explicación fueron suficientes.

—Un halcón ha venido persiguiendo su presa hasta aquí.

—¡Bendito sea Dios! ¡Pensar que un halcón haya entrado en la torre! ¿Habráse visto halcón más insolente? ¡Señor! ¡Ni el mismo pájaro está seguro en su jaula!

La vigilante Fredegunda era una solterona muy anciana y experimentada. Sentía un gran terror y desconfianza por lo que llamaba «el sexo enemigo», que se habían ido aumentando más a través de su largo celibato. Y no es que la buena señora hubiera sufrido alguna vez un desengaño, pues la Naturaleza la había dotado de la salvaguardia de su rostro, que impedía traspasar sus posesiones; mas las mujeres que tienen poco que temer por sí mismas son más propensas a la custodia y vigilancia de sus más seductoras vecinas.

La sobrina era huérfana de un oficial que murió en la guerra. Se había educado en un convento y había sido sacada hacía poco de su sagrado asilo para ser encomendada a la inmediata tutela de su tía, bajo cuyo celoso cuidado vegetaba oscurecida, como la rosa que florece entre espinas. Esta comparación no es del todo accidental, pues, en realidad, su frescura e incipiente belleza había cautivado el ojo de todos, a pesar de vivir encerrada; y, siguiendo la poética costumbre, general en el pueblo andaluz, los vecinos le habían dado el nombre de «la Rosa de la Alhambra».

La prudente tía siguió conservando con mucho recato a su tentadora sobrinita, mientras la Corte permanecía en Granada, lisonjeándose del buen éxito de su vigilancia. Es cierto que la buena señora se turbaba de cuando en cuando por el rasgueo de una guitarra y el canto de coplas amorosas, que llegaban desde la arboleda bañada por los rayos de la luna debajo de la torre. Entonces exhortaba a su sobrina para que cerrara los oídos a tan vanas canciones, asegurándole que aquélla era una de las mañas del «sexo enemigo» para seducir y perder a las incautas doncellas. Pero, ¡ay!, ¿qué valor tienen para una joven inocente las severas reflexiones contra una serenata a la luz de la luna?

Por último, el rey Felipe abrevió su estancia en Granada, y partió de repente con todo su séquito. La prudente Fredegunda vigiló a la regia comitiva cuando salía por la puerta de la Justicia y bajaba por la gran alameda que conduce a la ciudad. Cuando perdió de vista la última bandera, volvió gozosa a su torre, pues ya habían terminado todos sus desvelos e inquietudes; pero con gran sorpresa suya vio un hermoso corcel árabe piafando ante el portillo del jardín y observó con horror, a través de los macizos de rosales, a un elegante joven rendido a los pies de su sobrina. Al ruido de sus pasos, diole el doncel un tierno adiós, saltó ágilmente el vallado de cañas y mirtos, montó a caballo y desapareció al momento.

La dulce Jacinta, llena de angustia y dolor, se olvidó del disgusto que causaba a su tía, y arrojándose en sus brazos, prorrumpió en amargas lágrimas y sollozos.

—¡Ay de mí! —decía—. ¡Se ha marchado! ¡Se ha marchado! ¡Se ha marchado! ¡Ya no lo veré más!

—¡Marchado! ¿Quién se ha marchado? ¿Quién es ese joven que he visto a tus pies?

—Un paje de la reina, tía, que vino a despedirse de mí.

—¡Un paje de la reina, hija mía! —repitió la vigilante

Fredegunda, con voz alterada—. Y ¿cuándo has conocido tú a ese paje de la reina?

—La mañana en que el halcón entró en la torre. Era el halcón de la reina y él venía en su busca.

—¡Ay, niña inocente! Sabe que no hay halcones tan peligrosos como esos pajes libertinos que precisamente hacen su presa en pajarillos tan ingenuos como tú.

Al principio, indignóse la anciana cuando supo que, a pesar de todo su ponderada vigilancia, se había entablado una tierna correspondencia entre los dos jóvenes enamorados, casi en sus propias barbas; pero mucho se consoló al saber que su inocente sobrina había salido victoriosa de aquella dura prueba a que la habían sometido todas las maquinaciones del «sexo enemigo», pese a no estar protegida por cerrojos y barrotes; convencida de que aquel triunfo se consiguió gracias a las prudentes y virtuosas máximas que ella le inculcara.

Mientras la anciana solterona se sentía aliviada con ese bálsamo consolador para su orgullo, su sobrina acariciaba en su interior el recuerdo de los continuos juramentos de fidelidad de su amante doncel. Pero ¿qué es el amor de un hombre errante e inquieto? Un fugitivo arroyuelo que se detiene algún tiempo a jugar con las florecillas que encuentra en sus márgenes, y sigue luego su curso, dejándolas anegadas en amargas lágrimas.

Pasaron días, semanas y meses, y nada se volvió a saber del paje de la reina. Maduró la granada, dio su fruto la vid, corrieron por las montañas las torrenciales lluvias de otoño, cubrióse Sierra Nevada con su blanca túnica y gimieron los vientos del invierno por los salones de la Alhambra; pero el paje no volvía. Pasó el invierno. Otra vez llegó la primavera con el canto de los pájaros, con sus flores y sus céfiros perfumados; fundióse la nieve de las montañas hasta que sólo quedó en las altas cumbres de Sierra Nevada, brillando a través del cálido aire estival, y nada se supo del veleidoso paje.

Entre tanto, la pobre Jacinta tornábase cada vez más pálida y melancólica; abandonó sus antiguas ocupaciones y recreos; sus madejas de seda quedaron sin devanar, muda su guitarra, olvidadas sus flores; ya no escuchaba el canto de los pájaros, y sus ojos, antes tan brillantes, se marchitaban con lágrimas silenciosas.

Si se hubiera de buscar un rincón solitario para alimentar la pasión de una doncella abandonada en sus amores, ninguno más a propósito que la Alhambra, donde todo parece dispuesto para evocar tiernos y románticos ensueños. Estos deliciosos parajes son un verdadero paraíso para los enamorados; mas ¡qué triste entonces sentirse sola y abandonada en semejante paraíso!

—¡Ay, inocente hija mía! —le decía la juiciosa y casta Fredegunda, cuando encontraba a su sobrina en uno de aquellos momentos de aflicción—. ¿No te advertí contra los engaños y decepciones de los hombres? ¿Qué podías esperar de un joven perteneciente a una familia noble y ambiciosa, tú, una huérfana de pobre y humilde linaje? Ten por seguro que, aunque ese mancebo fuera sincero, su padre, uno de los más orgullosos nobles de la Corte, le prohibiría su unión con una joven tan humilde y desheredada como tú. Toma, pues, una enérgica resolución, y aleja de tu mente esas vanas esperanzas.

Las palabras de la inmaculada Fredegunda sólo sirvieron para acrecentar la melancolía de su sobrina; por lo que Jacinta procuraba entregarse a su dolor en la soledad. Cierta noche de verano, y a una hora muy avanzada. después que su tía se había retirado a descansar, quedó sola en el salón de la torre, sentada junto a la fuente de alabastro. Allí fue donde el pérfido paje se arrodilló y besó su mano por vez primera; allí fue donde tantas veces le había jurado eterna fidelidad. El corazón de la pobre doncella se sintió abrumado de dulces y tristes recuerdos y comenzaron a correr sus lágrimas, que caían gota a gota sobre la fuente. Poco a poco empezó a agitarse el agua cristalina y a bullir y removerse burbuja a burbuja, hasta que una figura de mujer, ricamente ataviada con ropas moras, se presentó pausadamente ante sus ojos.

Jacinta se aterró de tal manera que huyó del salón y no se atrevió a regresar. A la mañana siguiente contó a su tía todo lo que había visto; pero la buena señora juzgó aquello una fantasía de su perturbada imaginación, y supuso que lo había soñado al quedarse dormida junto a la fuente.

—Habrás estado pensando en la historia de las tres princesas moriscas que habitaron en otro tiempo esta torre —añadió—, y habrás soñado con ellas.

—¿Qué historia es ésa, tía? Nada sé de ella.

—Sin duda que has oído hablar de las tres princesas Zaida, Zoraida y Zorahaida, que estuvieron encerradas en esta torre por el rey su padre, y se resolvieron a huir con tres caballeros cristianos. Las dos primeras lograron fugarse; pero a la tercera le faltó valor y, según cuentan, murió aquí.

—Ahora recuerdo haber oído esa historia —dijo Jacinta—, y hasta he llorado la desventura de la gentil Zorahaida.

—Haces muy bien en lamentar su triste destino —continuó su tía—, pues el amante de Zorahaida fue uno de tus antepasados. Mucho lloró a su adorada princesa; pero el tiempo le curó su dolor, y se casó con una dama española, de la que tú eres descendiente.

Jacinta quedó pensativa al escuchar estas palabras. «Lo que yo he visto —se decía interiormente— no es una fantasía de mi imaginación; estoy segura de ello. Y si es, en efecto, el espíritu de la hermosa Zorahaida, que, según he oído decir, vaga por esta torre, ¿qué puedo yo temer? Velaré esta noche junto a la fuente, y quizá se repita la visita.»

Cerca de la medianoche, cuando todo estaba en silencio, volvió la joven a sentarse en el salón. Apenas sonaron las doce en la campana de la lejana atalaya de la Alhambra, agitóse de nuevo la fuente formando burbujas y empezó a bullir el agua hasta que apareció de nuevo ante sus ojos la mujer mora. Era joven y hermosa; sus vestiduras estaban adornadas de joyas y llevaba en la mano un argentino laúd. Jacinta, temblorosa, a punto estuvo de perder el sentido; pero se tranquilizó al oír la dulce y lastimera voz de la aparecida y al contemplar la bondadosa expresión de su pálido y melancólico rostro.

—¡Hija de los mortales! —le dijo—. ¿Qué te aflige?

¿Por qué turban tus lágrimas el agua de mi fuente y tus quejas y suspiros conmueven el tranquilo silencio de la noche?

—Lloro la perfidia de los hombres y me quejo de mi triste soledad y abandono.

—Consuélate, pues tus penas aún tienen remedio. Mira en mí a una princesa mora que, como tú, fue muy desgraciada en su amor. Un caballero cristiano, antecesor tuyo, cautivó mi corazón y propuso llevarme a su país natal y al seno de su Iglesia. Me había convertido en el fondo de mi corazón; pero me faltó un valor igual a mi fe, y vacilé hasta que fue demasiado tarde. Por eso, los genios del mal tienen poder sobre mí y me encuentro encantada en esta torre hasta que un alma cristiana quiera romper el mágico hechizo. ¿Quieres tú acometer esa empresa?

—Sí, quiero —contestó temblorosa la joven.

—Pues acércate y no temas; mete tu mano en la fuente, rocía el agua sobre mí y bautízame según la costumbre de tu religión. Así se disipará el encantamiento, y mi turbado espíritu logrará el descanso.

La doncella se aproximó con paso vacilante, metió la mano en la fuente, recogió agua en la palma y la roció sobre el pálido rostro del fantasma.

Sonrióse el espectro con inefable dulzura. Dejó caer su argentino laúd a los pies de Jacinta, cruzó sus blancos brazos sobre el pecho y desapareció como si una lluvia de gotas de rocío hubiesen caído sobre la fuente.

Jacinta se retiró del salón llena de asombro y terror. Apenas pudo conciliar el sueño aquella noche; pero cuando al romper el día despertó de su agitado sopor, todo le pareció una pesadilla. Sin embargo, cuando bajó al salón, vio confirmada la realidad de su sueño, pues contempló junto a la fuente el argentino laúd brillando al sol de la mañana.

Corrió entonces en busca de su tía y le contó cuanto le había sucedido, rogándole que fuese a ver el laúd como testimonio de la veracidad de su historia. Si la buena señora abrigaba algunas dudas, éstas se desvanecieron cuando su sobrina pulsó el instrumento, pues le arrancaba notas tan arrebatadoras, que hasta el helado corazón de la inmaculada Fredegunda, región de perpetuo invierno, se derritió en un grato fluir. Sólo una melodía sobrenatural podía producir efecto tan maravilloso. La extraordinaria virtud de aquel laúd se hizo cada día más famosa. El caminante que pasaba por el pie de la torre se detenía y quedaba como embrujado en un intenso arrobamiento. Los mismos pájaros se posaban en los árboles cercanos y, acallando sus trinos, escuchaban en un encantado silencio.

Pronto el rumor popular hizo cundir la noticia por todas partes. Los habitantes de Granada acudían a la Alhambra para oír aunque fuese unas notas de aquella música maravillosa que flotaba en torno a la torre de las Infantas.

La gentil trovadora salió al fin de su retiro. Los ricos y poderosos del país se disputaban el agasajarla y colmarla de honores. En una palabra: procuraban atraerse a sus salones, con las delicias del prodigioso laúd, a lo más selecto de la sociedad. Dondequiera que iba, acompañaba a la joven su vigilante tía, guardándola como un dragón, espantando al enjambre de apasionados admiradores de su instrumento. La fama de su maravillosa virtud se extendía de ciudad en ciudad. En Málaga, Sevilla, Córdoba, en toda Andalucía no se hablaba sino de la bella trovadora de la Alhambra. ¿Y qué otra cosa podía ocurrir en un pueblo tan aficionado a la música y tan galante como el andaluz, si el laúd estaba dotado de mágico poder y su tañedora inspirada por el amor?

Mientras Andalucía entera se entusiasmaba de este modo por la música, otra cosa sucedía en la Corte de España. Como se sabe, Felipe V era un desgraciado hipocondríaco sujeto a toda clase de caprichos; unas veces le daba por guardar cama durante varias semanas, quejándose de imaginarias dolencias. Otras, insistía en abdicar el trono, con gran disgusto de su real esposa, a quien tanto halagaban los esplendores de la Corte y las glorias de la corona, y que, en definitiva, era la que, a causa de la necedad de su esposo, manejaba con mano hábil y firme el cetro de España.

No se encontró nada tan eficaz para calmar las jaquecas

del rey como el poder de la música; por lo que la reina cuidaba de rodearse de los mejores artistas, tanto vocales como instrumentales, haciendo venir a su Corte en calidad de médico real, al famoso cantante italiano Farinelli.

En la época de que hablamos, se había adueñado de la imaginación de este sabio e ilustre Borbón una manía que sobrepujaba a todas sus anteriores extravagancias. Después de un largo período de imaginaria enfermedad, contra la que se estrellaron todas las melodías de Farinelli y los conciertos de la orquesta de violinistas de la Corte, el monarca se obstinó en la idea de que había entregado su espíritu, de que estaba realmente muerto.

Esto hubiera resultado bastante inofensivo y hasta algo cómodo para la reina y cortesanos, si se hubiese contentado con permanecer en el reposo y quietud de un difunto; pero con gran disgusto de todos, insistió en que se le hicieran exequias fúnebres y, con gran sorpresa, comenzó a impacientarse y a injuriarlos duramente por su negligencia y falta de respeto al dejarlo insepulto. ¿Qué hacer? Desobedecer las tercas órdenes del rey era algo monstruoso a los ojos de los respetuosos cortesanos de una Corte puntillosa. ¡Pero obedecerlo y enterrarlo vivo era cometer un verdadero regicidio!

Cuando se hallaban perplejos ante este tremendo dilema, llegó a la Corte la fama de que una joven artista estaba causando la admiración de toda Andalucía, e inmediatamente despachó la reina emisarios para que la condujeran al real sitio de San Ildefonso, donde a la sazón residían los reyes.

Pocos días después, mientras la reina paseaba en compañía de sus damas de honor por aquellos deliciosos jardines que con sus avenidas, terrazas y fuentes pretendían eclipsar las glorias de los de Versalles, llevaron a su presencia a la famosa tañedora. La augusta Isabel se fijó, admirada, en la noble y modesta apariencia de aquella joven que había enloquecido al mundo. Iba Jacinta ataviada con el pintoresco traje andaluz, su laúd de plata en la mano y sus ojos bajos y pudorosos, pero con aquella sencillez, hermosura y elegancia que la proclamaban todavía «la Rosa de la Alhambra».

Como de costumbre, iba acompañada de la siempre vigilante Fredegunda, la cual, a preguntas de la reina, contó toda la historia y genealogía de su sobrina. Pero si mucho interesó a la augusta Isabel el aspecto de Jacinta, más complacida se sintió al saber que pertenecía a un noble linaje, aunque empobrecido, y que su padre había muerto peleando valientemente al servicio de la Corona.

—Si tus virtudes corren pareja con tu fama —le dijo— y consigues desterrar el mal espíritu que se ha apoderado de tu soberano, tu suerte estará desde entonces a mi cuidado y te colmaré de honores y riquezas.

Impaciente por poner a prueba su habilidad, la condujo a las habitaciones del caprichoso monarca.

Siguióla Jacinta con los ojos bajos por entre las filas de guardias y el tropel de cortesanos, hasta que llegaron a una gran cámara tapizada de negro. Las ventanas se hallaban cerradas para que no entrase la luz del día; numerosos cirios de amarilla cera en candelabros de plata esparcían una lúgubre luz, iluminando apenas las silenciosas y enlutadas figuras de los cortesanos, que se deslizaban cautelosamente con tristes semblantes. Sobre un fúnebre lecho o féretro, con las manos cruzadas sobre el pecho y dejando ver solamente la punta de la nariz, yacía extendido el supuesto cadáver del monarca.

La reina entró en silencio en la cámara regia y, señalando un escabel que había en un oscuro rincón, hizo a la joven que tomase asiento y comenzara.

Al principio, la bella artista pulsó su laúd con mano temblorosa; mas, serenando su ánimo, cobró confianza conforme iba tocando, y arrancó a su instrumento unas melodías tan dulces y celestiales, que todos los presentes apenas podían creer que fuesen producidas por un ser humano. En cuanto al rey, como ya se consideraba en el mundo de los espíritus, creyó que era una melodía angélica o la música de las esferas. Insensiblemente fue cambiando de tema, y la maravillosa voz de la artista acompañó a su instrumento; principió entonces a cantar una legendaria balada que ensalzaba las viejas glorias de la Alhambra y las bélicas hazañas de los moros. Puso su alma entera en el canto, pues el recuerdo de la Alhambra vivía unido a la historia de su amor. Resonaban en la cámara mortuoria los sublimes acordes, y penetraron en el melancólico corazón del soberano. Alzó éste la cabeza y miró a su alrededor; sentóse en su féretro, empezaron a brillar sus ojos y, por último, arrojóse al suelo y pidió su espada y su escudo.

El triunfo de la música o, mejor dicho, del mágico laúd, fue completo; el demonio de la melancolía fue desterrado, y puede en verdad asegurarse que un muerto volvió a la vida. Se abrieron las ventanas del aposento; los gloriosos resplandores del sol español iluminaron la hasta entonces lúgubre cámara, y todos los ojos buscaron a la deliciosa hechicera; pero el laúd se había deslizado de sus manos, ella misma había caído en tierra y un instante después era levantada y recibida en los brazos de Ruiz de Alarcón.

Las nupcias de la feliz pareja se celebraron poco después con gran esplendor, y «la Rosa de la Alhambra» se convirtió en el ornato y delicias de la Corte.

—¡Eh! ¡Poquito a poco! —oigo exclamar al lector—. Esto es ir demasiado de prisa. El autor ha saltado caprichosamente, de un modo violento, al final de una bella historia de amor. Sepamos primero cómo se las compuso Ruiz de Alarcón para justificar ante Jacinta su largo abandono.

Nada más fácil de explicar. Su olvido fue motivado por una respetable y conocida excusa: la oposición que puso a sus ansias y ruegos la voluntad inflexible de su anciano y altivo padre; pero los jóvenes que de verdad se aman, cuando vuelven a encontrarse de nuevo, pronto hacen las amistades y entierran en el olvido los pasados agravios.

—Pero ¿cómo consintió en el enlace ese orgulloso e inflexible anciano?

—¡Ah! Muy sencillo: sus escrúpulos se desvanecieron fácilmente con unas palabras de la reina; en especial cuando comenzaron a llover honras y dignidades sobre la gentil favorita de los reyes. Además, como ya sabe el lector, el laúd de Jacinta poseía un mágico poder y era capaz de triunfar de la más testaruda cabeza y del más endurecido corazón.

—Pero ¿dónde fue a parar el encantado laúd?

—¡Ah! Esto es lo más curioso de todo, y que demuestra claramente la veracidad de nuestra historia. Aquel laúd permaneció por algún tiempo en la familia; pero lo robó y se lo llevó según se cree, el gran cantante Farinelli, tentado de pura envidia. A su muerte, pasó a otras manos en Italia; ignorantes de su mágico poder, fundieron la plata y aprovecharon sus cuerdas en un viejo violín de Cremona. Todavía conservan éstas algo de su maravillosa virtud. Una palabra al oído del lector, pero que no lo sepa nadie: ese violín esta ahora fascinando al mundo entero: ¡es el violín de Paganini!

EL VETERANO

Entre las curiosas amistades que hice durante mis paseos por la fortaleza, fue una de ellas la de un valiente y acribillado anciano coronel de inválidos, que anidaba como un gavilán en una de las torres moriscas. Su historia, que se complacía en referir, era un tejido de esas aventuras, contratiempos y visicitudes que imprimen a la vida de casi todos los españoles un carácter tan variado y caprichoso como el que leemos en las páginas de *Gil Blas*.

Estuvo en América a los doce años de edad y contaba entre los sucesos más notables y afortunados de su vida el haber visto al general Washington. Desde entonces había tomado parte en todas las guerras de su patria; hablaba por experiencia de muchas prisiones y calabozos de la Península; había quedado cojo de una pierna, tenía tullidas las manos y estaba tan lisiado y recosido que era una especie de monumento andante de las turbulencias de España, de las que conservaba una cicatriz por cada batalla o alboroto, de la misma manera que quedaba señalado cada año de cautiverio en el árbol de Robinson Crusoe. Pero la mayor desdicha de este anciano y valeroso caballero era, al parecer, haber ejercido el mando en Málaga durante un período de peligro y desórdenes, y haber sido nombrado general por los habitantes para que los protegiera contra la invasión de los franceses. Este hecho le movió a elevar tal número de justas reclamaciones al Gobierno, por sus servicios, que me temo ha de emplear su vida hasta el día de su muerte, escribiendo e imprimiendo peticiones y memoriales, con gran intranquilidad de su ánimo, expurgo de su bolsa y penitencia de sus amigos. Nadie podía visitarle sin verse obligado a escuchar algún pesado documento de media hora de lectura por lo menos, y a llevarse en el bolsillo media docena de folletos. Sin embargo, éste es un caso frecuente en toda España; por doquier se encuentra algún respetable individuo devorando su despecho en un rincón, alimentando algún agravio o quejándose de la injusticia con él cometida. Por lo demás, el español que sostiene un pleito o formula reclamación contra el Gobierno, puede considerarse provisto de empleo para el resto de su vida.

Visitaba a este veterano, que tenía su vivienda en la parte alta de la *Torre del Vino* [1]. Su habitación era pequeña, pero cómoda, dominando un precioso panorama de la vega. Estaba arreglada con la precisión de un soldado; tres mosquetes y un par de pistolas, limpias y brillantes, colgaban de la pared, y a uno y otro lado de ellas, un sable y un bastón; por encima de ellos, dos sombreros de tres picos, uno de gala y otro para uso diario. Constituía su biblioteca un pequeño estante con media docena de libros, uno de los cuales, un viejo y desencuadernado librillo de máximas filosóficas, era su lectura predilecta. Todos los días lo hojeaba y manoseaba, aplicando sus reflexiones a su caso particular, siempre que tuviera un pequeño tinte de amargura o tratasen de las injusticias del mundo.

A pesar de todo era sociable y bondadoso, y cuando se le podía apartar de sus desdichas y de su filosofía, era un divertido compañero. Me gusta tratar a estos hijos de la Fortuna curtidos por la vida, y gozo cuando refieren anécdotas e incidentes de campaña. En el curso de mi visita a este inválido, me enteré de cosas muy curiosas relativas a un viejo comandante militar de la fortaleza, que, sin duda, se le parecía en muchos aspectos, y que había tenido igual suerte en la guerra. He aumentado estos datos con indagaciones entre los viejos vecinos de la Alhambra, particularmente el padre de Mateo Jiménez, de cuyas tradicionales historias era héroe favorito el personaje que voy a presentar al lector.

[1] Nunca ha existido tal torre. Debe referirse a la *Puerta del Vino*.

EL GOBERNADOR Y EL ESCRIBANO

E N los pasados tiempos fue Gobernador de la Alhambra un valoroso y anciano caballero, el cual por haber perdido un brazo en la guerra, era comúnmente conocido con el nombre de *el Gobernador Manco*. Sentíase muy orgulloso de ser un viejo soldado, con ensortijados mostachos que le llegaban hasta los ojos, botas de campaña, una espada toledana tan larga como un espetón y un pañuelo de bolsillo dentro de la cazoleta de su empuñadura.

Era además sumamente severo y puntilloso, y escrupuloso y tenaz en la conservación de todos sus privilegios y dignidades. Bajo su gobierno se cumplían religiosamente todas las inmunidades de la Alhambra como residencia y propiedades reales. A nadie le era permitido entrar en la fortaleza con armas de fuego, ni siquiera con espada o bastón, a menos que fuese persona de cierta distinción y calidad; se obligaba a todos los jinetes a desmontar en la puerta y llevar el caballo de la brida. Ahora bien: como la colina de la Alhambra se eleva en el mismo centro de la ciudad de Granada, siendo, por decirlo así, como una protuberancia de la capital, debía ser en todo tiempo muy enojoso para el Capitán General que mandaba la provincia tener un *imperium in imperio,* una ciudadela independiente en el mismo centro de sus dominios. Y esta situación resultaba entonces más irritante, tanto por el celo escrupuloso del viejo Gobernador, que se sulfuraba ante la más mínima cuestión de autoridad y jurisdicción, como por el carácter maleante y vagabundo de la gente que poco a poco anidaba en la fortaleza, como santuario, y desde donde ponían en práctica toda una serie de robos y saqueos a expensas de los honrados habitantes de la población.

En estas circunstancias, existía una perpetua enemistad y rencilla entre el Capitán General y el Gobernador, tanto más extremada por parte de este último por aquello de que la más pequeña de dos potencias vecinas es siempre la más celosa de su dignidad. El soberbio palacio del Capitán General estaba situado en la plaza Nueva, al pie de la colina de la Alhambra; en él se observaba siempre un bullicio y desfile de guardias, criados y funcionarios de la ciudad. Un baluarte saliente de la fortaleza dominaba el palacio y la plaza pública que hay frente a él. En este baluarte solía contonearse el viejo Gobernador de un lado a otro, con su espada toledana colgada al cinto y la cautelosa mirada puesta en su rival, como el halcón que acecha su presa desde su nido situado en un carcomido árbol.

Siempre que bajaba a la ciudad lo hacía en plan de desfile: a caballo, rodeado de sus guardias, o en su carroza de gala, antiguo y pesado armatoste español de madera tallada y cuero dorado, tirado por ocho mulas, con escolta de caballerizos y lacayos a pie. En tales ocasiones se lisonjeaba de la impresión de temor y admiración que causaba en cuantos le veían como representante del rey; aunque los guasones granadinos, y en especial los ociosos que frecuentaban el palacio del Capitán General, se burlaban de esta ridícula comitiva y, aludiendo a la calaña hampesca de sus súbditos, le llamaban «el Rey de los mendigos». Uno de los motivos de discordia más corriente entre estos dos jactanciosos rivales, era el derecho que reclamaba el Gobernador de que le dejasen pasar por la ciudad, libres de impuestos, todas las cosas que se destinaban para su uso particular o el de su guarnición. Paulatinamente había dado lugar este privilegio a un extenso contrabando. Un nido de *contrabandistas* sentó sus reales en las chozas de la ciudadela y en las numerosas cuevas de los alrededores, realizando un próspero negocio con la connivencia de los soldados de la guarnición.

Despertó esto la vigilancia del Capitán General, el cual consultó con su asesor legal y factótum, un astuto y oficioso *escribano* que disfrutaba cuantas ocasiones se le presentaban de perturbar al viejo potentado de la Alhambra, envolviéndolo en un laberinto de sutilezas legales. Aconsejó aquél al Capitán General que insistiese en el derecho de registrar todos los convoyes que pasaran por las puertas de la ciudad, y le redactó un largo documento vindicando su derecho. El Gobernador Manco era un honrado y austero veterano que odiaba a los *escribanos* más que al mismo diablo, y a éste en particular más que a todos los *escribanos* juntos.

—¡Cómo! —decía retorciéndose fieramente los mostachos—. ¿Conque el Capitán General se vale de ese hombre para acorralarme y ponerme en aprieto? Ya le haré yo ver que un viejo soldado no se deja chasquear por sus malas artes.

Cogió la pluma y garrapateó una breve carta, con letra desigual, en la que sin dignarse entrar en razones, insistía en su derecho de libre tránsito, y amenazaba con castigar a cualquier portazguero que se atreviese a poner su insolente mano en un convoy protegido por la bandera de la Alhambra.

Mientras estas graves cuestiones se debatían entre las dos autoridades oficiales, sucedió que una mula cargada de provisiones para la fortaleza llegó cierto día a la puerta del Genil, por la cual tenía que pasar y atravesar luego un barrio de la ciudad en su camino hacia la Alhambra. Iba guiando el convoy un viejo cabo cascarrabias que había servido mucho tiempo al Gobernador, hombre acostumbrado a sus gustos, duro y templado como una hoja toledana.

Al aproximarse a las puertas de la población, colocó el cabo la bandera de la Alhambra sobre la carga de la mula, y, poniéndose rígido y estirándose en una perfecta perpendicular, avanzó con la cabeza erguida, pero con la mirada alerta y recelosa del perro que atraviesa el campo enemigo dispuesto a ladrar o dar un mordisco.

—¿Quién vive? —dijo el centinela de la puerta

—¡Soldado de la Alhambra! —contestó el cabo sin volver la cabeza.

—¿Qué llevas de carga?

—Provisiones para la guarnición.

—Adelante.

El cabo siguió su camino delante del convoy; pero no había avanzado unos pasos cuando un grupo de portazgueros salió presuroso de la casilla.

—¡Alto ahí —gritó el jefe—. Para, mulero, y abre esos fardos.

Giró en redondo el cabo y se dispuso al combate.

—Respetad la bandera de la Alhambra —dijo—. Estas cosas son para el Gobernador.

—Me importa un *higo* el Gobernador y otro *higo* su bandera. ¡Alto, he dicho, mulero!

—¡Parad el convoy si os atrevéis! —gritó el cabo amartillando el mosquete—. ¡Adelante el mulero!

Este descargó un fuerte varazo a la bestia; pero el portazguero se abalanzó y se apoderó del ronzal. Entonces el cabo le apuntó con su mosquete y lo mató de un tiro.

Al instante se alborotó la calle. Cogieron al viejo cabo, y después de propinarle varios puntapiés, bofetadas y palos —anticipo que se toma casi siempre el populacho en España a los posteriores castigos de la ley—, fue cargado de cadenas y llevado a la cárcel de la ciudad, en tanto que se permitió a sus compañeros seguir con el convoy hasta la Alhambra, después que lo registraron a sus anchas.

El viejo Gobernador montó en violenta cólera cuando supo el ultraje inferido a su bandera y la prisión de su cabo. Por algún tiempo rugió de ira paseando por los salones moriscos y los baluartes, y lanzaba rayos por sus ojos contra el palacio del Capitán General. Cuando desfogó sus primeros arrebatos, envió un mensaje pidiendo la entrega del cabo, alegando que sólo a él pertenecía el derecho de juzgar los delitos de aquellos que estaban bajo sus órdenes. El Capitán General, ayudado por la pluma del regocijado *escribano,* le contestó después de mucho tiempo arguyendo que, como el delito se había cometido dentro del recinto de la población y contra uno de sus funcionarios civiles, no había dudas de que aquel asunto entraba dentro de su propia jurisdicción. Replicó el Gobernador repitiendo su demanda, y volvió a contestar el Capitán General con un alegato más extenso y de mucho fundamento legal. Enfurecióse más el Gobernador y se mostró más perentorio en su petición, y el Capitán General, más frío y copioso en sus respuestas; hasta que el viejo soldado, corazón de león, bramaba materialmente de cólera al verse enredado en las mallas de una controversia jurídica.

En tanto que el sutil *escribano* se divertía de este modo a expensas del Gobernador, seguía su curso el proceso contra el cabo, quien encerrado en un estrecho calabozo de la cárcel sólo disponía de un ventanillo enrejado por el que mostraba su rostro tras los barrotes y por donde recibía los consuelos de sus amigos.

El infatigable *escribano* extendió diligentemente —según la práctica española— una montaña de testimonios escritos; el cabo, totalmente abrumado por tantos argumentos, se declaró convicto de asesinato y fue sentenciado a morir en la horca.

En vano protestó el Gobernador y lanzó amenazas desde la Alhambra. Llegó el día fatal, y el cabo entró *en capilla,* como se hace siempre con los criminales el día antes de la ejecución para que puedan meditar en su próximo fin y se arrepientan de sus pecados.

Viendo que las cosas llegaban a tal extremo, el anciano Gobernador determinó ocuparse personalmente del caso. Con este objeto ordenó sacar su carroza de gala, y, rodeado de sus guardias, bajó por la avenida de la Alhambra hasta la ciudad. Fue a casa del *escribano* y lo mandó llamar al portal.

Los ojos del Gobernador brillaban como brasas al ver al leguleyo que avanzaba hacia él con sonriente aspecto.

—¿Qué es lo que he oído —le gritó— de que habéis condenado a muerte a uno de mis soldados?

—Todo se ha hecho con arreglo a la ley, todo con arreglo a los estrictos procedimientos de la justicia —contestó con aire de suficiencia el regocijado *escribano,* frotándose las manos—. Puedo mostrar a Su Excelencia el testimonio escrito del proceso.

—Traedlo acá —dijo el Gobernador.

El *escribano* entró en su despacho, encantado de tener nueva ocasión en que demostrar su ingenio a costa del testarudo veterano. Volvió con una cartera llena de papeles, y empezó a leer una larga declaración con la volubilidad propia de los de su profesión. Mientras leía se había agrupado en torno un corrillo de gente que escuchaba con el cuello estirado y la boca abierta.

—Haced el favor de entrar en el coche, lejos de estos impertinentes, para que pueda oíros mejor —dijo el Gobernador.

Entró el *escribano* en la carroza y, en un abrir y cerrar de ojos, cerraron la portezuela, restalló el cochero el látigo, y mulas, carruaje, guardias, todo, partió con la celeridad del rayo, dejando atónita a la muchedumbre; y no paró el Gobernador hasta asegurar su presa en uno de los más fortificados calabozos de la Alhambra.

Envió luego, un parlamento con bandera blanca, al estilo militar, proponiendo un canje de prisioneros: el cabo por el escribano. Sintióse herido en su orgullo el Capitán General; contestó con una desdeñosa negativa, y mandó levantar un sólido y elevado patíbulo en el centro de la plaza Nueva, para la ejecución del cabo.

—¡Hola! ¿Esas tenemos? —dijo el Gobernador Manco.

Dio órdenes, e inmediatamente se levantó un patíbulo en el pretil del baluarte saliente que daba a la plaza.

—Ahora —dijo en un mensaje dirigido al Capitán General— ahorcad cuando queráis a mi soldado; pero al mismo tiempo que se esté columpiando en el aire mirad hacia arriba y veréis a vuestro *escribano* bailando en las alturas.

El Capitán General fue inflexible: formaron las tropas en la plaza, redoblaron los tambores, tañeron las campanas. Una inmensa multitud de curiosos se reunió allí para presenciar la ejecución. Por su parte, el Gobernador había formado a su guarnición sobre el baluarte [1], mientras sonaba el fúnebre ta-

---

[1] El llamado *Cubo de la Alhambra.*

ñido desde la *torre de la Campana* [1], anunciando la próxima muerte del escribano.

La esposa de éste se abrió paso entre la muchedumbre, seguida de una numerosa prole de *escribanos* en embrión agarrados a su falda, y arrojándose a los pies del Capitán General, le suplicó que no sacrificase la vida de su marido, su bienestar y el de sus numerosos hijos, por una cuestión de amor propio, «pues demasiado bien conoce Su Excelencia al Gobernador —añadió— para dudar de que cumpla su amenaza de ejecución, si ahorcáis al soldado».

Vencieron al Capitán General las lágrimas de la pobre mujer y los clamores de sus hijos. Fue enviado el cabo a la Alhambra con un piquete, con su ropa del patíbulo, como un fraile encapuchado, pero con la cabeza erguida y el rostro de hierro, y pidió, en cambio, al *escribano,* con arreglo a las condiciones del acuerdo. El antes bullicioso y arrogante hombre de leyes fue sacado del calabozo más muerto que vivo. Toda su presunción y suficiencia habían desaparecido y, según se dice, sus cabellos casi encanecieron del susto; su mirada baja y deprimida, como si todavía sintiese el contacto de la cuerda alrededor de su cuello.

El viejo Gobernador puso su único brazo en jarras, y por breves instantes se le quedó mirando con dura sonrisa.

—De aquí en adelante, amigo mío —le dijo—, moderad vuestro celo en enviar gente a la horca; no confiéis mucho en vuestra seguridad, aunque tengáis de vuestra parte a la ley; y, sobre todo, procurad no hacer alarde de vuestras tretas con un viejo soldado.

[1] Más conocida por *Torre de la Vela.*

EL GOBERNADOR MANCO Y EL SOLDADO

Aunque el Gobernador Manco hacía ostentación de gran aparato militar en la Alhambra, se exasperaba con las continuas quejas dirigidas contra su ciudadela, por haberse convertido en refugio de ladrones y *contrabandistas*. Inesperadamente determinó el viejo potentado hacer un expurgo, y poniendo manos a la obra con toda energía, arrojó de la fortaleza nidos enteros de vagabundos y enjambres de gitanos que poblaban las cuevas situadas en torno a la colina. Ordenó, asimismo, que los soldados patrullasen por todas las alamedas y senderos, con órdenes de detener a todas las personas sospechosas.

Una clara mañana de verano, una patrulla compuesta del viejo enojadizo cabo que se distinguiera en el asunto del escribano, un trompeta y dos soldados, reposaban junto a las tapias del jardín del Generalife, cerca del camino que desciende del cerro del Sol, cuando oyeron las pisadas de un caballo y una voz varonil que cantaba con rudo estilo, aunque bien entonada, una antigua canción guerrera castellana.

Al momento vieron a un hombre vigoroso, de tez curtida por el sol, vestido con un mugriento uniforme de soldado de infantería, que llevaba de las manos un poderoso corcel árabe, enjaezado a la antigua usanza morisca.

Asombrados al contemplar al extraño soldado que bajaba llevando de la mano una caballería por esta solitaria montaña, salió a su encuentro el cabo y le dio el alto.

—¿Quién vive?

—Un amigo.

—¿Quién sois?

—Un pobre soldado que vuelve de la guerra con la cabeza rota y vacía la bolsa como recompensa.

Al llegar aquí ya podían mirarlo más de cerca. Llevaba un parche negro en la frente, que, unido a su barba gris, le daba cierto atrevido aspecto, junto con un movimiento furtivo de ojos; ofreciendo todo el conjunto de su persona cierto aire de pícaro y hombre de buen humor.

Después que hubo contestado a las preguntas de la patrulla, creyóse el soldado con derecho a dirigir otras a su vez.

—¿Puede saberse —dijo— qué ciudad es esa que veo al pie de la colina?

—¿Qué ciudad es ésa? —exclamó el trompeta—. ¡Vamos! ¡Donosa pregunta! ¡Hete aquí un individuo que viene del cerro del Sol y pregunta cómo se llama la gran ciudad de Granada!

—¡Granada! *¡Madre de Dios!* ¿Es posible?

—¡Tal vez no! —replicó el trompeta—. ¿Ignoras por ventura que aquéllas son las torres de la Alhambra?

—¡Vamos, trompeta! —replicó el desconocido—. No te burles de mí. Si es cierto que ésa es la Alhambra, tengo cosas extrañas que revelar al Gobernador.

—Vas a tener esa oportunidad —dijo el cabo—, porque pensamos llevarte a su presencia.

Cogió el trompeta las bridas del caballo y los dos soldados cada brazo del desconocido, y poniéndose el cabo delante, dio la voz: «¡De frente! ¡Marchen!», y se encaminaron a la Alhambra.

El espectáculo de un desharrapado soldado de infantería y un hermoso corcel árabe cautivos de la patrulla, llamó la atención de todos los ociosos de la fortaleza y de los charlatanes que se reúnen a diario en torno a las fuentes y aljibes a primeras horas de la mañana. Las garruchas de los pozos cesaron en sus vueltas, y las criadas, en chanclas y con el cántaro en la mano, se quedaron boquiabiertas al ver pasar al cabo con su presa; y poco a poco un numeroso acompañamiento de curiosos se reunió detrás de la escolta.

Guiñábanse unos a otros y hacían conjeturas y señas. «Es

un desertor», decía uno. «Un *contrabandista*», indicaba otro. «Un *bandolero*», afirmaba un tercero. Hasta corrió la voz de que el cabo y su patrulla, en una valerosa hazaña, habían capturado al capitán de una terrible cuadrilla de forajidos. «¡Bueno, bueno! —decíanse las viejas comadres unas a otras—. Capitán o no, que se libre ahora, si puede, de la garras del Gobernador Manco, aunque sólo tenga una.»

Hallábase sentado el Gobernador Manco en uno de los salones interiores de la Alhambra, tomando su taza de chocolate de la mañana, en compañía de su confesor, un rollizo fraile franciscano del convento vecino. Servíasela una recatada joven malagueña de ojos negros, hija de su ama de llaves. Murmuraba la gente que la moza, a pesar de todo su aparente recato y seriedad, era una taimada y alegre tunanta, que había descubierto el punto flaco del férreo corazón del viejo Gobernador, y lo manejaba a su antojo. Pero dejemos esto: no se deben escudriñar demasiado los asuntos domésticos de estos poderosos potentados de la tierra.

Cuando le comunicaron que un forastero sospechoso había sido detenido merodeando por los alrededores de la fortaleza, y que se encontraba en aquel momento en el patio exterior, en poder del cabo, esperando las órdenes de Su Excelencia, el orgullo y la dignidad de su cargo hinchieron el pecho del Gobernador. Poniendo la taza de chocolate en manos de la recatada joven, requirió su espada y ciñósela al lado, retorcióse los mostachos, tomó asiento en un sillón de ancho respaldo, adoptó un aspecto severo y desagradable, y ordenó que condujesen al prisionero a su presencia. Fue introducido éste, fuertemente maniatado por sus aprehensores y custodiado por el cabo. Conservaba, sin embargo, un aire resuelto y tranquilo, y correspondió a la penetrante e inquisitiva mirada del Gobernador con un gesto burlón que no agradó mucho a la puntillosa autoridad.

—Bueno, acusado —le dijo el Gobernador, tras fijar en él su vista por un momento—. ¿Qué tienes que alegar en tu defensa? ¿Quién eres?

269

—Un soldado que vuelve de la guerra y no trae sino cicatrices y magulladuras.

—¡Un soldado!... ¡Hum!... Y a juzgar por tu uniforme, un soldado de infantería. Pero me han dicho que posees un soberbio caballo árabe. Supongo que lo trajiste también de la guerra, además de las cicatrices y magulladuras.

—Si su Excelencia me lo permite, tengo algo muy extraño que contarle acerca de este caballo; algo singular y maravilloso, que afecta también a la seguridad de esta fortaleza, y hasta de toda Granada; pero es negocio para que lo oigáis a solas, o a lo más ante aquellos que sean de vuestra confianza.

Meditó brevemente el Gobernador, y ordenó que se retirasen el cabo y sus soldados; pero que quedaran apostados detrás de la puerta, prestos para acudir a cualquier llamada.

—Este reverendo fraile —dijo Su Excelencia— es mi confesor, y puedes hablar en su presencia; y esta joven —señalando a la criada, que se hacía la distraída, aunque realmente observaba todo con muestras de gran curiosidad—, esta joven es muy prudente y discreta, y se le puede confiar cualquier cosa.

Dirigió el soldado una burlona mirada de soslayo a la modosa doncella, y dijo:

—En ese caso no hay inconveniente en que se quede la señorita.

Luego que todos los demás se retiraron, comenzó el soldado su historia. Era un individuo simpático, fácil de palabras y que charlaba hasta por los codos, con un dominio del lenguaje que no estaba de acuerdo con su aparente condición.

—Con permiso de Su Excelencia —dijo—, soy, como antes indiqué, un soldado que ha prestado muchos y difíciles servicios; pero habiendo complido el plazo de mi alistamiento, me licenciaron no hace mucho del ejército de Valladolid, y emprendí el camino a pie a mi pueblo natal, que está en Andalucía. Ayer tarde, al ponerse el sol, cuando atravesaba una vasta y árida llanura de Castilla la Vieja...

—¡Alto! —gritó el Gobernador—. ¿Qué estás diciendo? Castilla la Vieja se halla a unas cien leguas de aquí [1].

[1] Doscientas o trescientas millas, en el original.

—No importa —respondió el soldado con frialdad—. Ya dije a Su Excelencia que tenía que relatarle cosas muy extrañas, pero tan peregrinas como verdaderas, según verá Su Excelencia, si se digna escucharme pacientemente.

—Continúa, acusado —dijo el Gobernador retorciéndose el mostacho.

—Pues bien: al ponerse el sol —siguió el soldado— miré a mi alrededor en busca de un albergue para pasar la noche, pero no encontré señales de habitación en todo lo que mi vista pudo alcanzar.

Vi que tendría que extender mi lecho en la desierta llanura, con mi mochila por almohada; pues Su Excelencia es veterano y sabe que para el que ha hecho la guerra, semejante posada nocturna no es un gran trabajo.

El Gobernador hizo una señal de asentimiento, al tiempo que sacaba su pañuelo de la guarnición de la espada, para espantar una mosca que le zumbaba en la nariz.

—Pues bien: para abreviar esta larga historia —continuó el soldado—, anduve algunas leguas hasta llegar a un puente tendido sobre un profundo barranco, cauce de un riachuelo casi seco por el calor del estío. En un extremo del puente había una torre morisca muy ruinosa en su parte superior, pero con una bóveda en los cimientos completamente intacta. «He aquí —me dije— un buen sitio para alojarme.» Bajé, pues, hasta el arroyuelo, y bebí un buen trago, ya que el agua era dulce y pura, y me encontraba muerto de sed; luego, abriendo mi mochila, saqué una cebolla y unos mendrugos de pan que constituían todas mis provisiones, y sentado en una piedra en la margen del arroyo, comencé a cenar y me dispuse después a pasar la noche en la bóveda de la torre. ¡Valiente alojamiento para uno que vuelve de la guerra!; como Su Excelencia, que es un veterano, puede suponer.

—Peores los aguanté yo con gusto en mis tiempos —dijo el Gobernador, poniendo otra vez su pañuelo en la cazoleta de la espada.

—Mientras estaba royendo tranquilamente mi mendrugo —prosiguió el otro— oí que algo se movía dentro de la bóveda; escuché con atención y comprendí que eran las pisadas de un caballo. Al poco rato salió un hombre por una puerta practicada en los cimientos de la torre, junto al arroyo, conduciendo de la brida a un fogoso corcel. A la luz de las estrellas, no pude distinguir quién era. Parecióme sospechoso que alguien estuviese escondido entre las ruinas de una torre y en aquellos agrestes y solitarios parajes. Era posible que fuese un caminante como yo; tal vez un *contrabandista* o un *bandolero*. Después de todo, ¿a mí qué? Gracias a Dios y a mi pobreza, nada tenía que perder; por lo cual, seguí royendo tranquilamente mi mendrugo.

Llevó a su caballo para darle de beber, cerca del sitio donde yo estaba sentado, de manera que tuve ocasión de examinarlo. Observé con gran sorpresa que iba vestido de moro, con coraza de acero y brillante casco que distinguí al reflejarse en él la luz de las estrellas. También iba su caballo enjaezado a la usanza árabe, con grandes estribos. Pues como iba diciendo, lo guió a la orilla del arroyo, donde el animal metió su cabeza hasta los ojos, y tanto bebió que creí reventaría.

—Camarada —le dije—: bien bebe tu caballo. Cuando mete el hocico tan decidido en el agua, buena señal.

—Ya puede beber —dijo el desconocido, con marcado acento árabe—, pues hace más de un año que bebió por última vez.

—¡Por *Santiago!* —exclamé—. En eso aventaja incluso a los camellos que he visto en Africa. Pero acércate, que al parecer tienes algo de soldado. ¿No quieres sentarte y participar de la pobre comida de un compañero?

Realmente, sentía la necesidad de compañía en aquel lugar solitario, y nada me importaba que aquel individuo fuese un infiel. Además, como Su Excelencia sabe muy bien, poco interesan a un militar las creencias que profesan sus compañeros, pues los soldados de todos los países son amigos en tiempos de paz.

El Gobernador asintió de nuevo, moviendo la cabeza.

—Pues bien: como iba diciendo le invité a participar de mi

cena, según costumbre, pues es lo menos que podía hacer en prueba de hospitalidad.

—No tengo tiempo para detenerme a comer o beber —me contestó—. Necesito hacer un largo viaje antes que amanezca.

—¿En qué dirección? —le pregunté.

—Hacia Andalucía —me respondió.

—Precisamente ésa es mi ruta —dije—; y puesto que no quieres detenerte a comer conmigo, permíteme que monte contigo en el caballo. Veo que es un animal vigoroso, y estoy seguro de que podrá llevar doble carga.

—De acuerdo —dijo el jinete—. Y no hubiera sido cortés ni propio de un buen soldado el negarse, sobre todo porque le había invitado antes a cenar conmigo. Por tanto, montó a caballo, y yo me acomodé en la grupa.

—Tente firme —me advirtió—, pues mi caballo corre como el viento.

—No te preocupes por mí —le respondí—. Y nos pusimos en marcha.

El caballo, que iba a buen paso, marchó luego al trote, del trote pasó al galope, y del galope a una desenfrenada carrera. Rocas, árboles, casas, todo, en fin, parecía volar detrás de nosotros.

—¿Qué ciudad es aquélla? —le pregunté.

—Segovia —contestó; y antes que salieran estas palabras de su boca, las torres de Segovia se habían perdido de vista. Subimos la Sierra de Guadarrama y pasamos por El Escorial, rodeamos las murallas de Madrid y cruzamos las llanuras de la Mancha. De este modo, escalando cerros y bajando valles, pasamos junto a torres y ciudades envueltas en profundo sueño, dejando atrás sierras, llanuras y ríos, que brillaban a la luz de las estrellas.

—Para abreviar esta larga historia y no cansar a Su Excelencia, diré que el jinete refrenó bruscamente su caballo en la ladera de una montaña.

—Ya hemos llegado —dijo— al término de nuestro viaje.

Miré en torno mío y no vi señales de que aquello estuviese poblado; tan sólo se percibía la boca de una caverna. Mientras miraba, descubrí una multitud de gente vestida con trajes moros, unos a caballo y otros a pie, que llegaban como traídos por el viento de todos los puntos cardinales, y se precipitaban por la sima de la caverna como las abejas de una colmena. Antes que pudiera hacer pregunta alguna, hincó el jinete sus largas espuelas moriscas en los ijares de su caballo y se metió entre el tropel. Pasamos por una senda inclinada y tortuosa que descendía hasta las mismas entrañas del monte. A medida que avanzábamos empezó a vislumbrarse gradualmente una luz semejante a los primeros resplandores del día; pero no pude averiguar cuál fuera su causa. Se hizo después cada vez más intensa, y me permitió observar todo lo que me rodeaba. Noté entonces, a nuestro paso, grandes cavernas abiertas a derecha e izquierda, que parecían las cámaras de un arsenal. En unas había escudos, yelmos, corazas, lanzas y cimitarras, pendientes de las paredes; en otras, grandes montones de municiones de guerra y equipos de campaña tirados por el suelo.

¡Cómo se hubiera alegrado Su Excelencia, siendo como es un veterano, al ver tantos pertrechos bélicos! Había además en otras cavernas largas filas de jinetes armados hasta los dientes, lanza en ristre y con las banderas desplegadas, dispuestos todos a salir al campo de batalla; pero inmóviles en sus monturas, como estatuas. En otros salones había guerreros durmiendo en el suelo junto a sus caballos, y soldados de infantería en grupos, dispuestos a formar en filas. Todos estaban vestidos y armados a la manera morisca.

En fin, Excelencia, para abreviar esta larga historia: entramos por último en una inmensa caverna o, mejor dicho, un palacio en forma de gruta, cuyas paredes parecían veteadas de oro y plata, y refulgían de diamantes, zafiros y toda clase de piedras preciosas. En la parte del fondo se hallaba sentado un rey moro en un trono de oro, con sus nobles a cada lado y una guardia de negros africanos con las cimitarras en alto. Todos los que seguían entrando en tropel, que ascendían a miles y miles, pasaban uno a uno ante su trono y le rendían pleitesía. Unos de entre aquella muchedumbre vestían magníficos trajes sin mancha ni rotura alguna y deslumbrantes de joyas; otros, armaduras bruñidas y esmaltadas; en tanto que otros, por el contrario, llevaban mugrientas y harapientas prendas y armaduras abolladas, destrozadas y cubiertas de orín.

Hasta este momento yo no había despegado los labios, pues no ignora Su Excelencia que un soldado no debe hacer muchas preguntas cuando está de servicio; pero ya no pude guardar silencio por más tiempo.

—Por favor, compañero —le pregunté—, ¿qué significa todo esto?

—Esto —dijo el soldado— es un grande y terrible misterio. Sabe, ¡oh cristiano!, que tienes ante tu vista la Corte y ejército de Boabdil, último rey de Granada.

—¿Qué estás diciendo? —exclamé—. Boabdil y su Corte fueron desterrados de este país hace cientos de años, y todos murieron en Africa.

—Así se cuenta en vuestras mentirosas crónicas —contestó el moro—; pero has de saber que Boabdil y los guerreros que tomaron parte en la postrera batalla por la defensa de Granada, quedaron todos encerrados en esta montaña en virtud de un poderoso encantamiento. En cuanto al rey y al ejército que salieron de Granada al tiempo de la rendición, era una simple comitiva fantasmal de espíritus y demonios a quienes se les permitió tomar aquellas formas para engañar a los reyes cristianos. Más te diré, amigo: toda España es un reino que se encuentra bajo un poder mágico. No hay cueva en el monte, solitaria atalaya en el llano, ni castillo ruinoso en las colinas, que no oculte algún guerrero encantado durmiendo siglos y siglos bajo sus bóvedas, hasta que expíen los pecados por los cuales Alá permitió que sus dominios pasaran por algún tiempo a manos cristianas. Una vez al año, en la víspera de San Juan, quedan libres del hechizo, desde la puesta del sol hasta el amanecer, y se les permite venir aquí para rendir homenaje a su soberano; así que la muchedumbre que ves bullir en la caverna son guerreros musulmanes que acuden desde sus antros repartidos por todos los lugares de España. Por lo que a mí se refiere, ya contemplaste en Castilla la Vieja la ruinosa torre del puente, donde he pasado centenares de inviernos y veranos y adonde he de volver antes de la aurora. En cuanto a los batallones de caballería e infantería que has visto formados en las cavernas vecinas, son los embrujados guerreros de Granada. Escrito está en el libro del Destino que cuando se rompa el encanto, bajará Boabdil de la montaña a la cabeza de este ejército, recobrará su trono de la Alhambra y su imperio granadino, y reuniendo a todos los hechizados guerreros de toda España, reconquistará la Península y la someterá al dominio musulmán.

—Y ¿cuándo sucederá esto? —inquirí.

—Sólo Alá lo sabe. Todos creíamos cercano el día de nuestra liberación; pero reina actualmente en la Alhambra un celoso gobernador, fiel y viejo soldado, conocido por el Gobernador Manco. Mientras este guerrero mande aquella avanzada y esté dispuesto a rechazar la primera irrupción de la montaña, mucho me temo que Boabdil y sus tropas tengan que contentarse con descansar sobre las armas.

Al llegar aquí se irguió el Gobernador, se ajustó la espada y retorció de nuevo los mostachos.

—Para abreviar esta larga historia y no cansar más a Su Excelencia: el soldado moro, luego de contarme esto, se apeó de su corcel y me dijo:

—Quédate aquí al cuidado de mi caballería mientras voy a doblar la rodilla ante Boabdil.

Y dicho esto, se confundió entre la multitud que rodeaba el trono.

«¿Qué haré? —pensé al quedarme solo—. ¿Debo esperar a que vuelva este infiel y me lleve en su mágico caballo Dios sabe dónde, o aprovecho el tiempo y huyo de esta comunidad de espectros?» Un soldado se decide pronto, como sabe Su Excelencia; y en cuanto al caballo, pertenecía a un declarado enemigo de la fe y de la patria, por lo que lo consideré botín legal según las leyes de la guerra. Así, pues, pasando de la grupa a la silla, volví riendas, piqué espuelas con los estribos moriscos en los ijares del animal y me abrí paso por el mismo pasadizo por el que había entrado. Al atravesar los salones en que estaban formados los jinetes musulmanes en inmóviles batallones me pareció oír resonar las armaduras y un sordo murmullo de voces. Aguijoneé al caballo de nuevo y redoblé la carrera. Sentí entonces a mi espalda un ruido como de ráfaga impetuosa; escuché el choque de mil herraduras, y me vi alcanzado por un incalculable número de gente, arrastrado por las turbas y lanzado por la boca de la caverna, mientras millares de figuras sombrías se esparcían en todas direcciones por los cuatro puntos cardinales.

En el tumulto y confusión de aquella escena, caí al suelo sin sentido. Al volver en mí, me encontré tendido en la cumbre de una colina, con el caballo árabe de pie a mi lado, pues al caer quedó enredado mi brazo en las riendas, lo que creo le impidió que escapara hacia Castilla la Vieja.

Fácilmente comprenderá Su Excelencia mi sorpresa al mirar a mi alrededor y no ver sino setos de pitas y chumberas, productos del clima meridional, y más abajo, una gran ciudad con torres, palacios y una gran catedral.

Descendía cautelosamente del cerro llevando a mi cabalgadura de las riendas, pues temía montar de nuevo, no me fuera a jugar alguna mala pasada. Cuando bajaba me encontré con vuestra patrulla, la cual me informó era Granada la que tenía ante mi vista, y que me encontraba en aquel momento bajo las murallas de la Alhambra, fortaleza del temido Gobernador Manco, terror de todos los encantados musulmanes. Al oír esto determiné inmediatamente buscar a Su Excelencia para informarle de cuanto había visto, y estuvieseis prevenido de los peligros que os rodean y amenazan, y pueda Su Excelencia tomar a tiempo sus medidas para proteger la fortaleza, y aun el reino, del ejército clandestino que se oculta en las mismas entrañas de la tierra.

—Y dime, amigo, tú que eres un veterano y has llevado a cabo tan importantes servicios —le dijo el Gobernador—. ¿Qué me aconsejas que haga para precaver esos peligros?

—No está bien en un humilde soldado raso —contestó el otro modestamente— pretender dar instrucciones a un jefe de la sagacidad de Su Excelencia; pero me parece que deberíais mandar tapiar todas las cuevas y entradas de las montañas, de modo que Boadbil y su ejército quedasen taponados para siempre en su morada subterránea. Además, si este buen padre —añadió el soldado, haciendo una reverencia al fraile y santiguándose devotamente— tuviera a bien consagrar las *barricadas* con su bendición, y poner unas cuantas cruces, reliquias e imágenes de santos, creo que sería suficiente para resistir todo el poder de los encantamientos infieles.

—Eso sería sin duda de un gran efecto —dijo el fraile.

El Gobernador puso entonces en jarras su único brazo, con la mano apoyada en el puño de su espada toledana, fijó su mirada en el soldado y, moviendo la cabeza, le dijo:

—¿De modo, amigo, que supones positivamente que yo voy a dejarme engañar con esa absurda historia de montes y moros hechizados? ¡Óyeme, acusado: ni una palabra más! Tú serás un soldado viejo, pero tienes que habértelas con otro más viejo que tú, que no se deja seducir tan fácilmente. ¡Hola! ¡Aquí, guardias! ¡Cargad de cadenas a este sujeto!

La modosa sirvienta hubiera intercedido con gusto en favor del prisionero; pero el Gobernador le impuso silencio con la mirada.

Mientras maniataban al soldado, uno de los guardias tentó un bulto en su bolsillo y, sacándolo fuera, vio que era una gran bolsa de cuero, al parecer bien repleta. Cogiéndola por un extremo, vació su contenido sobre la mesa, ante la presencia del Gobernador, y nunca bolsa de saqueador ofreció objetos de tanta valía. Cayeron sortijas, joyas, rosarios de perlas y resplandecientes cruces de diamantes, junto con una profusión de monedas de oro antiguas, algunas de las cuales rodaron tintineando al suelo, y fueron resbalando hasta los más apartados rincones de la estancia.

Por un momento se suspendieron las funciones de la Justicia, pues todos se dedicaron a la busca de las brillantes fugitivas. Tan sólo el Gobernador, revestido de una auténtica gravedad española, conservó su majestuoso decoro, aunque sus ojos revelaban cierta ansiedad, hasta que la última moneda y la última alhaja fueron restituidas a la bolsa.

El fraile no parecía tan tranquilo; su rostro estaba encen-

278

dido como un horno y sus ojos centelleaban y echaban fuego al mirar los rosarios y cruces.

—¡Miserable sacrílego! —exclamó—. ¿A qué iglesia o santuario has despojado de estas sagradas reliquias?

—Ni lo uno ni lo otro, reverendo padre. Si son despojos sacrílegos, debieron de ser robados en tiempos pasados por el soldado infiel que mencioné. Precisamente iba a decir a Su Excelencia, cuando me interrumpió, que al posesionarme del caballo moro, desaté una bolsa de cuero que pendía del arzón de la silla, y que supongo contenía el botín de sus antiguos días de campaña, cuando los moros invadieron el país.

—Muy bien; ahora debes hacerte a la idea de que te alojarás en un calabozo de Torres Bermejas, que aunque no están bajo ningún mágico sortilegio, te tendrán tan bien guardado como cualquier cueva de tus encantados moros.

—Su Excelencia hará lo que crea más conveniente —contestó con frialdad el prisionero—. Os agradeceré mi hospedaje en la fortaleza. Un soldado que ha estado en la guerra, como muy bien sabe Su Excelencia, no es nada exigente en sus alojamientos. Con tal de tener un cómodo calabozo y un normal racionamiento, yo me las arreglaré para pasarlo a gusto. Sólo quisiera suplicar a Su Excelencia, puesto que se cuida tanto de mí, que vigile también su ciudadela y medite en las advertencias que le he hecho de tapiar las entradas de la montaña.

Y aquí terminó aquella escena. El prisionero fue llevado a un seguro calabozo de Torres Bermejas, el corcel árabe conducido a las caballerizas de Su Excelencia, y la bolsa del soldado depositada en la fuerte caja del Gobernador. Bien es verdad que a esto último puso el fraile algunas objeciones, manifestando que aquellas sagradas reliquias, evidentemente sacrílegos despojos, deberían ponerse bajo la custodia de la Iglesia; pero como el Gobernador se mostrase terminante en aquel asunto, siendo como era señor absoluto de la Alhambra, el fraile esquivó prudentemente la cuestión, aunque decidido en su interior a informar del caso a las autoridades eclesiásticas de Granada.

Para explicarnos estas rápidas y rígidas medidas por parte

del viejo Gobernador Manco, conviene observar que por este tiempo los montes de la Alpujarra, no lejos de Granada, estaban infestados por una partida de ladrones capitaneados por un temible jefe llamado Manuel Borasco, el cual solía merodear por el campo y se atrevía incluso a penetrar en la ciudad, con diferentes disfraces, para procurarse noticias de los convoyes de mercancías próximos a salir, o de los viajeros con las bolsas bien repletas, los cuales cuidaban de atacar en los apartados y solitarios pasos del camino. Estos repetidos y peligrosos atropellos habían llamado la atención del Gobernador, y los comandantes de varios puestos habían recibido instrucciones para que estuviesen alerta y detuvieran a todos los vagabundos sospechosos. El Gobernador Manco mostró un celo especial, a consecuencia de los varios estigmas que habían caído sobre la fortaleza, y no dudaba que en esta ocasión había atrapado a algún terrible malhechor de aquella partida.

Entre tanto, divulgóse la historia y llegó a ser el tema de todas las conversaciones, no sólo de la ciudadela, sino de toda Granada. Decíase que el célebre bandido Manuel Borasco, terror de las Alpujarras, había caído en las garras del viejo Gobernador Manco, y que éste le había encerrado en un calabozo de Torres Bermejas; por lo que acudieron allí todos los que habían sido robados por él para ver si reconocían al salteador. Como es sabido, Torres Bermejas está enfrente de la Alhambra, en una colina gemela separada de la fortaleza principal por el barranco donde se encuentra el paseo central. No tenía murallas exteriores, pero un centinela patrullaba delante de la torre. La ventana del cuarto en el que estaba encerrado el soldado, era de fuertes barrotes y miraba a una pequeña explanada. Allí acudían las buenas gentes de Granada para ver al prisionero como si fuera una temible hiena revolviéndose en la jaula de una casa de fieras. Nadie, sin embargo, lo reconoció por Manuel Borasco, pues el terrible bandolero distinguíase por su feroz fisonomía, y no tenía en modo alguno la mirada burlona y divertida del prisionero. Vinieron a verle gentes no sólo de la ciudad, sino de todas las partes del país; pero ninguno le conocía, con lo que comenzaron a nacer dudas en la imaginación del vulgo sobre si sería o no cierta la historia que narraba, pues era vieja tradición de muchos de los ancianos habitantes de la fortaleza, que habían recibido de sus padres, que Boabdil y su ejército se encontraban encerrados en la montaña. Numerosas personas subieron al cerro del Sol o de Santa Elena en busca de la cueva mencionada por el soldado, y se asomaron a la boca de un profundo y tenebroso pozo que desciende en la montaña, nadie sabe hasta dónde —el cual subsiste en nuestros días—, y que podría ser la fabulosa entrada a la morada subterránea de Boabdil. Poco a poco fue el soldado haciéndose popular entre el vulgo. Un bandolero de la sierra no tiene en modo alguno en España el oprobioso carácter que el ladrón en los demás países, sino que, por el contrario, es una especie de personaje caballeresco a los ojos de las clases bajas. Hay también cierta predisposición a censurar la conducta de los que mandan; y muchos comenzaron a murmurar de las severas medidas del viejo Gobernador Manco, considerando al prisionero como un mártir.

El soldado, además, era un individuo alegre y zumbón que gastaba una broma a todo el que se acercaba a la ventana, y tenía siempre disponible un galante requiebro para cada mujer. Se había procurado, además, una vieja guitarra, y sentado junto a la ventana entonaba baladas y coplas amorosas para deleite de las mujeres de la vecindad, que se reunían a la caída de la tarde en la explanada y bailaban *boleros* al son de su música. Se había recortado su espesa barba, y su rostro curtido por el sol se hizo agradable a los ojos de las niñas bonitas, y hasta la recatada criada del Gobernador confesaba que su picaresca mirada era completamente irresistible. Esta sensible joven demostró desde el principio una profunda simpatía por sus desgracias, y después de haber pretendido en vano suavizar la aspereza del Gobernador, se decidió a obrar por su cuenta para mitigar el rigor de sus disposiciones. Todos los días llevaba al prisionero algunos regalillos que se perdían de la mesa de Su Excelencia, o eran sustraídos de su despensa, junto con alguna que otra reconfortable botella de selecto *Valdepeñas* o rico Málaga.

Mientras se cometía esta inocente traicioncilla en el mismo centro de la ciudadela del viejo Gobernador, sus enemigos exteriores preparaban la borrasca de una guerra abierta. La circunstancia de haberse encontrado una bolsa llena de monedas de oro y alhajas en la persona del supuesto ladrón, se difundió exageradamente por toda Granada. Una cuestión de jurisdicción territorial fue planteada en seguida por el Capitán General, implacable enemigo del Gobernador. Insistía aquél en que el prisionero había sido capturado fuera del recinto de la Alhambra y dentro del territorio de su autoridad; reclamó, por tanto, su persona y las *spolia optima* cogidas con él. Habiendo informado el fraile, a su vez, al Gran Inquisidor, de las cruces, rosarios y otras reliquias contenidas en la bolsa, requirió éste al reo como culpable de sacrilegio, insistiendo en que lo robado pertenecía a la Iglesia, y su cuerpo al próximo *auto de fe*. La disputa arreció; el Gobernador estaba furioso y juraba que antes de entregar a su prisionero lo haría ahorcar dentro de la Alhambra, como espía cogido en los límites de la fortaleza.

El Capitán General amenazó con enviar un destacamento de soldados para trasladar al prisionero desde Torres Bermejas a la ciudad. El Gran Inquisidor también estaba dispuesto a mandar cierto número de familiares del Santo Oficio. Una noche fue enterado el Gobernador de estas maquinaciones.

—Que vengan —dijo—. No me cogerán desprevenido. Mucho tiene que madrugar quien intente engañar a este soldado viejo.

Dio, por consiguiente, órdenes para que el preso fuese conducido al amanecer a una mazmorra que había dentro de las murallas de la Alhambra.

—Y óyeme, niña —dijo a su recatada doncella—: toca a mi puerta y despiértame antes que cante el gallo, para que presencie yo mismo la ejecución de mis órdenes.

Vino el día, cantó el gallo, pero nadie llamó a la puerta del Gobernador. Apareció el sol sobre las montañas, y ya brillaba en su ventana, cuando fue despertado Su Excelencia de su sueño matutino por su veterano cabo, que se le presentó con el terror retratado en su semblante de hierro.

—¡Se fue! ¡Se ha escapado! —gritó el cabo tomando alientos.

—¿Quién se fue? ¿Quién se ha escapado?

—¡El soldado..., el bandido..., el diablo!, pues no se sabe lo que era. Su calabozo está vacío, pero la puerta cerrada. ¡Nadie se explica cómo ha podido salir!

—¿Quién lo vio por última vez?

—Vuestra criada: ella le llevó la cena.

—Que venga al momento.

Aquí hubo un nuevo motivo de confusión. El cuarto de la pudorosa damisela se hallaba también vacío, y en su cama no había dormido nadie; era evidente que había huido con el preso, pues recordóse que desde hacía varias semanas sostenía frecuentes conversaciones con él.

Esto hirió al Gobernador en su parte más sensible; pero apenas tuvo tiempo de reponerse, cuando nuevas desdichas surgieron ante su vista. Al entrar en su despacho encontró abierta la caja fuerte y robada la bolsa de cuero del soldado, junto con dos gruesos talegos llenos de doblones.

Ahora bien: ¿cómo y por dónde habían desaparecido los fugitivos? Un viejo labrador que vivía en un cortijo junto al camino que llevaba a la sierra, declaró que había oído, al romper el alba, las pisadas de un poderoso corcel en dirección a los montes. Se asomó a mirar por la ventana, y apenas pudo distinguir a un jinete con una mujer sentada en la delantera.

—¡Registrad las caballerizas! —gritó el Gobernador Manco.

Fueron, en efecto, registradas las cuadras; todos los caballos permanecían en sus pesebres, menos el árabe. En su lugar se veía sujeto al pesebre un grueso garrote, y junto a él un letrero con estas palabras: «Regalo para el Gobernador Manco, de un soldado viejo.»

UNA FIESTA EN LA ALHAMBRA

E L día del santo de mi vecino y aristocrático compañero el conde, se celebró durante su estancia en la Alhambra, con cuyo motivo hubo una fiesta [1] familiar, reuniendo en torno suyo a los miembros de su familia y a toda la servidumbre, así como a los mayordomos y viejos servidores que vinieron de sus lejanas posesiones para felicitarlo y participar del espléndido festín con que seguramente los obsequiaría. Aquello significaba el símbolo, aunque algo desvanecido, de las costumbres de un noble español en otros tiempos.

Siempre fueron grandiosos [2] los españoles en sus ideas acerca de las formas y usos sociales. Grandes palacios, pesados carruajes cargados de lacayos y palafreneros, séquitos pomposos y holgazanes subalternos de toda clase. La dignidad de un noble parece proporcionada al gentío que vaga por sus salones, alimentado a sus expensas, dando la impresión de que van a devorarlo vivo. Esto, sin duda, tuvo su origen en la necesidad de mantener huestes de partidarios armados durante la guerra contra los moros; luchas de incursiones y sorpresas, en los que un noble estaba expuesto a verse inesperadamente atacado en su castillo por una correría del enemigo, o a ser llamado por su soberano al campo de batalla.

Esta costumbre se conservó después que terminaron las

---

[1] *Fête*, en el original.
[2] Conservo la voz del original *grandiose*, tomada lo mismo que el francés *grandiose* y el alemán *grandios*, del castellano *grandioso*. (Cf. RAMÓN MENÉNDEZ PIDAL: *El lenguaje del siglo XVI.) (N. del T.)*

guerras; y lo que nació por necesidad se continuó por pura ostentación. Las riquezas que afluyeron al país con ocasión de las conquistas y descubrimientos fomentaron esta pasión por las regias instituciones. Según esta magnífica y vieja costumbre española, en la que el orgullo desplegado está en relación con la generosidad, jamás es despedido un criado imposibilitado, sino que se convierte en una carga durante el resto de sus días.

Es más: sus hijos, los hijos de sus hijos e incluso sus parientes de a diestro y siniestro, van vinculándose poco a poco a la familia. Y así se explica la existencia de esos enormes palacios de la nobleza española, que tienen un aspecto de vacua ostentación por la magnitud de sus dimensiones comparado con la mediocridad y escasez de su mobiliario, y que fueron absolutamente indispensables en la Edad de Oro de España, dadas las costumbres patriarcales de sus propietarios. Eran poco más que inmensos cuarteles para las hereditarias generaciones de parásitos que medraban a expensas de cada noble español.

Estos hábitos patriarcales de la nobleza española han declinado de acuerdo con sus ingresos, aunque el espíritu que los inspiraba todavía se conserva en triste lucha con sus menguadas fortunas. El más pobre de los aristócratas tiene siempre algún zángano hereditario que vive a su costa y lo empobrece aún más. Algunos que, como mi vecino el conde, conservan un poco de sus antiguas posesiones regias, mantienen una sombra del viejo régimen, y tienen invadidas sus fincas y consumidos sus productos por generaciones de ociosos parientes.

El conde poseía ricas propiedades en varias partes del reino, algunas de las cuales abarcaban pueblos enteros, aunque las rentas que percibía de ellas eran relativamente exiguas e incluso insuficientes, según me manifestó, para alimentar a las hordas de criados que vivían en ellas, quienes se creían con derecho a vivir sin pagar tributo y a seguir disfrutando de aquella ganga, porque así lo hicieron sus antepasados desde tiempo inmemorial.

La onomástica del viejo conde me proporcionó una magnífica oportunidad de conocer el interior de un español. Durante dos o tres días se efectuaron los preparativos previos para la fiesta. Trajéronse de la ciudad viandas de todas clases que regalaban los nervios olfatorios de los viejos e inválidos guardias, al pasar ante ellos por la puerta de la Justicia. Los criados se apresuraban oficiosamente por los patios, y la vieja cocina del palacio andaba otra vez animada por el ajetreo de cocineros y pinches, y en ella se encendía un fuego desacostumbrado.

Al llegar el ansiado día vi al anciano conde en actitud patriarcal, rodeado de su familia y servidumbre y los funcionarios que mal administraban sus lejanas propiedades y consumían su hacienda; mientras numerosos y viejos criados caducos y protegidos vagaban perezosos por los patios y se contentaban entre tanto con el olor que procedía de la cocina; fue aquélla una jornada de fiesta en la Alhambra.

Los invitados se dispersaron por el palacio antes de la hora de comer, gozando del placer de sus patios y fuentes y de sus cerrados jardines; y la música y las risas resonaron ahora por sus antes silenciosos salones.

La fiesta, ya que un señalado banquete en España es literalmente una fiesta [1], fue dada en la hermosa sala *morisca* de *las Dos Hermanas*. La mesa aparecía repleta de todos los bocados exquisitos de la estación: una serie interminable de platos, notoria demostración de cómo las bodas de Camacho el rico, en *Don Quijote,* representaban el cuadro de un banquete a la española. Una franca alegría reinaba en torno a la mesa, pues aunque los españoles son generalmente sobrios se vuelven con frecuencia alegres en exceso, sobre todo los andaluces, en ocasiones como la presente. Por mi parte sentía cierta excitante sensación en aquel festín que se desarrollaba en las regias habitaciones de la Alhambra, ofrecido por quien podía reclamar una remota afinidad con los reyes musulmanes, y que era heredero representativo de Gonzalo de Córdoba, uno de los más famosos conquistadores cristianos.

---

[1] Juego de palabras del autor. *Feath* lo mismo significa *fiesta* que *festín.*

Terminado el banquete, pasaron los invitados al salón de Embajadores. Todos trataron allí de contribuir al entretenimiento general, cantando, improvisando, narrando cuentos maravillosos o bailando danzas populares con el acompañamiento de ese talismán de la alegría española, que todo lo penetra, que es la guitarra.

La deliciosa hija del conde era, como de costumbre, alma y vida de la reunión y me sorprendió más que nunca su fácil y maravillosa versatilidad. Tomó parte con algunas de sus compañeras en dos o tres escenas de una elegante comedia, representándolas con exquisito primor y acabada gracia; imitó los cantos populares italianos, unos en serio y otros en broma, con una rara calidad de voz y, según me aseguraron, con singular fidelidad; imitó, asimismo, con igual acierto, el habla, bailes, canciones, movimientos y ademanes de los gitanos y campesinos de la vega; y todo lo hizo con una gracia, donaire y delicado tacto verdaderamente fascinadores.

El mayor encanto de todo lo que hacía residía en su libertad de pretensiones o de ambiciosa exhibición, en su feliz espontaneidad. Todo en ella nacía al impulso de un momento, o a la pronta complacencia a una petición. Parecía no darse cuenta de lo peregrino y variado de su propio talento, y era como una niña que goza en su hogar la alegría de su inocente e ingenuo espíritu. Supe, en efecto, que nunca había dado a conocer sus gracias en la sociedad, sino tan sólo, como en el caso presente, en el círculo doméstico.

Su facultad de observación y su penetración de carácter debían de ser muy agudas, ya que pocas y fugaces ocasiones se le habrían presentado de presenciar las escenas, maneras y costumbres imitadas con tanta gracia y veracidad.

—Realmente es un enigma para nosotros —decía la condesa— dónde haya aprendido *la niña* estas cosas, pues se ha pasado casi toda la vida en casa, en el seno de la familia.

La noche se aproximaba; comenzó el crepúsculo a tender su sombra por los salones, y los murciélagos a salir revoloteando de sus escondrijos. A la joven y a algunas de sus compañeras les vino el capricho de ir a explorar, guiadas por Dolores, los lugares menos frecuentados del palacio, en busca de misterios y encantamientos. Así conducidas, se asomaron medrosas a la oscura y vieja mezquita, pero retrocedieron al punto al decirles que allí había sido asesinado un rey moro. Se aventuraron en los misteriosos rincones de los baños, asustándose con los ruidos y murmullos de los ocultos acueductos, y huyeron con fingido pánico ante la supuesta alarma de unos fantasmas moros. Emprendieron entonces la aventura de la puerta de Hierro, lugar de triste recuerdo en la Alhambra. Se trata de una puerta posterior que da a un sombrío barranco; a él conduce un estrecho pasadizo cubierto, utilizado con terror por Dolores y sus compañeras de juego en la infancia, y en el que, según se dice, sale algunas veces del muro una mano sin cuerpo que se apodera de los que pasan.

El pequeño grupo de buscadoras de hechizos se aventuró hasta la entrada de este pasadizo cubierto, pero nada las animaba a entrar en él a aquella hora de intensa oscuridad; les infundía pavor la garra del brazo espectral.

Se decidieron por último a regresar corriendo al salón de Embajadores, en un cómico arrebato de miedo, pues habían visto en realidad dos misteriosas figuras todo vestidas de blanco. Las muchachas no se detuvieron a examinarlas; pero no podían haberse equivocado, pues brillaban claramente a través de la lóbrega oscuridad que las rodeaba. Pronto llegó Dolores y resolvió el problema. Aquellos espectros resultaron ser las estatuas de dos ninfas de mármol blanco, colocadas a la entrada del pasillo abovedado. Al enterarse de ello, un grave, pero también algo socarrón anciano caballero que estaba presente, abogado o asesor legal del conde, según creo, manifestó que estas estatuas se relacionaban con uno de los mayores misterios de la Alhambra; que existía una curiosa historia relativa a ellas, y que, además, permanecían en aquel lugar como un vivo monumento, tallado en mármol, a la reserva y discreción femeninas. Todos los presentes le rogaron entonces que contara la historia de las estatuas. El caballero hizo una breve pausa para recordar detalles y refirió, en esencia, la leyenda siguiente

LEYENDA DE LAS DOS DISCRETAS ESTATUAS

E N otro tiempo vivía en una amplia habitación de la Alhambra un jovial hombrecillo llamado Lope Sánchez, que trabajaba en los jardines y se pasaba cantando todo el día, alegre y activo como un saltamontes. Era el alma y vida de la ciudadela; cuando concluía su tarea, se sentaba en uno de los bancos de piedra de la explanada, y cantaba, acompañado de su guitarra, largos romances del Cid, Bernardo del Carpio, Hernando del Pulgar y otros héroes españoles, para divertir a los inválidos de la fortaleza, o bien entonaba otros aires más alegres para que las jóvenes bailasen *boleros* y *fandangos*.

Como la mayor parte de los hombres pequeños de estatura, Lope Sánchez tenía por esposa una mujer alta y robusta que casi se lo hubiera podido guardar en el bolsillo; pero no alcanzó nuestro hombre la misma suerte que el común de los pobres, pues en lugar de tener diez chiquillos, no tenía más que una niña, bajita, de ojos negros, que contaba a la sazón doce años de edad, tan alegre como él, llamada Sanchica; la cual hacía las delicias de su corazón, jugaba junto al padre mientras éste se afanaba en los jardines, bailaba al compás de su guitarra cuando él se sentaba a la sombra, y corría como un cervatilla por los bosques, alamedas y ruinosos salones de la Alhambra.

Era la víspera de San Juan, y la gente de humor de la Alhambra aficionada a celebrar los días festivos, hombres, mujeres y niños, subieron por la noche al cerro del Sol, que se elevaba por encima del Generalife, para pasar la velada en su alta meseta. Hacía una clara noche de luna; todas las montañas aparecían bañadas con su grisácea y plateada luz; la ciudad, con sus cúpulas y campanarios, se mostraba envuelta en la sombra, y la vega aparecía como una tierra de hadas, llena de arroyuelos encantados que brillaban como cintas de plata entre las oscuras arboledas. En la parte más empinada del cerro prendieron una hoguera, según una antigua costumbre del país conservada desde el tiempo de los moros. Los habitantes de los campos vecinos celebraban de igual manera la velada, con hogueras encendidas en diversos lugares de la vega y en las laderas de las montañas, que refulgían pálidamente a la luz de la luna.

Transcurrió alegremente la noche, bailando al son de la guitarra de Lope Sánchez, nunca más contento que en estos días de fiesta y regocijo. Mientras todos danzaban, la pequeña Sanchica, con algunas compañeras de juego, se divertía entre las ruinas del viejo fuerte morisco que corona la montaña [1], cuando he aquí que, hallándose cogiendo piedrecillas en el foso, encontró una pequeña mano curiosamente tallada en azabache, con los dedos cerrados y el pulgar fuertemente pegado a ellas. Llena de gozo por su buena suerte, corrió a enseñarle el hallazgo a su madre, e inmediatamente se convirtió éste en tema de prudentes comentarios, siendo mirado por algunos con supersticiosa desconfianza.

—¡Tíralo! —decía uno.

—Es moro, y seguramente encierra algún peligro o brujería —decía otro.

—¡De ningún modo! —añadía un tercero—. Puedes venderlo, aunque sea por poco, a los joyeros del Zacatín.

En medio de esta discusión acercóse un viejo y atezado soldado, que había servido en Africa, de rostro tan tostado como el de un moro, el cual examinó la mano con ademanes de comprensión.

—He visto objetos como éste entre los musulmanes de Berbería. Es un gran amuleto para librarse del mal de ojo y de toda clase de conjuros y hechicerías. Te felicito, amigo Lope; esto presagia buena suerte para tu niña.

[1] Esto es, la *Silla del Moro*.

Al oírlo, la mujer de Lope Sánchez ató la manecita de azabache a una cinta y la colgó al cuello de su hija.

La vista de este talismán trajo a la memoria de los allí reunidos todas las predilectas supersticiones y creencias referentes a los árabes. Olvidóse el baile y, sentados en grupos en el suelo, empezaron a relatar antiguas y legendarias tradiciones heredadas de sus antepasados. Algunas de estas historias se relacionaban con los prodigios y maravillas del mismo cerro en el que se hallaban, famoso en verdad como zona fantástica. Una vieja comadre hizo una detallada descripción del palacio subterráneo que se encuentra en las entrañas de aquel cerro, en donde es opinión que yacen embrujados Boabdil y toda su Corte musulmana.

—Entre aquellas ruinas —dijo señalando unos muros desmoronados y unos montones de tierra algo distantes de la montaña— hay un pozo profundo y tenebroso que se adentra y llega al mismo corazón del monte. No me asomaría yo a él ni por todo el dinero que hay en Granada. Una vez, hace tiempo de esto, un pobre hombre de la Alhambra que guardaba sus cabras en este cerro bajó al pozo en busca de un cabritillo que se le había caído a él. Salió de allí pálido y como loco, y tales cosas aseguró que había contemplado, que todos creyeron había perdido el juicio. Pasóse uno o dos días delirando con los fantasmas moros que le habían perseguido en la caverna, y costó mucho trabajo persuadirle para que llevase de nuevo sus cabras a la colina. Así lo hizo al fin, pero, ¡pobre infeliz!, no volvió a bajar jamás. Los vecinos hallaron sus cabras pastando entre las ruinas moriscas, y su sombrero y su manta junto a la boca del pozo; pero nunca se supo qué fue de él.

La pequeña Sanchica escuchó aquella historia con gran atención. Era curiosa por naturaleza, e inmediatamente se apoderó de ella un vivo deseo de asomarse al peligroso pozo. Separóse de sus compañeras y se dirigió a las apartadas ruinas; luego de andar a tientas algún rato entre ellas, llegó a una pequeña cavidad, cerca de la cima de la montaña, desde la que se bajaba en pronunciado declive hasta el valle del Darro. En el centro de este hueco se abría la boca de un pozo al que se asomó la muchacha, aventurándose hasta el borde. El fondo estaba oscuro como boca de lobo, lo cual daba una idea de su gran profundidad. La sangre quedó helada en sus venas, y retrocedió empavorecida; volvió a mirar de nuevo, y volvió a retirarse; asomóse por tercera vez, porque el mismo horror le hacía sentir cierto deleite. Por último, cogió una gran piedra y la arrojó al fondo. Por algún tiempo cayó el guijarro sin ruido; luego, se sintió su violento choque con algún rocoso saliente; rebotó entonces de un lado para otro, rodando y produciendo un ruido semejante al del trueno, hasta que por último sonó en el agua, lejos, allá abajo, y todo quedó de nuevo en silencio.

Este silencio, sin embargo, no fue de mucha duración. Parecía como si algo hubiera despertado dentro de aquel espantoso abismo. Alzóse poco a poco del fondo del pozo un zumbido semejante al que producen las abejas en una colmena; zumbido que fue creciendo, creciendo, hasta convertirse en un confuso clamoreo de voces como de multitud lejana, junto con un débil choque de armas, estruendo de címbalos y clamor de trompetas, como si algún ejército se aprestase a entrar en combate en las mismas entrañas del cerro.

Retiróse la muchacha con mudo terror y corrió al sitio en que había dejado a sus padres y compañeros; pero todos se habían ido, y la hoguera estaba agonizante, despidiendo su última humareda a los pálidos rayos de la luna. Las lejanas fogatas que habían ardido en las montañas y en la vega se habían extinguido también, y todo parecía haber quedado en reposo. Sanchica llamó a gritos a sus padres y a algunos de sus conocidos, por su nombre, pero no obtuvo respuesta. Bajó corriendo la falda del monte y los jardines del Generalife, hasta que llegó a la alameda que conduce a la Alhambra, donde se sentó para tomar alientos en el banco de un frondoso retiro. La campana de la atalaya de la Alhambra anunció la medianoche. Reinaba una profunda quietud como si durmiese la Naturaleza entera, y sólo se escuchaba el dulce y casi imperceptible murmullo de un oculto arroyuelo que discurría bajo los arbustos.

La suave dulzura de la atmósfera ya la iba adormeciendo, cuando de repente quedó fija su mirada en algo que brillaba allá lejos y, con gran sorpresa suya, descubrió una larga cabalgata de guerreros moros que bajaba por la falda de la montaña a lo largo de las frondosas alamedas. Venían unos armados de lanzas y escudos, y otros con cimitarras, hachas de combate y bruñidas corazas que brillaban a los rayos de la luna. Montaban en corceles que piafaban orgullosos, tascando el freno; pero sus cascos no hacían ruido, como si estuviesen calzados con fieltro. Los jinetes iban todos pálidos como la muerte; entre ellos cabalgaba una hermosa dama, ceñida su frente con una corona y llevando sus largas trenzas de oro entretejidas con perlas. Las gualdrapas de su palafrén, de terciopelo carmesí, bordado en oro, llegaban hasta la tierra; pero ella marchaba sumida en tristeza, con sus ojos fijos en el suelo.

Seguía detrás un séquito de cortesanos lujosamente ataviados con trajes y turbantes de variados colores y, en medio de ellos, sobre un caballo alazán, iba el rey Boabdil el Chico, con un regio manto cubierto de joyas y una resplandeciente corona de diamantes. Sanchica lo reconoció por su barba rubia y por el gran parecido que tenía con su retrato, que ella había visto con frecuencia en la galería de pinturas del Generalife. Contemplaba llena de asombro y admiración aquella regia comitiva, conforme iba pasando deslumbrante por entre los árboles; mas aunque sabía que estos monarcas, cortesanos y guerreros, tan pálidos y silenciosos, estaban fuera del curso normal de la Naturaleza, y no eran sino cosa de magia, los miraba con atrevido corazón; tal era el valor que le había infundido el místico talismán de la manecilla que llevaba pendiente del cuello.

Cuando hubo pasado la cabalgata, se levantó y la siguió. El fantasmal cortejo avanzó hacia la gran puerta de la Justicia, que estaba abierta de par en par; los viejos centinelas inválidos dormían en los bancos de piedra de la barbacana, sumidos en un profundo y, al parecer, mágico sueño, y la fantástica comitiva cruzó por su lado sin ruido con las banderas desplegadas y en actitud de triunfo. Sanchica hubiera deseado ir tras ella; pero observó con gran sorpresa una abertura en la tierra, dentro de la barbacana, que conducía hasta los cimientos de la torre. Se internó un poco, y se atrevió a descender por unos escalones toscamente abiertos en la roca, y a través de un pasadizo abovedado iluminado a trechos por lámparas de plata que, al propio tiempo que iluminaban, despedían un grato perfume. Aventuróse más, y llegó al fin a un gran salón abierto en el corazón de la montaña, magníficamente amueblado al estilo morisco e iluminado también con lámparas de plata y cristal. Allí, recostado en una otomana, aparecía, amodorrado y dando cabezadas, un viejo de larga barba blanca vestido a la usanza mora, con un báculo en la mano que parecía escapársele de los dedos, mientras a corta distancia de él se sentaba una bellísima dama, vestida a la antigua española, con la frente ceñida por una diadema cuajada de brillantes, y su cabellera salpicada de perlas, que pulsaba dulcemente una lira de plata. Sanchica recordó entonces una historia que ella había oído contar a los viejos de la Alhambra acerca de una princesa cristiana, cautiva en el interior de la montaña por las artes de un viejo astrólogo árabe a quien ella a su vez mantenía aletargado en un mágico sueño gracias al poder de la música.

Aquella dama quedó sorprendida al ver a un ser mortal en el encantado salón.

—¿Es la víspera de San Juan? —preguntó.

—Sí —respondió Sanchica.

—Entonces, por esta noche queda en suspenso el mágico encanto. Acércate, niña, y nada temas. Soy cristiana como tú, aunque presa aquí por arte de hechicería. Toca mis cadenas con ese talismán que pende de tu cuello, y quedaré libre durante esta noche.

Esto diciendo, entreabrió sus vestidos y mostró una ancha faja dorada que rodeaba su cintura y una cadena de oro que la tenía aprisionada al suelo. La niña no vaciló en aplicar la manecita de azabache a la faja, e inmediatamente cayó la cadena a tierra. Al ruido, despertó el anciano y comenzó a restregarse los ojos; pero la dama pasó sus dedos por las cuerdas de la lira y nuevamente volvió a su sopor y a dar cabezadas y a vacilar el báculo en su mano.

—Ahora —dijo la cautiva— toca su báculo con tu talismánica manecita de azabache.

Así lo hizo la muchacha, y se deslizó cayendo de la mano del astrólogo, quedando éste en la otomana, sumido en un profundo sueño. La dama apoyó delicadamente la lira de plata sobre el diván, aproximándola a la cabeza del aletargado anciano, y luego pulsó otra vez sus cuerdas hasta que vibraron en sus oídos.

—¡Oh poderoso espíritu de la armonía! —dijo—. Ten encadenados sus sentidos de este modo hasta que el día venga de nuevo. Ahora sígueme, hija mía —continuó—, y verás cómo era la Alhambra en la época de su esplendor, pues eres dueña de un talismán que descubre todas sus maravillas.

Sanchica, calladamente, siguió a la dama. Pasaron por la boca de la caverna a la barbacana de la puerta de la Justicia y llegaron a la *plaza de los Aljibes* o explanada interior de la fortaleza. Estaba ésta poblada de soldados moros de a pie y a caballo, formados en escuadrones y con las banderas desplegadas. En el pórtico de entrada había también guardias reales y filas de negros africanos con las cimitarras desnudas. Reinaba un silencio sepulcral; la intrépida niña pasó sin miedo alguno detrás de su guía. Su asombro creció de pronto al entrar en el real palacio donde se criara, pues la luna llena iluminaba intensamente todos los salones, patios y jardines, con la misma claridad que si fuese de día, pero ofreciendo un aspecto muy diferente del que ella estaba acostumbrada a presenciar. Las paredes de las estancias no aparecían manchadas ni agrietadas por los estragos del tiempo; en vez de telarañas, las decoraban ahora ricas sedas de Damasco, y los dorados y arabescos ofrecían su frescura y brillantez primitivas. Los salones, en vez de estar vacíos y desamueblados, hallábanse adornados con divanes y otomanas de la más peregrina tapicería, cuajados de perlas y recamados de piedras preciosas; y todas las fuentes de patios y jardines entonaban su bellísimo *scherzo* de perlas.

Las cocinas vivían en plena actividad; los cocineros se afanaban en preparar extraños manjares, y asaban y cocían espectros de pollos y perdices; mientras los criados iban y venían con fuentes de plata llenas de exquisitas viandas destinadas al espléndido banquete. El patio de los Leones aparecía repleto de guardias, cortesanos y alfaquíes, como en los antiguos días de los moros; y en uno de los extremos de la sala de la Justicia se veía a Boabdil sentado en su trono, rodeado de su Corte y empuñando un imaginario cetro. A pesar de toda aquella muchedumbre y del supuesto bullicio que debiera ocasionar, no resonaba una voz ni el rumor de unos pasos; nada rompía la quietud de la medianoche, salvo la caída del agua en las fuentes. Sanchica, muda de estupor, siguió a la bella dama por todo el palacio, hasta llegar a una puerta que conducía a los pasadizos abovedados existentes bajo la gran torre de Comares. A cada lado de la puerta destacaba la escultura de una ninfa labrada en alabastro; sus cabezas se volvían hacia un mismo sitio, al interior de la bóveda. Se detuvo la encantada dama, e hizo señas a la niña para que se acercase.

—Aquí —le dijo— hay un gran secreto que voy a revelarte en premio de tu fe y tu valor. Estas discretas estatuas vigilan un tesoro escondido en tiempos pasados por un rey musulmán. Di a tu padre que busque el lugar en que las ninfas tienen fijos los ojos y descubrirá algo que lo convertirá en el hombre más rico de Granada; pero hazle saber que sólo tus manos inocentes, dotada como estás de ese talismán, podrán sacar el tesoro. Aconseja, asimismo, a tu padre que use de él con discreción y dedique una parte del mismo a decir misas diariamente para que me vea libre de este impío encantamiento.

Cuando la dama pronunció estas palabras, llevó a la niña al pequeño jardín de Lindaraja, contiguo a la bóveda de las estatuas. La luna temblaba en las aguas de la solitaria fuente que hay en el centro del jardín y derramaba una suave luz sobre los naranjos y limoneros. La hermosa dama cortó una rama de mirto y ciñó con ella la cabeza de Sanchica.

—Esto te recordará —le dijo— lo que te he revelado, y será un testigo de su veracidad. Ha llegado mi hora y he de volver al encantado salón; no me sigas, no vaya a ocurrirte alguna desgracia. ¡Adiós! No olvides lo que te he dicho, y haz que digan misas por mi libertad.

Y diciendo esto, se internó en el oscuro pasadizo, bajo la torre de Comares, y nunca más fue vista.

Oyóse entonces el lejano canto de un gallo, que llegaba de las casillas que hay al pie de la Alhambra, en el valle del Darro, y una pálida claridad empezó a surgir por las montañas de Oriente; se levantó una tenue brisa, se escuchó un ruido por patios y corredores, como de hojas secas arrastradas por el viento, y una tras otra fueron cerrándose las puertas con gran estrépito.

Sanchica regresó a los mismos lugares que poco antes viera poblados de fantástica muchedumbre, pero Boabdil y su fantasmal Corte habían desaparecido. Brillaba la luz de la luna en las galerías despojadas de su efímero esplendor, y en los desiertos salones manchados, deteriorados por el tiempo y cubiertos de telarañas. Sólo el murciélago revoloteaba a la incierta luz, y las ranas croaban en el estanque.

Se apresuró Sanchica a subir por una apartada escalera que conducía al humilde aposento ocupado por su familia. La puerta estaba abierta como de costumbre, pues Lope Sánchez era demasiado pobre para necesitar barras o cerrojos; buscó a tientas su camastro, y poniendo la guirnalda de mirto bajo al almohada, pronto se quedó dormida.

Por la mañana refirió a su padre cuanto le había sucedido. Lope Sánchez lo creyó todo un puro sueño, y se rió de la credulidad de la niña, por lo que marchó tranquilamente a sus acostumbradas faenas en el jardín; pero no hacía mucho que se hallaba allí, cuando vio venir a su hija corriendo casi sin alientos.

—¡Padre! ¡Padre! —gritaba—. ¡Mira la corona de arrayán que la dama mora me puso en la cabeza!

Lope Sánchez quedó atónito, pues ¡el tallo de mirto era de oro puro, y cada hoja una brillante esmeralda! Como no estaba acostumbrado a ver piedras preciosas, ignoraba el verdadero valor de aquellas alhajas; pero sabía lo bastante para comprender que se trataba de una materia más positiva que las que generalmente se forman de sueños, y que, al menos, la niña había soñado con algún provecho. Su primer acuerdo fue ordenar a la pequeña que guardase el secreto más absoluto. En cuanto a esto, podía el buen Lope estar tranquilo, pues la discreción de su hija era superior a la que correspondía a su sexo y edad. Luego se dirigió a la bóveda en la que estaban las estatuas de alabastro de las dos ninfas y observó que tenían vueltas sus cabezas y fijas sus miradas en un mismo sitio en el interior del edificio. Lope Sánchez no pudo por menos de admirar esta discretísima invención para guardar un secreto. Trazó una línea desde los ojos de las estatuas hasta el punto donde miraban, hizo una determinada señal en la pared y se retiró de allí.

Durante todo el día la imaginación del buen Lope anduvo agitada por mil zozobras e inquietudes. No cesaba de dar vueltas en torno a las dos estatuas, nervioso ante el temor de que alguien pudiera descubrir su dorado secreto. Cada paso que oía aproximarse por aquellos lugares le hacía estremecer. Hubiera dado cualquier cosa por volver en otra dirección la cabeza de las esculturas, sin tener en cuenta que precisamente habían estado mirando hacia el mismo punto durante siglos, sin que nadie lo hubiera advertido.

—¡Mala peste se las lleve! —se decía a sí mismo—. Van a descubrirlo todo. ¿Se vio nunca un modo semejante de guardar un secreto?

Y luego, cuando sentía que alguien se acercaba, huía a hurtadillas, como si su presencia por aquellos lugares pudiese despertar sospechas. Volvía después cautelosamente, y miraba de lejos para cerciorarse de que todo continuaba seguro; pero la vista de las estatuas le hacía estallar de indignación.

—Sí, ahí están —decía para sus dentros— siempre mirando, mirando; mirando precisamente a donde no debieran. ¡Mal rayo las parta! Son lo mismo que todas las de su sexo; si no tienen lengua para charlar, seguro que hablarán con los ojos.

Al fin, para su consuelo, concluyó aquel largo e intranquilo día. Ya no se escuchaba ruido de pasos en los resonantes salones de la Alhambra; el último visitante traspuso el umbral, la puerta principal fue cerrada con barras y cerrojos, y el murciélago, la rana y la ululante lechuza se entregaron poco a poco a sus aficiones nocturnas en el desierto palacio.

Lope Sánchez aguardó, no obstante, a que estuviera muy avanzada la noche, antes de aventurarse a penetrar con su hija en el salón de las dos ninfas, a las que encontró mirando tan fija y misteriosamente como siempre el oculto lugar del depósito.

—Con vuestro permiso, gentiles damas —murmuró al pasar ante ellas—, os voy a relevar de este cargo que habéis tenido durante los dos o tres últimos siglos y que debe haberos sido muy pesado.

Inmediatamente se puso a trabajar en la parte de la pared que había marcado con una señal, y al poco rato quedó abierto un hueco escondido, en el que había dos grandes jarrones de porcelana. Intentó sacarlos fuera, mas permanecieron inmóviles, hasta que fueron tocados por la mano inocente de su hijita. Con su ayuda pudo extraerlos del nicho, y observó con inmensa alegría que se encontraban repletos de monedas de oro moriscas, mezcladas con joyas y piedras preciosas. Antes que fuese de día llevó los jarrones a su habitación, y dejó a las dos estatuas guardianas con sus ojos fijos aún en la hueca pared.

Y así fue cómo el buen Lope Sánchez se transformó repentinamente en un hombre rico; pero sus riquezas, como siempre sucede, le acarrearon un sinnúmero de cuidados a los que hasta entonces había vivido ajeno. ¿Cómo iba a sacar su tesoro y tenerlo seguro? ¿Cómo disfrutar de él sin inspirar sospechas? Ahora, incluso por primera vez en su vida, tuvo miedo a los ladrones. Pensaba aterrado en lo inseguro de su habitación, y cuidaba de atrancar puertas y ventanas; mas pese a todas estas preocupaciones, no le era posible dormir tranquilo. Desapareció su habitual alegría, y ya no bromeaba ni cantaba con sus vecinos; en una palabra, se convirtió en la criatura más desgraciada de la Alhambra. Sus viejos amigos notaron este cambio, le compadecían de todo corazón, pero comenzaron a volverle la espalda creyendo que pasaba necesidades y que corrían peligro de que acudiese a ellos para pedirles ayuda. ¡Cuán poco sospechaban que su única desgracia era precisamente la riqueza!

La mujer de Lope participaba de su inquietud, pero tenía sus consuelos espirituales. Se nos olvidó advertir antes que, por ser su marido un hombrecillo de carácter ligero e irreflexivo, acostumbraba ella a buscar en todos los asuntos graves la ayuda y consejos de su confesor, fray Simón, robusto fraile de anchas espaldas, cerrada barba y gruesa cabeza, del inmediato convento de San Francisco, el cual era director espiritual de la mitad de las buenas mujeres de las cercanías. También se le tenía en gran estima en diversas comunidades de monjas, que recompensaban sus servicios espirituales con frecuentes obsequios y golosinas y frioleras confeccionadas en los mismos conventos, tales como delicadas confituras, ricos bizcochos y botellas de exquisitos licores, tónicos maravillosos para después de los ayunos y vigilias.

Fray Simón medraba en el ejercicio de sus funciones. En su grasiento cutis relucía el sol cuando subía la colina de la Alhambra en los días calurosos. Mas a pesar de su amable aspecto, la cuerda de nudos que ceñía su cintura demostraba la austeridad de su ascética; las gentes se descubrían ante él considerándolo como espejo de piedad, y los mismos perros olfateaban el olor de santidad que despedían sus vestiduras, y le saludaban, al pasar, ladrando desde sus perreras.

Tal era fray Simón, el director espiritual de la honrada esposa de Lope; y como el padre confesor es el confidente doméstico de las españolas de clase humilde, pronto fue informado, con mucho misterio, de la historia del tesoro escondido.

El fraile abrió ojos y boca y se santiguó una docena de veces al escuchar la noticia. Tras un momento de pausa, exclamó:

—¡Hija de mi alma! Has de saber que tu marido ha cometido un doble pecado. ¡Un pecado contra el Estado y otro contra la Iglesia! El tesoro del que se apropió pertenece, desde luego, a la Corona, por haber sido encontrado en dominios reales; mas como es riqueza de infieles arrebatada por así decirlo de las mismas garras de Satanás, debe ser consagrada a la Iglesia. Sin embargo, ya veremos el medio de llegar a un arreglo. Tráeme la guirnalda de mirto.

Cuando el buen padre la vio chispearon de admiración sus ojos ante el tamaño y hermosura de aquellas esmeraldas.

—He aquí —dijo— el primer fruto del descubrimiento, que debe destinarse a obras piadosas. Lo colgaré en nuestra capilla, como ofrenda, ante la imagen de San Francisco, y le pediré esta misma noche, con gran fervor, que conceda a tu marido disfrutar de la pacífica posesión de sus riquezas.

La buena mujer se alegró mucho de quedar en paz con el Cielo en tan módicas condiciones, y el fraile, escondiendo la guirnalda bajo el manteo (sic), encaminóse con santos pasos a su convento.

Cuando Lope volvió a su casa, le relató su mujer lo que había acontecido. El buen hombre se irritó de lo lindo, pues no poseía la devoción de su esposa, y hacía tiempo que gruñía disimuladamente ante las visitas domésticas del fraile.

—¡Mujer! —le dijo—. ¿Qué has hecho? Todo lo has puesto en peligro con tus habladurías.

—¡Cómo! —exclamó la buena mujer—. ¿Es que vas a prohibirme que descargue mi conciencia con mi confesor?

—¡No, mujer! Confiesa tantos pecados tuyos como quieras; pero este tesoro desenterrado es un pecado mío, y mi conciencia se siente muy tranquila con su peso.

Era inútil entregarse a vanas lamentaciones; el secreto estaba descubierto ya, y, como el agua que se derrama en la arena, no podía volver a recogerse. Su única esperanza se cifraba en la reserva del fraile.

Al día siguiente, mientras Lope estaba fuera, sonó una tímida llamada a la puerta, y entró fray Simón con su aspecto bonachón y humilde.

—Hija mía —le dijo—. He rezado fervorosamente a San Francisco, y él ha escuchado mis oraciones. En el silencio de la noche se me apareció el santo en sueños, pero con aspecto enojado. «¡Cómo! —me dijo—. ¿Te atreves a suplicarme que renuncie a este tesoro de los gentiles, conociendo la pobreza de mi capilla? Anda a casa de Lope Sánchez, pide en mi nombre una parte de ese oro morisco, para que hagan dos candelabros para el altar mayor, y después que disfrute en paz el resto.»

Cuando la buena mujer oyó lo de la visión, se persignó con temor y, yendo al lugar secreto donde su marido escondiera el tesoro, llenó una gran bolsa de cuero con monedas de oro árabes, y se la entregó al fraile. El piadoso franciscano derramó, en cambio, sobre ella abundantes bendiciones, suficientes, de ser pagadas por el Cielo, para enriquecer a toda su raza hasta la última generación; luego, guardando la bolsa en la manga de su hábito, cruzó las manos sobre el pecho y se retiró con aire de modesta gratitud.

Cuando Lope se informó de este segundo donativo a la Iglesia, faltó poco para que perdiese el juicio.

—¡Qué desafortunado soy! —gritaba—. ¿Qué va a ser de mí? ¡Me roban poco a poco; me arruinarán y me obligarán a pedir limosna!

Muy difícil le resultó a su esposa apaciguarlo, recordándole las inmensas riquezas que todavía le quedaban y cuán moderado había sido San Francisco en contentarse con tan poca cosa.

Desgraciadamente, fray Simón tenía un gran número de deudos pobres que mantener, aparte de media docena de rollizos chiquillos, huérfanos y desamparados, que él había tomado bajo su protección. Repitió, por tanto, sus visitas, un día y otro, con peticiones en nombre de Santo Domingo, San Andrés y Santiago, hasta que el pobre Lope llegó a desesperarse y comprendió que, de no ponerse lejos del alcance de este bendito fraile, tendría que hacer donativos a todos los santos del calendario. Determinó, pues, empaquetar la parte del tesoro que le restaba, escapar secretamente por la noche y huir a otro punto del reino.

Madurado su proyecto, compró con este fin un vigoroso mulo y lo ocultó en una oscura bóveda bajo la torre de Siete Suelos, el mismo lugar donde —según se decía— salía a medianoche el *Velludo* o caballo fantasma que recorría las calles de Granada perseguido por una jauría de perros del infierno. Lope Sánchez tenía poca fe en aquella historia, pero se aprovechó del espanto que causaba, calculando, con razón, que nadie se atrevería a curiosear por la caballeriza subterránea del corcel espectral. Durante el día hizo salir a su familia ordenándoles que le esperasen en un lejano pueblo de la vega. Bien entrada la noche, trasladó su tesoro a la bóveda subterránea de la torre, lo cargó sobre el mulo, sacó a éste fuera y bajó cautelosamente por la oscura alameda.

El honrado Lope había tomado sus medidas con el mayor sigilo, sin darlas a conocer a nadie más que a la fiel esposa de su alma; pero, debido sin duda a cierta milagrosa revelación, llegaron a conocimiento de fray Simón. El celoso padre vio que estaban a punto de escapársele para siempre de las manos estos tesoros infieles, y resolvió lanzar otro asalto en beneficio de la Iglesia y de San Francisco; y así, cuando las campanas dieron el toque de Ánimas y toda la Alhambra yacía en silencio, salió de su convento y, bajando hacia la puerta de la Justicia, se escondió entre los macizos de rosales y laureles que bordeaban la gran avenida. Allí se estuvo, contando los cuartos de hora que iban sonando en la campana de la atalaya y oyendo los siniestros chillidos de la lechuza y el lejano ladrido de los perros en las cuevas de los gitanos.

Al fin, percibió un ruido de herraduras y, a través de la oscuridad que proyectaban los árboles, distinguió confusamente un caballo que bajaba por la alameda. El orondo fraile se regocijaba pensando en la mala partida que iba a jugarle al buen Lope.

Recogiéndose las faldas de sus hábitos y agachado como gato que acecha al ratón, esperó hasta que su presa estuvo precisamente enfrente de él; salió entonces de su oscuro escondrijo y, poniendo una mano en el lomo y otra en la grupa, dio un salto que no hubiese desacreditado al más experto maestro de equitación, y cayó bien sujeto a horcajadas sobre el animal.

—¡Ajajá! —dijo el robusto franciscano—. Ahora veremos quién entiende mejor el juego.

Pero apenas había pronunciado estas palabras, cuando el mulo comenzó a dar coces, a encabritarse y a saltar, y luego partió a todo galope colina abajo. En vano trataba fray Simón de detenerlo, pues saltaba de piedra en piedra y de breña en breña; sus hábitos se hicieron jirones que ondeaban al viento, y su rapada cabeza recibió más de un fuerte golpe contra las ramas de los árboles, y no pocos arañazos en las zarzas. Para aumentar su angustia y terror, vio una jauría de siete perros que corrían ladrando tras él, y ¡entonces advirtió, aunque demasiado tarde, que iba en realidad montado en el terrible *Velludo!*...

Bajaron la gran avenida, cruzaron plaza Nueva, el Zacatín y Bibarrambla; nunca cazador ni galgo hicieron carrera más endiablada ni alboroto más infernal. Inútilmente invocaba el buen fraile a todos los santos del calendario y a la Santísima Virgen; cada nombre sagrado que pronunciaba era como si picase las espuelas, haciendo botar al *Velludo* hasta la altura de las casas. Durante toda la noche fue llevado el desdichado fray Simón de un lado para otro, contra su voluntad, hasta que quedaron molidos todos los huesos de su cuerpo y sufrió la pérdida de una parte de su piel demasiado sensible para ser mencionada. Al fin, el canto del gallo anunció la venida del día; al oírlo, el fantástico corcel volvió grupas y regresó corriendo hacia su torre. Nuevamente atravesó Bibarrambla, el Zacatín, plaza Nueva y la alameda de las fuentes, seguido de los siete perros que iban aullando, ladrando, saltando y mordiéndole los talones al aterrorizado fraile. Apenas habían aparecido los primeros claros del crepúsculo matutino, cuando llegaron a la torre. Aquí, el caballo fantasma soltó unas cuantas coces que lanzaron al fraile por los aires en un salto mortal, desapareció en la oscura bóveda seguido de la infernal jauría, y un profundo silencio sobrevino después de aquel terrible clamor.

¿Se ha jugado alguna vez en la vida una partida más diabólica a un reverendo fraile? Un labriego que marchaba a su trabajo muy temprano, encontró al infortunado fray Simón tendido bajo una higuera al pie de la torre, pero tan maltrecho

y aporreado que no podía hablar ni moverse. Fue llevado con mucho cuidado y solicitud a su celda, y cundió el rumor de que había sido robado y maltratado por unos ladrones. Pasaron unos o dos días antes que pudiera recobrar el uso de sus piernas; consolábase, entre tanto, pensando que, aunque se le había escapado el mulo con el tesoro, había conseguido anteriormente una buena parte del botín de los infieles. Su primera tarea, luego que pudo moverse, fue buscar debajo de su humilde jergón, en el sitio donde había escondido la corona de arrayán y las bolsas de cuero que contenían el oro sacado a la piedad de la señora Sánchez. ¡Pero cuál no sería su consternación al ver que la guirnalda se había transformado en una marchita rama de mirto, y que las bolsas de cuero estaban llenas de arena y guijarros!

A pesar de su disgusto, tuvo fray Simón la discreción de contener su lengua, pues divulgar aquel secreto podría acarrearle la burla de la gente y atraerle el castigo de su superior. Sólo muchos años después reveló a su confesor, en el lecho de muerte, su nocturno paseo sobre el *Velludo* [1].

Nada se supo de Lope Sánchez en mucho tiempo, una vez desaparecido de la Alhambra. Se le recordaba siempre como un alegre camarada, aunque se temía, dadas la tristeza y depresión observadas en su conducta luego de su misteriosa partida, que la angustia y la miseria le hubiesen impulsado a tomar alguna trágica resolución. Varios años después, uno de sus antiguos compañeros, un soldado inválido que se encontraba en Málaga, fue atropellado por un coche de seis caballos que casi le pasó por encima. Detúvose el carruaje y bajó de él, para ayudar al pobre inválido, un anciano caballero, elegantemente vestido, con peluquín y espada. Cuál no sería el asombro del veterano al reconocer en aquel gran personaje a su viejo amigo Lope Sánchez que se dirigía en aquel momento a celebrar la boda de su hija Sanchica con uno de los Grandes del reino.

---

[1] Fácilmente se advierte que todo el relato es pura fábula y únicamente de este modo se explica la gratuita afirmación a propósito de las supuestas revelaciones del confesor. *(N. del T.)*

En el carruaje iba la comitiva nupcial. Allí figuraba la señora de Sánchez, tan gruesa como un tonel y adornada con plumas, alhajas, sartas de perlas, collares de diamantes y anillos en todos los dedos; en una palabra, con un lujo tal, que no se vio otro parecido desde los tiempos de la reina de Saba. La pequeña Sanchica estaba ya hecha una mujer, y en cuanto a gracia y hermosura podría pasar por una duquesa y aun también por una princesa. El novio, sentado junto a ella, era un hombrecillo marchito y delgado como un hilo; pero esto sólo probaba que era de la más rancia sangre azul, un auténtico Grande de España con apenas tres codos de estatura. La boda había sido arreglada por la madre.

Las riquezas no habían corrompido el corazón del honrado Lope. Se llevó con él durante algunos días a su viejo camarada, lo trató como a un rey, lo invitó a teatros y corridas de toros, y en la despedida le regaló, con muestras de cariño, una gran bolsa de dinero para él y otra para que la distribuyera entre sus amigos compañeros de la Alhambra. .

Lope decía siempre que se le había muerto un hermano muy rico en América, dejándole heredero de una mina de cobre; pero los sagaces murmuradores de la Alhambra insisten en afirmar que toda su riqueza proviene de haber descubierto el secreto guardado por las ninfas de mármol. Es digno de mención que estas discretísimas estatuas continúan, hasta el momento actual, con los ojos fijos muy significativamente en el mismo sitio de la pared, lo que ha hecho suponer a muchos que todavía queda allí algún tesoro escondido, y que bien vale la pena que fije su atención en él el diligente viajero. Otros, en particular todos los visitantes femeninos, contemplan las estatuas con gran complacencia, como indeleble monumento que demuestra que las mujeres saben guardar un secreto.

LA CRUZADA DEL GRAN MAESTRE
DE ALCÁNTARA

E N el curso de mis investigaciones matutinas entre las viejas crónicas existentes en la Biblioteca de la Universidad, tropecé con un breve episodio de la historia granadina, tan genuinamente característico del ardiente celo que animaba a veces las empresas cristianas contra esta espléndida aunque desgraciada ciudad, que me decidí a sacarlo del pergamino en que yacía sepultado y ofrecerlo a continuación al lector.

* * *

En el año 1394 de nuestra redención, hubo un piadoso y valiente Gran Maestre de Alcántara, llamado Martín Yáñez de Barbudo, inflamado de un ardiente deseo de servir a Dios y luchar contra los moros. Desgraciadamente para este bravo y devoto caballero, reinaba una profunda paz entre los poderes cristiano y musulmán. Enrique III acababa de heredar el trono de Castilla, y Yusuf Ibn Mohamed, el de Granada, y ambos monarcas estaban dispuestos a prolongar la paz que había reinado entre sus padres. El Gran Maestre contemplaba con desconsuelo las banderas y armas arábigas que decoraban el salón de su castillo, trofeos que pregonaban las hazañas de sus antepasados, y se dolía de su suerte al vivir en época de tan afrentosa tranquilidad.

Llegó por último al límite de su paciencia, y viendo que no estallaba una guerra pública en la que combatir, decidió conseguir una pequeña para su uso particular. Tal es, al menos, el relato que hacen algunas viejas crónicas, aunque otras dan el siguiente como pretexto de su súbita resolución para entrar en campaña:

Un día que se encontraba el Gran Maestre sentado a la mesa con varios de sus caballeros, entró bruscamente en el salón un hombre alto, delgado y huesudo, de semblante macilento y fiera mirada. Todos reconocieron en él a un ermitaño que fue soldado en su juventud y ahora llevaba una vida penitente en una cueva; el cual avanzó hasta la mesa y la golpeó con un puño que parecía de hierro.

—¡Caballeros! —les dijo—. ¿Cómo es posible que estéis aquí tranquilamente sentados, con vuestras armas descansando en la pared, mientras los enemigos de nuestra fe señorean la parte más próspera del país?

—Reverendo padre —le preguntó el Gran Maestre—: ¿qué queréis que hagamos si las guerras terminaron y están nuestras espadas enmohecidas por los tratados de paz?

—¡Oídme! —respondió el ermitaño—. Estaba yo anoche sentado a una hora avanzada en la puerta de mi gruta, contemplando el cielo, cuando quedé adormecido en un sueño, y una maravillosa visión se ofreció a mis ojos. Vi que el astro de la noche era sólo una media luna, pero luminosa como la plata más nítida y refulgente, rebrillando en los cielos sobre el reino de Granada. Mientras la observaba, vi cómo surgía del firmamento una fulgurante estrella que arrastraba tras de sí a todos los astros del cielo, la cual acometió a la luna y la expulsó de la bóveda celeste, en tanto que todo el universo se llenaba del esplendor de la victoriosa estrella. Todavía estaban mis ojos deslumbrados por este maravilloso espectáculo cuando alguien vino junto a mí, con alas más blancas que la nieve y aspecto resplandeciente.

—¡Oh tú, santo varón de rezos y penitencias! —me dijo—. Busca al Gran Maestre de Alcántara y dale cuenta de la visión que has presenciado. Hazle saber que es él la brillante estrella elegida para expulsar del país a la Media Luna, emblema de los infieles. Dile asimismo que desenvaine valientemente la espada y continúe la gloriosa empresa comenzada en otro tiempo por

Don Pelayo, y asegúrale que el triunfo acompañará a sus banderas.

El Gran Maestre escuchó al ermitaño como si fuera un enviado del Cielo, y se aprestó a seguir su consejo al pie de la letra. Así, pues, envió una embajada al rey moro con dos de sus más intrépidos guerreros, armados de pies a cabeza. Estos entraron por las puertas de Granada sin ser molestados, puesto que entre ambas naciones reinaba la paz, y se dirigieron hacia la Alhambra, en donde prontamente fueron conducidos ante el rey, quien los recibió en el salón de Embajadores, y al que comunicaron valientemente y sin rodeos el mensaje de que eran portadores.

—Venimos, ¡oh rey!, de parte de don Martín Yáñez de Barbudo, Gran Maestre de Alcántara, el cual afirma que la fe de Jesucristo es santa y verdadera y la de Mahoma falsa y detestable, y te desafía a mantener lo contrario en singular combate, mano a mano. Si te niegas, te ofrece luchar con cien caballeros cristianos contra doscientos de los tuyos, o en la misma proporción hasta mil, concediendo siempre a los defensores de tu religión doble número de paladines. Recuerda, ¡oh rey!, que no puedes negarte a este reto, pues vuestro profeta, conociendo la imposibilidad de mantener sus doctrinas por medio de argumentos, ordenó a sus secuaces que las impusieran por la espada.

Las barbas del rey Yusuf temblaron de indignación.

—El Maestre de Alcántara —dijo— es un loco al enviar semejante mensaje, y vosotros sois unos insolentes bellacos al traerlo.

Dicho esto, ordenó que encerrasen a los embajadores en un calabozo con ánimo de darles una lección de diplomacia. Cuando los llevaban a su encierro fueron bárbaramente maltratados por el populacho, exasperado por aquel insulto a su soberano y a su fe.

El Gran Maestre de Alcántara apenas pudo dar crédito a las noticias que recibió de los malos tratos infligidos a sus mensajeros, pero el ermitaño sintió una extrema alegría cuando se lo repitieron.

—Dios —exclamó—, ha cegado a ese rey infiel para perderle. Puesto que no ha dado respuesta a vuestro reto, don Martín, debéis considerarlo como aceptado de su parte. Reunid, pues, vuestras fuerzas; dirigíos hacia Granada y no os detengáis hasta ver la puerta de Elvira. Estoy seguro de que se obrará el milagro en vuestro favor. Se librará una gran batalla y el enemigo será derrotado; mas ni uno solo de vuestros guerreros morirá en ella.

El Gran Maestre hizo un llamamiento a todos los guerreros celosos de la causa cristiana para que le ayudasen en su cruzada. En poco tiempo reunió bajo sus enseñas trescientos jinetes y mil infantes; los primeros, veteranos, curtidos en las batallas y bien armados, pero los infantes eran bisoños e indisciplinados. A pesar de ello, Martín Yáñez confiaba en una maravillosa victoria, era hombre de ardiente fe y sabía que cuanto más escasos son los medios, el milagro es mucho mayor. Salió, pues, confiadamente con su pequeño ejército, a la cabeza del cual marchaba el ermitaño llevando una cruz en el extremo de una larga pértiga, y debajo de ella el pendón de la Orden de Alcántara.

Cuando se aproximaban a la ciudad de Córdoba, fueron alcanzados por unos correos que habían cabalgado a toda prisa y que eran portadores de misivas del monarca de Castilla, prohibiendo aquella arriesgada empresa. El Gran Maestre era hombre de pensamientos y voluntad muy particulares; en otras palabras, hombre de una sola idea.

—Si yo estuviese empeñado en otra tarea —dijo— obedecería con gusto estas cartas que me dirige el rey mi señor; pero ahora soy enviado de un poder más alto que el suyo. Cumpliendo sus órdenes he avanzado hasta aquí con la cruz para luchar contra los infieles, y sería una traición para el emblema de Cristo volver ahora la espalda sin cumplir mi sagrada misión.

Así, pues, resonaron las trompetas, alzóse de nuevo la cruz y el grupo de piadosos guerreros reanudó su marcha. Cuando pasaron por las calles de Córdoba, el pueblo quedó estupefacto al contemplar a un ermitaño llevando una cruz a la cabeza de un ejército; pero cuando supieron que había de obtenerse una milagrosa victoria y que Granada iba a ser destruida, los obreros y artesanos arrojaron las herramientas de su oficio y se unieron a los cruzados, mientras una chusma mercenaria los seguía con vistas al botín.

Cierto número de caballeros de noble linaje, que no confiaban en el prometido milagro y temían las consecuencias de esta inmotivada irrupción en territorio musulmán, se reunieron en el puente del Guadalquivir y trataron de convencer al Gran Maestre de que no lo cruzase; mas éste permaneció sordo a sus ruegos, reconvenciones o amenazas. Los cruzados montaron en cólera ante esta oposición a la causa de la fe y pusieron fin al parlamento con sus clamores, alzando de nuevo la cruz y llevándola en triunfo a través del puente.

A medida que avanzaba, nuevas gentes se unían a la marcial comitiva; y para cuando el Gran Maestre llegó a Alcalá la Real, enclavada en una montaña que domina la vega de Granada, más de cinco mil hombres de a pie se habían unido a su estandarte.

En esta población salieron a su encuentro Alonso Fernández de Córdoba, señor de Aguilar, su hermano Diego Fernández, Mariscal de Castilla, y otros caballeros de valor y experiencia. Atravesándose al paso del gran Maestre, le dijeron:

—¿Qué locura es ésta, don Martín? El rey de Granada cuenta dentro de sus murallas con doscientos mil infantes y cinco mil jinetes. ¿Qué podéis hacer vos, vuestro puñado de caballeros y esa bulliciosa chusma contra fuerza semejante? Pensad en los desastres que sobrevinieron a otros jefes cristianos que osaron traspasar esos límites rocosos con fuerzas diez veces mayores que las vuestras. Pensad igualmente en el oprobio que caerá sobre este reino por una imprudencia de esa naturaleza, cometida por un hombre de vuestra alcurnia y condición, por el Gran Maestre de Alcántara. Os suplicamos encarecidamente que os detengáis, puesto que todavía no se ha roto la tregua de paz. Esperad dentro de nuestras fronteras la respuesta del rey de Granada a vuestro desafío. Si él accede a pelear con vos tan sólo o con dos o tres paladines, este combate personal será de vuestra responsabilidad exclusiva, y lo reñiréis en nombre de Dios; si se niega, podéis regresar a vuestros lares con gran honor, y la desgracia caerá sobre los moros.

Varios caballeros que hasta este momento habían seguido al caudillo cristiano con fervoroso entusiasmo, se sintieron conmovidos por estas juiciosas reflexiones y le aconsejaron, con sabia política, que escuchara este parecer.

—Señores —respondió don Martín, dirigiéndose a don Alonso Fernández de Córdoba y a sus compañeros—, os agradezco el consejo que me habéis otorgado tan amablemente y si yo persiguiese únicamente mi gloria personal, tened por cierto que lo seguiría; pero me hallo empeñado en lograr un gran triunfo para nuestra fe, que Dios obtendrá milagrosamente por mi mediación. En cuanto a vosotros, caballeros —añadió, volviéndose hacia aquellos de sus partidarios que se habían mostrado vacilantes—, si se debilita vuestro ánimo u os arrepentís de haber emprendido esta gloriosa empresa, volveos en nombre de Dios y que mi bendición os acompañe. En cuanto a mí, aunque no tenga más apoyo que el de este santo ermitaño, continuaré sin vacilar hacia adelante, hasta plantar esta sagrada enseña en los muros de Granada o perecer en la demanda.

—Don Martín Yáñez de Barbudo —respondieron los caballeros—: no somos hombres para volver la espalda a nuestro jefe por temeraria que sea esta expedición. Sólo os dimos un prudente aviso. Así, pues, guiadnos aunque fuere hasta la muerte y estad seguro de que hasta la muerte os seguiremos.

Mientras tenía lugar este diálogo, los soldados empezaban a impacientarse.

—¡Adelante! ¡Adelante! —gritaban—. ¡Adelante por la santa causa de la fe!

El Gran Maestre dio la señal de marcha, el ermitaño alzó de nuevo la cruz y se adentraron por un desfiladero de la montaña, entre solemnes cánticos de triunfo.

Aquella noche acamparon junto al río de Azores, y a la mañana siguiente, que era domingo, cruzaron la frontera enemiga. Su primer alto fue en una *atalaya* construida sobre una roca, puesto limítrofe destinado a vigilar los confines y dar aviso de una posible invasión, por lo que era llamada la *torre de Egea* (o del espía). El Gran Maestre se detuvo ante ella y conminó a rendirse a su reducida guarnición. La respuesta se expresó en una lluvia de piedras y dardos que hirieron a don Martín en la mano y mataron a tres de sus hombres.

—¿Cómo es esto, padre? —preguntó al ermitaño—. ¡Me asegurasteis que no moriría ni uno solo de mis guerreros!

—Es cierto, hijo mío; pero me refería a la gran batalla que sostendréis con el rey infiel. ¿Qué necesidad hay de un milagro que nos ayude a conquistar una torrecilla?

El Gran Maestre tranquilizóse con esta respuesta y dio orden de que se apilase leña contra la puerta de la torre para incendiarla. Entre tanto, fueron descargadas las provisiones de las acémilas, y los cruzados, lejos del alcance de las flechas, sentáronse a comer sobre la hierba, a fin de cobrar fuerzas para la ardua labor de los días siguientes. Mientras estaban confiadamente ocupados en este menester, les sorprendió la brusca irrupción de una gran hueste morisca. Las *atalayas* situadas en las cumbres de los montes habían dado la alarma, por medio de hogueras y columnas de humo, de que el enemigo cruzaba la frontera, y el rey Yusuf de Granada había salido a su encuentro con un formidable ejército.

Los cruzados, cogidos casi por sorpresa, corrieron en busca de sus armas y se aprestaron a la lucha. El Gran Maestre ordenó a sus trescientos jinetes que desmontasen y peleasen a pie en apoyo de la infantería; pero los moros cargaron con tal rapidez que impidieron juntarse a los cristianos y mantuvieron separados a los jinetes de los infantes. El Gran Maestre lanzó el viejo grito de guerra: «¡*Santiago*! ¡*Santiago* y cierra España!» Tanto él como sus caballeros luchaban como leones en el fragor del combate, pero estaban rodeados por una inmensa turba y atacados por piedras, dardos y arcabuces. Pese a su inferioridad, luchaban con audacia y arrojo e hicieron horribles estragos en las filas de sus adversarios. El ermitaño se mezcló en lo más violento de la pelea, llevando en una mano la cruz y blandiendo en la otra una espada con la que, como loco, asestaba formidables mandobles a su alrededor, matando a varios enemigos, hasta que cayó a tierra cubierto de heridas. El Gran Maestre le vio caer, y comprendió demasiado tarde la falacia de sus profecías; la desesperación, sin embargo, le hizo combatir con más fiereza, hasta que él también cayó vencido por la aplastante superioridad numérica, mientras sus piadosos caballeros emulaban su santo celo. Ni uno solo volvió la espalda ni imploró misericordia; todos lucharon hasta la muerte. En cuanto a los infantes, muchos fueron muertos; otros, prisioneros, y el resto huyó hacia Alcalá la Real. Cuando los moros se dedicaron a despojar los cadáveres de los cruzados, comprobaron que todas las heridas de los caballeros habían sido causadas de frente.

Tal fue la catástrofe de esta fantástica empresa. Los moros la esgrimían como argumento decisivo de la superioridad de su religión, y recibieron en triunfo a su rey cuando regresó victorioso a Granada.

La paz no se interrumpió entre los dos reinos cuando quedó demostrado satisfactoriamente que esta cruzada fue un empeño personal de Don Martín Yáñez, y contraria a las órdenes expresas del rey de Castilla. Es más: los moros dieron muestras del sentimiento de respeto que les inspiraba el valor del infortunado Gran Maestre, y gustosamente entregaron su cuerpo a Don Alonso Fernández de Córdoba, que vino desde Alcalá a buscarlo. Los cristianos de la frontera se unieron para rendir las últimas exequias en su memoria. El cadáver fue colocado en un féretro y cubierto por el pendón de la Orden de Alcántara; la cruz rota, símbolo de sus confiadas esperanzas y fatal desengaño, iba delante de él. De esta manera fueron trasladados sus restos, en fúnebre cortejo, a través de la comarca montañosa que tan resueltamente había atravesado. Por todos los lugares que pasaban, ciudades y aldeas, seguíalo el pueblo con lágrimas y lamentaciones llorándole como valiente caballero y mártir de la fe. Su cuerpo fue enterrado en la capilla del convento de Santa María de Almogávar y aún puede verse esculpido sobre su sepulcro, en curioso español antiguo, el siguiente epitafio, testimonio de su bravura:

> AQUÍ
> YAZ AQUEL
> QUE PAR NEUA COSA
> NUNCA EVE PAVOR
> EN SEU CORAZÓN

UNA EXPEDICION EN BUSCA DE
UN DIPLOMA

Uno de los más importantes acontecimientos en la vida doméstica de la Alhambra fue la partida para Málaga de Manuel el sobrino de doña Antonia, para examinarse como médico [1]. Ya he informado en otra ocasión al lector [2] de que su porvenir y boda con su prima Dolores dependían en gran manera de su éxito en la obtención del título; al menos eso fue lo que me comunicó en secreto Mateo Jiménez, y se dieron varias circunstancias que corroboraron su información. El noviaz-

---

[1] A los que saben que desde 1534 existen en Granada estudios de Medicina, les podrá parecer extraño que este joven fuese a Málaga a examinarse de médico. No obstante, hay que tener en cuenta que por Real Decreto de 19 de octubre de 1824—absolutismo fernandino—se dispuso el cierre de las universidades alegando una reforma en el plan de estudios.

En cuanto a que en Málaga se pudiesen cursar, en la época en que Washington visitó Granada, estudios de esta clase, aunque no fuesen de la importancia que esta carrera tiene en nuestros días, es cosa que no ofrece duda. El propio hecho que recoge el autor en el presente capítulo, es por sí una prueba. Asimismo lo atestiguan los textos siguientes:

«Además hay noticias de haber existido en Málaga una escuela o colegio de Medicina, del cual no hemos hallado ni en el Archivo ni en la Biblioteca documento alguno» (F. DE MONTELLS y NADAL: *Historia del Origen y Fundación de la Universidad de Granada*. Granada, Ventura, 1870, pág. 567).

«...Depuso su fiera actitud la vieja fortaleza que prestó buenos servicios en tiempos y epidemias y albergó dentro de sus muros, en los primeros lustros del siglo pasado un Colegio de Cirujía» (F. BEJARANO ROBLES: *Las calles de Málaga [La Atarazana]*, Málaga, Ibérica, 1941). (*N. del T.*)

[2] Véase el capítulo *Importantes negociaciones*.

go de los jóvenes transcurría, sin embargo, apacible y discretamente, tanto que yo mismo no lo hubiese descubierto, a no ser por la confidencia de mi perspicaz cronista y escudero.

En el caso presente obró Dolores con menos reserva de la acostumbrada y estuvo varios días atareada en preparar el viaje del honrado Manuel. Dispuso y colocó todas sus ropas con el orden más esmerado, y a más de esto, le confeccionó con sus propias manos una primorosa chaquetilla andaluza de viaje. En la mañana fijada para la partida, un vigoroso mulo sobre el que iba a realizar su ruta, estaba parado ante la puerta principal de la Alhambra, y *tío Polo*, un viejo soldado inválido, ocupábase de enjaezarlo. Este buen veterano era una de las curiosidades del lugar; tenía el rostro enjuto y broncíneo, curtido en los trópicos, larga nariz romana y ojos de cucaracha. Yo lo había visto con frecuencia leyendo, con gran interés al parecer, un viejo volumen encuadernado en pergamino. Algunas veces se hallaba rodeado por un grupo de sus colegas inválidos, sentados unos en los parapetos, tendidos otros en la hierba, y escuchando con gran atención, mientras él leía pausada y deliberadamente su obra favorita, deteniéndose de cuando en cuando para dar explicaciones o hacer comentarios en beneficio de su poco ilustrado auditorio.

Un día tuve oportunidad de enterarme cuál sería aquel libro que parecía ser un vademécum, y vi que era un tomo suelto de las obras del Padre Benito Jerónimo Feijoo, el volumen que trata de la magia en España, de las misteriosas cuevas de Salamanca y Toledo, del Purgatorio de *San Patricio* y otros tenebrosos temas de esta clase. Desde entonces me dediqué a observarlo detenidamente.

En la presente ocasión me distraía viéndole equipar la caballería de Manuel con toda la previsión de un veterano. Primero tardó un siglo en ajustar a lomos del mulo una incómoda montura de vieja hechura levantada por delante y por detrás, con estribos moros como palas, todo con la apariencia de una reliquia salida de la vieja armería de la Alhambra; luego, colocó una zalea de lana en el hondo asiento de la montura y acondicionó en la cabalgadura una *maleta*, preparada a conciencia por las manos de Dolores; a continuación extendió una *manta* que sirviese de capa o de lecho, y colocó delante, junto a la *bota* para el vino y para el agua, las imprescindibles *alforjas*, concienzudamente repletas de provisiones; por último, el *trabuco*, que el veterano colocó detrás, dándole su bendición. Era, en suma, como el equipo que pudiera llevar en otro tiempo un caballero moro preparado para una correría o una justa en la plaza de Bibarrambla. Unos cuantos haraganes [1] de la fortaleza se habían reunido en torno, así como algunos inválidos, curioseándolo todo, ofreciendo su ayuda y dando consejos, con gran fastidio de *tío Polo*.

Cuando todo estuvo preparado, despidióse Manuel de la familia; el *tío Polo* sostuvo el estribo mientras montaba, apretó la cincha y la silla y saludó al joven al estilo militar; luego, volviéndose hacia Dolores, que contemplaba embobada cómo su caballero se alejaba al trote, exclamó mientras le hacía un significativo guiño:

—¡Ah, Dolorcitas! *Está muy guapo Manolito con su chaqueta.*

Sonrojóse la muchacha, soltó la risa y entró corriendo en la casa.

Varios días transcurrieron sin que hubiese noticias de Manuel, a pesar de su promesa de escribir; por cuyo motivo, el corazón de Dolores empezaba a mostrarse receloso. ¿Le habría sucedido algo en el trayecto? ¿Habría fracasado en el examen? Ocurrió, incluso, en el círculo de su reducida familia un incidente que vino a aumentar su inquietud y a llenar su imaginación de negros presagios, lo mismo que cuando la *escapada* de su palomo. Su gata romana se fugó con su amante por la noche y se encaramó en uno de los tejados de la Alhambra. En el silencio de la noche se oyeron unos espantosos maullidos; sin duda algún gatazo se mostraba poco galante con ella. Hubo luego una buena rebatiña, ruido de golpes y arañazos, y ambos contendientes rodaron por el tejado y cayeron desde gran altu-

---

[1] *Lazzaroni,* en el original. Nombre de un tipo especial de vagos y mendigos de Nápoles.

ra entre los árboles de la ladera de la colina. Nunca más volvió a saberse ni oírse de la fugitiva, y la pobre Dolores consideró aquello como preludio de grandes calamidades.

Pero..., al cabo de unos días regresó victorioso Manuel, debidamente autorizado para matar o curar, y terminaron todas las inquietudes de la muchacha. Aquella noche hubo asamblea general de los humildes amigos y contertulios de doña Antonia, que acudieron a felicitarla y ofrecer sus respetos al *Señor Médico,* que quizá tendría algún día todas sus vidas en sus manos. Uno de los más destacados entre estos visitantes era el viejo *tío Polo,* y aproveché de buena gana la oportunidad que se me brindaba de continuar mi amistad con él.

—¡Oh *señor!* —exclamó Dolores—. Para usted que es tan aficionado a conocer todas las viejas historias de la Alhambra, nadie como *tío Polo,* que es quien sabe más que cualquier otro acerca de estos lugares; más, incluso, que Mateo Jiménez y toda su familia juntos. ¡Vaya, vaya, *tío Polo!* Cuéntale aquí al *señor* todas las leyendas que nos referiste una noche sobre los moros encantados y el puente mágico del Darro y las viejas granadas de piedra que hay allí desde el tiempo del Rey Chico.

Pasó un buen rato antes que el anciano inválido se pusiera en trance de relatar algo. Sacudía su cabeza dudoso, pues los suyos eran todos fútiles cuentos, poco dignos de narrarse a un *caballero* como yo. Sólo cuando yo le conté a mi vez algunas tradiciones de ese tipo, conseguí por fin que abriese la boca. Fue su relato un fárrago caprichoso, compuesto, en parte, de lo que había escuchado en la Alhambra, y en parte, de lo que había leído en el Padre Feijoo.

Trataré de ofrecer al lector la sustancia de todo aquello, aunque, desde luego, no prometo hacerlo con las mismas palabras de *tío Polo.*

LEYENDA DEL SOLDADO ENCANTADO

Todo el mundo ha oído hablar de la cueva de San Cipriano en Salamanca, donde antaño, un viejo sacristán, o como creían muchos, el mismísimo diablo en persona disfrazado de esta guisa, enseñaba ocultamente la astrología judiciaria, la nigromancía, la quiromancía y otras negras y abominables artes. Hace mucho que está cerrada la cueva y hasta olvidado el verdadero sitio en que se encuentra, aunque, según la tradición, la entrada de la misma andaba cerca de donde se alzaba la cruz de piedra que hay en la plazoleta del seminario de Carvajal. Esta creencia parece confirmada en cierto modo por las circunstancias de la siguiente historia.

* * *

Hubo en otro tiempo un estudiante de Salamanca, llamado don Vicente, de ese género alegre y mendicante que emprende el camino de la ciencia con los bolsillos vacíos para el viaje, y que en el período de vacaciones de su colegio, se dedica a pedir por pueblos y ciudades para allegar fondos que le permitan continuar sus estudios en el próximo curso. Disponíase ahora a iniciar su errante vagabundeo; y como era algo aficionado a la música, llevaba una guitarra terciada a la espalda con la que distraer a los aldeanos y obtener los medios de pagar una comida o una noche de posada.

Al pasar junto a la cruz de piedra de la plaza del seminario, se quitó el sombrero e hizo una breve invocación a San

320

Cipriano para que le concediese buena suerte; y cuando bajaba los ojos al suelo, observó algo que relucía al pie de la cruz. Al recogerlo vio que era una sortija de sello, de metales macizos, en la que parecían haberse combinado el oro y la plata. El sello era un dibujo de dos triángulos cruzados en forma de estrella. Se dice que este dibujo es un signo cabalístico de un poder extraordinario en todos los casos de encantamiento, inventado por el sabio rey Salomón; pero como el honrado estudiante no era ni sabio ni brujo, ignoraba esta circunstancia. Tomó el anillo considerándolo como un presente de San Cipriano en premio a su oración, se lo colocó en el dedo, hizo una reverencia a la cruz y, rasgueando su guitarra, emprendió alegremente el camino.

La vida en España, del estudiante sin recursos, no es precisamente de las más míseras del mundo, sobre todo si no carece de talento para granjearse simpatías. Vaga libremente de aldea en aldea, de ciudad en ciudad, por todas las partes adonde le llevan su curiosidad o su capricho. Los párrocos rurales, que en su mayoría han sido en su tiempo estudiantes pobres, le proporcionan una suculenta comida y abrigo durante la noche, y hasta lo enriquecen con frecuencia dándole algunos *cuartos* al despedirse por la mañana. Al llamar a las puertas, en las calles de las ciudades, nunca recibe una áspera repulsa ni un frío desprecio, pues nadie considera una deshonra sostener su mendicidad, ya que muchos de los hombres más cultos de España comenzaron de esta forma sus estudios; y si es, como nuestro estudiante, mozo de buena presencia y alegre compañero y, sobre todo, si sabe tocar la guitarra, siempre está seguro de hallar una cordial acogida entre los campesinos y sonrisas y favores de sus esposas e hijas.

De esta guisa, pues, recorrió medio reino nuestro raído y musical hijo de la ciencia, con el firme propósito de visitar la famosa ciudad de Granada antes de su regreso. Unas veces acogíase a pasar la noche en la casa de algún párroco de aldea, y otras se albergaba bajo el humilde, pero hospitalario techo de un labrador. Sentado con su guitarra a la puerta de la cabaña, deleitaba con sus canciones a las gentes sencillas o tocaba un *fandango* o *bolero* para que bailasen los mozos y mozas de moreno rostro, en el apacible crepúsculo de la tarde. A la mañana siguiente le despedían las amables palabras de sus huéspedes y las dulces miradas, acompañadas algunas veces de un apretón de manos de la hija.

Llegó, finalmente, a la meta principal de su musical vaga-bundeo, a la famosa ciudad de Granada, y saludó con sorpresa y deleite sus torres moriscas, su deliciosa *vega* y sus nevadas montañas, que resplandecían a través de la cálida atmósfera estival. Inútil es decir con qué ávida curiosidad traspasó sus puertas, recorrió sus calles y contempló sus monumentos orien-tales. Cualquier rostro femenino asomado a una ventana o que fulguraba desde un balcón, parecíale una Zoraida o una Zelin-da; y no tropezaba con alguna elegante dama paseando por la Alameda, sin sentirse inclinado a creerla una princesa mora y extender su capa estudiantil bajo sus pies.

Su talento musical, su feliz humor, su juvenil y agradable presencia le ganaron el general aprecio, a pesar de su deterio-rado ropaje, y durante varios días llevó una alegre vida en la vieja capital árabe y en sus alrededores. Algunas veces frecuen-taba la fuente del Avellano, en el valle del Darro, uno de los puntos de reunión populares en Granada desde el tiempo de los moros; allí tenía nuestro estudiante una magnífica oportu-nidad de proseguir sus estudios acerca de la belleza femenina, rama del saber a la que se sentía algo inclinado.

En este delicioso paraje se sentaba con su guitarra e im-provisaba canciones de amor a los admirados grupos de *majos* y *majas,* o invitaba con su música a un baile siempre bien re-cibido. En tal menester se hallaba ocupado una tarde cuando vio llegar a un *padre* de la Iglesia, ante cuya presencia se des-cubrieron todos los circunstantes, pues evidentemente se trata-ba de hombre de importancia. Era ciertamente espejo de buena, si no de santa vida, robusto y colorado, y llegó respirando por todos los poros de su cuerpo, dado el calor reinante y el ejerci-cio de su paseo. Cuando pasaba por allí, solía, de cuando en cuando, sacar un *maravedí* de su bolsillo y se lo entregaba a un mendigo, con aires de ardiente caridad.

—¡Ah, padre bendito! —exclamaban—. ¡Dios le conceda larga vida y ojalá sea usted obispo muy pronto!...

Alguna que otra vez, subía la cuesta apoyándose, como ayuda de sus pasos, en el brazo de una criada; andaluza desde la cabeza a los pies, desde la rosa prendida en su cabello hasta los zapatitos de hada y las medias de encaje; andaluza en todos sus ademanes, en el gentil movimiento de su cuerpo; lozana y ardiente andaluza. Pero además, ¡tan recatada!, ¡tan tímida! Siempre con sus ojos bajos, escuchando las palabras del *padre;* y si alguna vez dejaba escapar una mirada de soslayo, pronto la reprimía y bajaba de nuevo la vista.

El buen sacerdote contempló cariñosamente la concurrencia reunida junto a la fuente y tomó asiento con cierto énfasis sobre un banco de piedra, en tanto que la criada se apresuraba a traerle un vaso de clara y fresca agua. La bebió a sorbos, pausadamente y con suma complacencia, mezclándola con una de esas esponjosas yemas escarchadas y azúcar, tan gratas a los epicúreos españoles...

«¡Ah buen pastor! —díjose el estudiante—. ¡Qué felicidad ser recogido en su redil con semejante corderilla por compañera!»

Pero no era probable que tuviese esa dicha. En vano ensayó aquellas sus aptitudes de agrado que tan irresistibles habían resultado con los curas de aldea y las mozas rústicas. Nunca tocó su guitarra con tanta destreza; nunca cantó baladas más conmovedoras; pero ahora no se trataba precisamente de una moza.pueblerina. Evidentemente el buen sacerdote no era muy musicófilo, y la pudorosa doncella no levantó ni una vez los ojos del suelo. Estuvieron un poco tiempo en la fuente, y el buen *padre* se apresuró a volver a Granada. La damisela lanzó tan sólo al estudiante una mirada al retirarse, pero, ¡ay!, le arrancó el corazón de su pecho.

Cuando se marcharon los dos, nuestro escolar inquirió noticias de ellos. El *padre Tomás* era un piadoso sacerdote, modelo de regularidad; puntual a la hora de levantarse, a la de dar su *paseo* para abrir el apetito, a la de comer, dormir la *siesta,* jugar su partidita de *tresillo* por la tarde; a la de cenar y, en fin, a la de retirarse a descansar y tomar nuevas fuerzas para cumplir al día siguiente otra serie de análogas ocupaciones. Poseía un pacífico y cómodo mulo para sus paseos; con él vivían un ama de llaves, muy ducha en prepararle exquisitos bocados para su mesa, y la joven que le servía de criada.

¡Adiós la alegre e irreflexiva vida estudiantil! Aquella furtiva mirada de unos brillantes ojos fue la ruina de nuestro escolar. Pasábase noche y día sin poder borrar de su imaginación la figura de la pudorosa doncellita. Averiguó dónde vivía el *padre;* pero, ¡ay!, era la suya una casa inaccesible a un estudiante trotamundos como él. No le resultaba simpático al buen *padre,* que no había sido *estudiante sopista* [1], obligado a cantar para comer. Puso cerco don Vicente a la casa durante el día, mendigando alguna que otra mirada de la joven cuando se asomaba ésta a la ventana; pero aquellas miradas solamente conseguían avivar más la llama de su pasión, sin dar alientos a su esperanza. Dedicóse también a dar por las noches serenatas bajo su balcón, y una vez se sintió ilusionado al observar que aparecía algo blanco en la ventana; pero, ¡ay!, era el gorro de dormir del *padre.*

Nunca hubo más devoto enamorado ni más tímida mozuela; con lo que el pobre estudiante se desesperaba. Llegó, al fin, la víspera de San Juan, cuando las gentes humildes de Granada inundan el campo y bailan tarde y noche en las márgenes del Darro y del Genil. Dichosos los que en esa noche memorable laven su rostro en las aguas del río, en el preciso instante de sonar las doce de la noche en la campana de la catedral, porque en ese momento tienen las aguas la rara virtud de embellecer. Nuestro ocioso escolar se dejó arrastrar por los que acudían a divertirse al estrecho valle del Darro, bajo la altiva colina y las rojizas torres de la Alhambra. El lecho seco del río y las rocas que lo bordean; los jardines y glorietas que

---

[1] Esto es, el que seguía su carrera literaria sin otro recurso que la caridad. El nombre procede de la *sopa* que frecuentemente recibían en casas y conventos. *(N. del T.)*

se asoman a él, estaban animados de numerosos grupos que bailaban bajo los parrales y las higueras, entre rasgueo de guitarras y repiqueteo de castañuelas.

El estudiante permaneció algún tiempo sumido en una triste y melancólica actitud, apoyado contra una de las grandes y deformes granadas de piedra que adornan los extremos de un pequeño puente sobre el Darro. Lanzó una anhelante mirada sobre la alegre concurrencia, en la que todo caballero tenía su dama, o dicho con más propiedad, cada oveja su pareja [1]; suspiró al verse en tan solitaria situación, pobre víctima de los negros ojos de la más inaccesible doncella, y lamentándose amargamente de su raído traje, que parecía cerrarle por completo la puerta de las ilusiones.

Poco a poco atrajo su atención un vecino tan solitario como él. Era un soldado alto, de duro aspecto y barba canosa, que parecía hallarse apostado como centinela en la granada de enfrente. Su rostro estaba bronceado por el tiempo, iba ataviado con una antigua armadura española, con lanza y escudo, y permanecía inmóvil como una estatua. Pero lo que más sorprendió a nuestro héroe fue el hecho de que a pesar de ir tan extrañamente ataviado, pasaba enteramente inadvertido para la multitud que cruzaba a su lado y que incluso casi se rozaba con él. «Esta vieja ciudad está llena de cosas extrañas de otros tiempos —pensó el joven—, y sin duda ésta es una de ellas y los granadinos demasiado familiarizados para sorprenderse.»

Despertado, sin embargo, su interés, y puesto que era de sociable condición, se acercó al soldado y le dijo:

—Rara y antigua, en verdad, es esa armadura que llevas, amigo. ¿Se te puede preguntar a qué cuerpo perteneces?

El soldado gruñó una respuesta entrecortada, por entre un par de mandíbulas que parecían enmohecidas en sus goznes.

—A la Guardia Real de Fernando e Isabel.

—*¡Santa María!* ¿Cómo es posible, si hace tres siglos que existió ese Cuerpo?

Cada *Jack* su *Jill*, en el original.

—Y tres siglos hace que monto guardia. Ahora confío en que mi turno toque a su fin. ¿Deseas fortuna?

El estudiante levantó expresivamente su andrajosa capa como respuesta.

—Ya te entiendo —dijo el otro—. Si tienes fe y valor, sígueme, y tu fortuna estará hecha.

—Poco a poco, camarada; escaso valor necesita para seguirte quien nada tiene que perder, a no ser la vida y una vieja guitarra, ambas cosas de poca monta. Pero en cuanto a mi fe, eso es diferente, y no deseo ponerla en tentación. Si mi suerte ha de mejorarse por medio de alguna acción criminal, no pienses que mi raída capa sería pretexto para que yo la cometiese.

El soldado se volvió hacia él con muestras de desagrado.

—Mi espada —le dijo— jamás fue desenvainada sino por la causa de la fe o del trono. Soy *cristiano viejo*: confía en mí y no temas nada malo.

Nuestro estudiante, entonces, le siguió admirado. Observó que nadie se preocupaba de su conversación y que el soldado se abría paso entre los varios grupos de ociosos, inadvertido, como si fuese invisible.

Luego de atravesar el puente, le condujo su guía por un estrecho y pronunciado sendero junto a un molino y acueducto moros, subiendo después por el barranco que separa los terrenos del Generalife de los de la Alhambra. El último rayo de sol brilló sobre las rojas almenas del alcázar, que se divisaba allá en lo alto, en tanto que las campanas de los conventos proclamaban la festividad del día siguiente. El barranco, cubierto de higueras, vides y mirto y circundado por las torres exteriores y los muros de la fortaleza, ofrecíase oscuro y solitario, y los murciélagos comenzaban a revolotear en torno. Por último, se detuvo el soldado ante una apartada y ruinosa torre, destinada al parecer a guardar un acueducto morisco, y golpeó los cimientos con el extremo de su lanza. Oyóse un ruido sordo y las sólidas piedras se separaron, dejando al descubierto una abertura del ancho de una puerta.

—Entra, en el nombre de la Santísima Trinidad —dijo—, y nada temas.

Estremecióse el corazón del joven; pero hizo la señal de la cruz, murmuró un Avemaría y siguió a su misterioso guía hasta una profunda bóveda abierta en la roca viva, bajo la torre, y cubierta de inscripciones árabes. El soldado le señaló un banco de piedra, labrado a un lado de la bóveda.

—Mira —le dijo—: he ahí mi lecho desde hace trescientos años.

El atónito estudiante intentó tomarlo a broma.

—¡Por San Antonio bendito! —exclamó—. Pesado en verdada ha debido ser tu sueño, según la dureza de tu cama.

—Antes al contrario, el sueño ha sido algo extraño para estos ojos, pues la incesante vigilia fue mi destino. Escucha mis infortunios. Yo era uno de los reales guardianes de Fernando e Isabel; mas fui hecho prisionero por los moros en una de sus incursiones, y encerrado como cautivo en esta torre. Cuando se realizaban los preparativos para entregar la fortaleza a los Reyes Católicos, fui persuadido por un *alfaquí,* un sacerdote musulmán, para que le ayudase a ocultar sigilosamente en esta bóveda algunos de los tesoros de Boabdil. Fui, con justicia, castigado por mi falta. El *alfaquí* era un nigromante africano, y con sus artes infernales lanzó un conjuro sobre mí, a saber: que guardase sus tesoros. Algo debió de sucederle, pues no volvió jamás, y aquí he permanecido desde entonces, enterrado en vida. Años y años han transcurrido; los terremotos han conmovido esta colina y he visto cómo se derrumbaban piedra a piedra los muros de esta torre, debido a la acción natural del tiempo; pero las encantadas paredes de la bóveda han desafiado al tiempo y a los terremotos. Una vez cada cien años, en la fiesta de San Juan, pierde todo su poder el hechizo y tengo licencia para salir y apostarme sobre el puente del Darro en donde me encontraste, hasta que llegue alguien con la virtud suficiente para romper este mágico encantamiento. He montado desde entonces la guardia allí, mas todo ha sido inútil. Ando como envuelto por una nube, oculto a las miradas de los mortales. Tú eres el primero que me ha dirigido la palabra desde hace tres siglos, y ahora comprendo la razón. Veo en tu dedo el anillo sellado del sabio Salomón, talismán poderoso contra toda clase de hechicerías. De ti depende el que pueda librarme de este espantoso calabozo, o quede abandonado, haciendo guardia otros cien años.

El estudiante escuchó este relato con mucha admiración. Había oído muchas consejas de tesoros escondidos, merced a mágicos sortilegios, en las bóvedas de la Alhambra; mas siempre las consideró fabulosas. Ahora se daba cuenta del valor de su sortija, otorgada en cierto modo por San Cipriano. Pese a ello, y aun armado de su poderoso talismán, resultaba algo terrible encontrarse *tête à tête* en semejante lugar con un soldado encantado, el cual, según las leyes de la Naturaleza, debería estar tranquilamente en su tumba desde hacía cerca de trescientos años.

Un personaje de esta especie, con todo, se encuentra por completo fuera del curso normal de las cosas, y no podía ser tomado a broma; por lo que le aseguró que confiase en su amistad y buena voluntad para hacer todo cuanto estuviera en su mano, con objeto de conseguir su liberación.

—Confío en un argumento más convincente que la amistad —dijo el soldado.

Y le señaló un pesado cofre de hierro, asegurado por cerraduras y con inscripciones en caracteres arábigos.

—Este cofre —dijo— contiene un incalculable tesoro en oro, joyas y piedras preciosas. Rompe el mágico hechizo que me tiene esclavizado, y tuya será la mitad de estas riquezas.

—Bueno, pero ¿qué debo hacer?

—Nos es necesaria la colaboración de un sacerdote y una joven cristiana. El sacerdote, para exorcizar los poderes ocultos, y la joven para que toque el cofre con el sello de Salomón. Esto ha de hacerse por la noche. Pero ten cuidado; es la nuestra una empresa solemne y no debe llevarla a cabo ningún espíritu carnal. El sacerdote debe ser un *cristiano viejo,* modelo de santidad; tendrá que mortificar su carne con ayuno riguroso durante veinticuatro horas, antes de venir aquí. Y en cuanto a la joven, ha de ser irreprochable y refractaria a cualquier tentación. Apresúrate a encontrarlos; dentro de tres días termina mi licencia, y si no me he visto libre antes de la medianocne del tercero, deberé montar la guardia durante otro siglo.

—No temas —dijo el estudiante—. Tengo precisamente a la vista al sacerdote y doncella que has descrito. Ahora bien: ¿cómo volveré a poder entrar en esta torre?

—El sello de Salomón te la abrirá.

Nuestro héroe salió de la torre mucho más alegre de lo que había penetrado, y cerróse el muro tras él, quedando tan macizo como antes.

A la mañana siguiente se encaminó audazmente a la casa del sacerdote, no como un pobre estudiante vagabundo que anda errante con su guitarra, sino como embajador de un mundo espectral que otorga tesoros encantados. Se ignora cuáles fueran sus negociaciones, salvo que el celo del digno sacerdote se inflamó ante la idea de librar a un viejo soldado de la fe y a un cofre del Rey Chico de las mismas garras de Satanás. ¡Cuántas limosnas podrían distribuirse, cuántas iglesias edificarse y cuántos parientes pobres enriquecerse con el tesoro musulmán!

En cuanto a la casta doncella, mostróse dispuesta a prestar su mano, que era todo lo que se necesitaba para llevar a término aquella piadosa obra; y si hubiera que dar crédito a alguna que otra tímida mirada, el embajador empezaba a encontrar favores y mercedes en sus púdicos ojos.

No obstante, la mayor dificultad consistía en el ayuno a que había de someterse el buen *padre*. Dos veces lo intentó, y dos veces fue la carne demasiada carga para el espíritu. Sólo al tercer día se encontró capacitado para resistir las tentaciones de la despensa; pero aún quedaba por comprobar si podía prolongarlo hasta que se rompiese el hechizo.

A una hora bastante avanzada de la noche, emprendieron los tres la subida por el barranco, a la luz de una linterna y portadores de un cesto con provisiones para exorcizar al demonio del hambre, tan pronto como los otros demonios yaciesen en el mar Rojo.

El sello de Salomón les dio entrada en la torre. Hallaron al soldado sentado en el encantado cofre, aguardando su llegada. Se efectuó en debida forma el exorcismo; avanzó la joven y tocó las cerraduras del cofre con el anillo de Salomón. Saltó la tapa y ¡qué tesoros de oro, joyas y piedras preciosas deslumbraron sus miradas!

—¡Rápido! ¡Vamos! —gritó el estudiante, frenético de gozo, mientras procedía a llenarse los bolsillos.

—Despacio —exclamó el soldado—. Saquemos el cofre entero y luego lo repartiremos.

Así, que pusieron con todo ahínco manos a la obra; pero resultaba difícil la tarea, pues el cofre era enormemente pesado y empotrado allí desde hacía siglos. Mientras estaban así afanados, el buen *dómine* se apartó a un lado y lanzó una vigorosa arremetida contra la cesta, con objeto de exorcizar al demonio del hambre que le roía las entrañas, y en un momento devoró un grueso capón, regándolo con un buen trago de *Valdepeñas*...

Nunca produjo la violación de un ayuno efectos tan desastrosos. Lanzó el soldado un terrible grito de desesperación; el cofre, que estaba medio abierto, volvió a su sitio y se cerró de nuevo. Sacerdote, estudiante y doncella se encontraron fuera de la torre, cuyos muros se cerraron con estrépito. ¡Ay, el buen *padre* había roto el ayuno demasiado pronto!

Cuando se rehizo de su sorpresa, quiso el estudiante volver a entrar en la torre; pero comprobó consternado que la muchacha, asustada, había dejado caer el sello de Salomón y se había quedado dentro de la bóveda.

En suma: la campana de la catedral dio las doce; restablecióse de nuevo el encanto, y el soldado quedó condenado a montar la guardia otros cien años, encerrado allí con su tesoro, mientras los tres descendían tristemente por la cañada...

Y así termina la leyenda, hasta donde ha sido posible comprobar. Existe, sin embargo, una tradición, según la cual, el estudiante había sacado tesoros suficientes en el bolsillo, que le permitieron elevar en el mundo su estado y condición; que prosperó en sus negocios, que el digno *padre* accedió gustoso a su matrimonio con la muchacha; y que la casta joven resultó ser modelo de esposas, como lo fuera de doncellas, y dio a su marido una numerosa familia...

Las historia del soldado encantado sigue siendo una de las tradiciones populares de Granada, si bien se cuenta de diferentes maneras. El vulgo afirma que todavía continúa montando guardia en la noche de San Juan, junto a la gigantesca granada de piedra del puente del Darro; pero que resulta invisible, excepto para aquellos afortunados mortales que poseen el sello de Salomón.

MOHAMED IBN ALAHMAR,
EL FUNDADOR DE LA ALHAMBRA

DESPUÉS de haber tratado con cierta extensión de las maravillosas leyendas de la Alhambra, creo obligado dar al lector algunas noticias referentes a su historia particular, o más bien a la de los magníficos monarcas, fundador el uno y finalizador el otro, a quienes debe el mundo este bello y romántico monumento oriental. Para estudiar estos hechizos, descendí de la región de la fantasía y de la fábula, en donde todo está expuesto a cubrirse con los tintes de la imaginación, y me dirigí a efectuar búsquedas en los polvorientos volúmenes de la Universidad [1], antigua biblioteca de los Jesuitas. Este tesoro de erudición, tan célebre en otro tiempo, es ahora una mera sombra de lo que fue, pues los franceses, cuando fueron dueños de Granada, la despojaron de sus manuscritos y obras raras. Contiene todavía, entre muchos voluminosos tomos de polémica de los Padres Jesuitas [2], algunos curiosos ejemplares de literatura española, y sobre todo, un gran número de anticuadas crónicas llenas de polvo y encuadernadas en pergamino, por las que siento singular veneración.

En esta vieja biblioteca he pasado muchas horas deliciosas

[1] A propósito de esta afirmación, remito al curioso lector a la parte del *Prólogo* en que aludo a la casi segura fuente bibliográfica de información que manejara Washington Irving, esto es, a la *Historia* de J. A. Conde.

[2] Con esta expresión general designa el autor a lo que, en realidad, constituye una de las más ricas colecciones de obras teológicas del mejor período de la cultura eclesiástica española y aun europea.

de apacible y sereno placer literario, pues me confiaban amablemente las llaves de las puertas y de los estantes, y me dejaban solo para que escudriñase a mis anchas; favor éste que raramente se concede en estos santuarios de la ciencia; donde con frecuencia excesiva atormentan[1] al insaciable estudioso al ver cegadas las fuentes de la sabiduría.

En el curso de estas visitas he espigado las siguientes particularidades referentes a los personajes históricos en cuestión.

* * *

Los moros de Granada miraron la Alhambra como un milagro del arte; y era tradición entre ellos que el rey que la fundó se dedicaba a las artes mágicas o, por lo menos, estaba versado en la alquimia, por cuyos medios se procuró las inmensas sumas de oro gastadas en su edificación. Una rápida ojeada sobre su reinado nos dará a conocer el verdadero secreto de su riqueza.

El nombre de este monarca, inscrito en las paredes de algunos salones, era Ibn Abd'allah —esto es, el padre de Abdallah—; pero se conoce comúnmente en la historia musulmana por Mohamed Ibn Alahmar —o Mohamed, hijo de Alahmar— o simplemente Ibn Alahmar, con objeto de abreviar.

Nació en Arjona, en el año de la Héjira 591 —1195 de la Era cristiana—, del noble linaje de Beni Nasar, o hijos de Nasar; y no escatimaron sus padres gasto alguno para educarlo en el alto rango a que la grandeza y dignidad de su familia le daban derecho. Por aquel entonces, los sarracenos de España estaban muy adelantados en civilización: toda ciudad de importancia era asiento de las ciencias y de las artes, por lo que era corriente encontrar en ellas los más cultos maestros para un joven de fortuna y alto linaje. Cuando Ibn Alahmar llegó a la edad viril fue nombrado *alcaide* de Arjona y Jaén, alcan-

---

[1] El término exacto es dar dentera o poner los dientes largos, atormentar mostrando lo inasequible; etimológicamente suplicio de Tántalo. (*N. del T.*)

zando gran popularidad por su bondad y justicia. Algunos años después, a la muerte de Aben Hud, se dividió en facciones el poder musulmán en España, y muchos lugares se declararon por Mohamed Ibn Alahmar. Dotado de ardiente espíritu y de gran ambición, aprovechó esta coyuntura y recorrió el país, siendo recibido con aclamaciones en todas partes. En 1238 entró en Granada en medio de los entusiastas vítores de la multitud. Fue proclamado rey con grandes demostraciones de júbilo, y pronto llegó a ser la cabeza de los musulmanes en España, siendo el primero del ilustre linaje de los Beni Nasar que ocupó el trono. Dedicó su reinado a derramar toda clase de prosperidades sobre sus súbditos. Otorgó el mando de varias ciudades a aquellos que se habían distinguido por su valor y prudencia y que parecían más estimados por el pueblo. Organizó una vigilante policía, y estableció severas leyes para la administración de justicia. El pobre y el oprimido eran siempre admitidos a su presencia, y los atendía personalmente con su protección y auxilio. Fundó hospitales para ciegos, ancianos y enfermos, y para todos aquellos que estaban incapacitados para el trabajo; visitándolos con frecuencia, no en días señalados ni anunciándose con pompa y ceremonia, como para dar tiempo a que todo apareciese en orden y tapados todos los abusos, sino que llegaba repentina e inesperadamente, informándose en persona, por medio de una observación directa y una cuidadosa investigación, del tratamiento de los enfermos y de la conducta observada por los encargados de cuidarlos. Creó escuelas y colegios que visitaba de la misma manera, inspeccionando por sí mismo la instrucción de la juventud. Estableció también carnicerías y hornos públicos, para que el pueblo se abasteciese de los artículos de primera necesidad a precios justos y equitativos. Trajo abundantes cañerías de agua a la ciudad y construyó además baños y fuentes, y acueductos y acequias para regar y fertilizar la vega. De este modo, la prosperidad y la abundancia reinaban en su hermosa ciudad; sus puertas estaban abiertas al comercio, y sus almacenes llenos con los lujos y mercancías de todos los climas y países.

Mientras Mohamed Ibn Alahmar regía sus dominios de

esta manera sabia y próspera, viose de improviso amenazado con los horrores de la guerra. Por este tiempo, aprovechándose los cristianos del desmembramiento del poder musulmán, comenzaron rápidamente a recobrar sus antiguos territorios. Jaime el Conquistador había tomado ya toda Valencia, y Fernando el Santo paseaba por Andalucía sus victoriosas banderas. Este último puso sitio a la ciudad de Jaén, y juró no levantar el campo hasta apoderarse de la plaza. Alahmar, convencido de la insuficiencia de sus medios para hacer frente al poderoso soberano de Castilla, tomó una rápida resolución: fue en secreto al campamento cristiano, y se presentó inesperadamente ante el rey Fernando.

—Ved en mí —le dijo— a Mohamed, rey de Granada; confío en vuestra buena fe y me pongo bajo vuestra protección. Tomad cuanto poseo y recibidme como vuestro vasallo.

Y diciendo así, se arrodilló y besó la mano del rey en señal de acatamiento.

Enternecido Fernando ante esta prueba de confiada entrega, determinó no ser superado en generosidad. Levantó del suelo a su antiguo rival, le abrazó como a amigo, y no quiso recibir las riquezas que le ofrecía, sino que lo aceptó como vasallo, dejándole soberano de sus dominios, a condición de pagarle un tributo anual, con derecho a asistir a las *Cortes* como uno más de los nobles de su imperio y con la obligación de ayudarle en la guerra con cierto número de jinetes.

No había pasado mucho tiempo de esto, cuando Mohamed fue llamado para prestar servicios militares en ayuda del rey Fernando en su famoso sitio de Sevilla. El rey moro salió de Granada con quinientos caballeros escogidos, a quienes nadie en el mundo aventajaba en el manejo del corcel o en esgrimir la lanza. Era aquélla una función triste y humillante, pues tenían que desenvainar el acero contra sus hermanos de religión.

Mohamed alcanzó una triste celebridad por sus proezas en esta famosa conquista, pero no menos honor por haber influido en Fernando para que dulcificase los usos de la guerra. Cuando en 1248 se rindió la famosa ciudad de Sevilla al monarca castellano, regresó Alahmar a sus dominios, melancólico y lleno de inquietudes. Veía todas las desgracias que amenazaban a la causa musulmana, y lanzaba con frecuencia esta exclamación que solía usar en momentos de ansiedad y congoja: *¡Qué angosta y miserable sería nuestra vida, si no fuera tan dilatada y espaciosa nuestra esperanza!*

Cuando el melancólico conquistador se aproximaba a su adorada Granada, se apresuró el pueblo a recibirle, impaciente de alegría por verlo, pues lo amaban como a su bienhechor. Habían erigido arcos de triunfo en honor de sus hazañas bélicas, y por doquiera que pasaba era aclamado como *El Ghalib,* o el conquistador. Mohamed movió su cabeza al oírse llamar así, y exclamó: *Wa le galib ilé Alá!* (¡Sólo Dios es vencedor!) Desde entonces adoptó esta exclamación como un lema, la inscribió en una banda transversal de su escudo de armas, y continuó siendo la divisa de sus descendientes.

Mohamed había comprado la paz sometiéndose al yugo cristiano; pero sabía que cuando los elementos son tan disconformes y tan profundos y antiguos los motivos de hostilidad, aquélla no podía ser segura y permanente. Así, pues, siguiendo la vieja máxima: «Armate en tiempo de paz y vístete en verano»,aprovechó el presente intervalo de tranquilidad para fortificar sus dominios, abastecer sus arsenales y fomentar las artes útiles que dan a los imperios riquezas y poder auténticos. Concedió premios y privilegios a los mejores artesanos; fomentó la cría de caballos y otros animales domésticos; protegió la agricultura, aumentando hasta el doble, por su protección, la feracidad natural del terreno, haciendo que los hermosos valles de su reino floreciesen como jardines. Favoreció igualmente el desarrollo y fabricación de la seda, hasta conseguir que los telares de Granada aventajasen incluso a los de Siria en la finura y belleza de sus producciones. También hizo explotar las minas de oro, plata y otros metales, situadas en las regiones montañosas de sus dominios, y fue el primer rey de Granada que acuñó monedas de oro y plata con su nombre, poniendo gran cuidado en que los cuños estuviesen hábilmente ejecutados.

Por este tiempo, a mediados del siglo XIII y poco después

de su regreso del sitio de Sevilla, comenzó el espléndido palacio de la Alhambra, inspeccionando en persona su edificación, mezclándose frecuentemente entre artistas y alarifes, y dirigiendo los trabajos.

Aunque tan magnífico en sus obras y grande en sus empresas, era austero en su persona y moderado en sus goces. Sus vestidos no sólo carecían de fastuosidad, sino que eran tan sencillos que no se distinguían de los de sus súbditos. Su harén tenía pocas bellezas, a las que visitaba rara vez, pero a quienes agasajaba con gran magnificencia. Sus esposas eran hijas de los nobles principales, y las trataba como amigas y compañeras racionales. Más aún: consiguió que viviesen en amistad unas con otras. Consumía la mayor parte del tiempo en sus jardines, especialmente en los de la Alhambra, que había enriquecido con las más raras plantas y las flores más hermosas y aromáticas. Allí se deleitaba leyendo historias o haciendo que se las leyesen o narrasen;, a veces, en los momentos de ocio, se ocupaba en la instrucción de sus tres hijos, a los que había proporcionado los más ilustres y virtuosos maestros.

Como se había ofrecido franca y voluntariamente por vasallo tributario de Fernando, permaneció fiel a su palabra, dándole repetidas pruebas de adhesión y fidelidad. Cuando aquel famoso monarca murió en Sevilla en 1254, Mohamed Ibn Alahmar envió embajadores a dar el pésame a su sucesor, Alfonso X, y con ellos un gallardo séquito de cien caballeros musulmanes de alto linaje, para que velasen el féretro real durante las ceremonias fúnebres, llevando cada uno su cirio encendido. El monarca musulmán repitió este gran testimonio de respeto durante el resto de sus días en cada aniversario de la muerte del rey Fernando el Santo, en cuya fecha iban de Granada a Sevilla cien caballeros moriscos y ocupaban su puesto con los cirios encendidos, en el centro de la suntuosa catedral, rodeando el cenotafio del ilustre difunto.

Mohamed Ibn Alahmar conservó sus facultades y vigor hasta una edad muy avanzada. A los setenta y nueve años salió al campo a caballo, acompañado de la flor de sus jinetes, para rechazar una invasión de sus territorios. Al salir el ejército de Granada, uno de los principales *adalides* o guías, que cabalgaba en cabeza, rompió casualmente su lanza contra el arco de la puerta. Los consejeros del rey, alarmados por esta circunstancia, que se consideraba como un mal presagio, le suplicaron que se volviese; pero todos los ruegos y súplicas fueron inútiles. Persistió el rey, y al mediodía —según los cronistas árabes— cumplióse fatalmente el augurio, pues Mohamed fue súbitamente atacado por una enfermedad, y a punto estuvo de caerse del caballo. Lo pusieron en una litera y lo condujeron a Granada; mas su enfermedad se agravó de tal modo que se vieron obligados a instalarlo en una tienda en la vega. Sus médicos estaban llenos de consternación, sin saber qué remedio administrarle. Murió a las pocas horas vomitando sangre y en medio de violentas convulsiones. El príncipe castellano Don Felipe, hermano de Alfonso X, estaba a su lado cuando falleció. Su cuerpo fue embalsamado, encerrado en un ataúd de plata y enterrado en la Alhambra en un precioso sepulcro de mármol, entre los sinceros lamentos de sus súbditos, que lo lloraban como a un padre [1].

---

[1]   Será grato al lector conocer el epitafio grabado en letras de oro en la tumba de este monarca, que transcribo de la *Historia de la dominación de los árabes en España,* de J. A. Conde.

«Este es el sepulcro del Sultán alto, fortaleza del Islam, decoro del género humano, gloria del día y de la noche, lluvia de generosidad, rocío de clemencia para los pueblos, polo de la *secta,* esplendor de la ley, amparo de la *tradición,* espada de *verdad,* mantenedor de las criaturas, león de la guerra, ruina de los enemigos, apoyo del Estado, defensor de las fronteras, vencedor de las huestes, domador de los tiranos, triunfador de los impíos, Príncipe de los Fieles, sabio adalid del pueblo escogido, defensa de la fe, honra de los Reyes y Sultanes, el vencedor por Dios, el ocupado en el camino de Dios, Abu Abdala Muhamad ben Juzef ben Nasar el Ansari, ensálcele Dios al grado de los altos y justificados y le coloque entre los profetas, justos, mártires y santos y complázcase Dios de él y le sea misericordioso, pues fue servido que naciese el año quinientos noventa y uno, y que fuese su tránsito día Giuma después de la azala de Alasar, a veinte y nueve de la luna Giumada postrera, año seiscientos setenta y uno. Alabado sea aquel cuyo imperio no fina, cuyo reynar no principió, cuyo tiempo no fallecerá, que no hay más Dios que él, el misericordioso y clemente.» (N. del T.)

Tal fue el ilustre príncipe patriota que fundó la Alhambra, cuyo nombre se encuentra entrelazado con sus más delicados y graciosos adornos, y cuya memoria inspira los más elevados pensamientos a todos los que visitan estos desolados escenarios de su magnificencia y de su gloria.

Aunque sus empresas fueron dilatadas e inmensos sus gastos, siempre estuvo bien provista su hacienda, y esta aparente contradicción dio lugar al rumor de que fue un hombre versado en las artes mágicas, y que poseía el secreto de cambiar en oro los más viles metales. Quienes hayan fijado su atención en su política interior, tal como queda aquí descrita, se explicarán fácilmente la magia natural y la sencilla alquimia que hacía rebosar su amplio tesoro.

YUSUF ABUL HAGIG, EL FINALIZADOR
DE LA ALHAMBRA

Debajo de las habitaciones del gobernador de la Alhambra se halla la Mezquita Real, donde los reyes mahometanos cumplían sus devociones privadas. Aunque fue después consagrada como capilla católica, aún conserva vestigios de su origen morisco; todavía pueden verse en ella las columnas árabes con sus dorados capiteles, y los escudos de los monarcas musulmanes mezclados en las paredes con los de los soberanos de Castilla.

En este sagrado lugar murió el ilustre Yusuf Abul Hagig, el noble príncipe que terminó la Alhambra, y que por sus virtudes y singulares prendas alcanzó casi igual fama que su magnífico fundador. Con gran complacencia saco de la oscuridad, en que ha permanecido tanto tiempo, el nombre de uno de los príncipes de una dinastía extinguida y casi olvidada, que reinó con gloria y esplendor en Andalucía cuando toda Europa estaba sumida en una relativa barbarie.

Yusuf Abul Hagig —o Haxis, como algunas veces se escribe— subió al trono granadino en el año 1333, y su aspecto personal y sus cualidades morales fueron tales, que se atrajo todos los corazones, y le auguraban un feliz y próspero reinado. Era de señorial presencia, de extraordinaria fuerza física unida a una belleza varonil; su cutis era extraordinariamente claro, y —según los cronistas árabes— el haberse dejado crecer la barba hasta una respetable longitud, tiñéndola de negro, aumentaba la gravedad y majestad de su porte. Poseía una excelente memoria, bien enriquecida de ciencia y erudición; era de genio vivo, y estaba considerado como el mejor poeta de su tiempo, y sus modales eran gentiles, afables y urbanos. Yusuf tenía el valor usual en todos los espíritus generosos, pero su carácter se adaptaba más a la paz que a la guerra, y obligado a menudo por las circunstancias de su época a tomar las armas, fue generalmente infortunado. Llevaba la benignidad de su naturaleza incluso al mismo combate, prohibiendo todo exceso de crueldad y recomendando piedad y protección para las mujeres y los niños, ancianos y enfermos, y para todos los frailes y demás personas de vida santa y recogida.

Entre otras desgraciadas empresas, se cuenta la gran campaña en que se empeñó, junto con el rey de Marruecos, contra los reyes de Castilla y Portugal, siendo derrotado en la memorable batalla del Salado, cuyo desastroso revés fue casi un golpe de muerte para el poderío musulmán en España.

Después de su derrota obtuvo Yusuf una larga tregua, durante la cual se consagró a la instrucción de su pueblo y al perfeccionamiento de sus costumbres y maneras. Con este objeto estableció escuelas en todas las aldeas, con sencillos y uniformes sistemas de educación; obligó a cada lugarejo de más de doce casas a tener mezquita, y prohibió los varios abusos o irreverencias que se habían introducido en las ceremonias religiosas y en las fiestas y diversiones públicas. Cuidó con desvelo de la policía de las poblaciones, estableciendo guardias y patrullas nocturnas e inspeccionando todos los asuntos municipales. También desplegó un gran celo por terminar las espléndidas obras arquitectónicas comenzadas por sus predecesores, e hizo levantar otras con arreglo a sus propios planes. Entonces se concluyó la Alhambra, que había sido comenzada por el buen Ibn Alahmar. Yusuf levantó la hermosa puerta de la Justicia, que forma la entrada principal de la fortaleza, la cual terminó en 1348. Embelleció asimismo muchos de los patios y salones del palacio, como puede verse en las inscripciones de los muros, en las que aparece su nombre repetidas veces. Edificó también el noble alcázar o ciudadela de Málaga, convertido ahora, por desgracia, en un mero montón de desmoronadas ruinas, pero que es muy probable que exhibiese en su interior análoga elegancia y magnificencia que la Alhambra.

El genio de un soberano imprime carácter a su tiempo. Los nobles granadinos, imitando el gusto distinguido y gracioso de Yusuf, pronto llenaron la ciudad de magníficos palacios, cuyos salones estaban pavimentados de mosaicos, primorosamente trabajados sus techos y paredes, y delicadamente dorados y pintados de azul, bermellón y otros brillantes colores o incrustados minuciosamente de cedro y otras maderas preciosas; cuyos ejemplares han sobrevivido en todo su esplendor, después de varios siglos. Muchas de las casas tenían fuentes que arrojaban surtidores de agua para refrescar el ambiente, así como altas torres de madera o de piedra, curiosamente construidas y adornadas, y cubiertas con chapas de metal que brillaban a los rayos del sol. Tal era el refinado y delicado gusto arquitectónico que predominaba entre este pueblo elegante; hasta el punto de que, empleando el bello símil de un escritor árabe, «Granada, en los días de Yusuf, era un vaso de plata lleno de esmeraldas y jacintos.»

Una anécdota será suficiente para demostrar la magnanimidad de este generoso príncipe. Tocaba a su fin la larga tregua que siguió a la batalla del Salado, y todos los esfuerzos de Yusuf para renovarla resultaron estériles. Su mortal enemigo, Alfonso XI de Castilla, salió al campo con un gran ejército, y puso sitio a Gibraltar. Yusuf tomó de mala gana las armas y envió tropas en socorro de la plaza; pero en medio de su inquietud, recibió la noticia de que su temible enemigo había muerto de improviso, víctima de la peste. En vez de mostrar regocijo por aquel acontecimiento, recordó Yusuf las grandes cualidades del difunto, y sintióse conmovido de una generosa tristeza. «¡Ay! —exclamó—. El mundo ha perdido uno de sus mejores príncipes. Un soberano que sabía cómo honrar el mérito, tanto del amigo como del enemigo.»

Los mismos cronistas españoles testimonian esta magnanimidad. Según sus relatos, los caballeros moros participaron del sentimiento de su rey, y llevaron luto por la muerte de Alfonso. Aun los de Gibraltar, que habían sido tan estrechamente cercados, cuando supieron que el monarca enemigo yacía muerto en su campo, determinaron entre ellos no hacer ningún movimiento hostil contra los cristianos.

El día en que éstos levantaron las tiendas y partió el ejército llevando el cadáver de Alfonso, salieron los moros de Gibraltar en gran número, y permanecieron mudos y melancólicos, contemplando el fúnebre cortejo. El mismo respeto por el difunto observaron todos los jefes moros de las fronteras, permitiendo el paso de la triste comitiva que llevaba el cuerpo del cristiano monarca desde Gibraltar hasta Sevilla[1].

Yusuf sobrevivió mucho tiempo al enemigo que tan generosamente había llorado. En el año 1354, hallábase cierto día orando en la Mezquita Real de la Alhambra, cuando un maniático se arrojó inesperadamente por detrás y le clavó una daga en el costado. A los gritos del rey acudieron en su ayuda los guardias y cortesanos, y lo encontraron bañado en sangre y entre convulsiones. Fue llevado a los aposentos reales, pero expiró al momento. El asesino fue descuartizado y quemados los miembros en público para satisfacer las iras del populacho. El cadáver del rey fue enterrado en soberbio sepulcro de mármol blanco. Un largo epitafio en letras de oro sobre fondo azul recordaba sus virtudes: «Aquí yace el rey mártir y de noble linaje, gentil, docto, virtuoso, cuya clemencia y bondad y demás excelentes virtudes publica el reino de Granada, y hará época en la Historia la felicidad de su tiempo: soberano príncipe, ínclito caudillo, espada cortante del pueblo muslín, esforzado alférez entre los más valientes reyes...»[2].

---

[1] *Et los moros que estaban en la villa et castiello de Gibraltar, después que sopieron que el Rey Don Alonso era muerto, ordenaron entresí que ninguno non fuese osado de facer ningún movimiento contra los christianos, nin mover pelea contra ellos. Estovieron todos quedos et dezían entre ellos que aquel día muriera un noble rey y gran príncipe del mundo.* (N. del A.)

[2] El epitafio continúa así: «...que por la gracia de Dios aventajó a todos en el gobierno de la paz y de la guerra, que defendió con su prudencia y valor al estado, y que consiguió sus deseados fines, con la ayuda de Dios, el Príncipe de los Fieles Yusef Abul Hagig, hijo del gran Rey Abul Walid y nieto del excelente Rey Abu Said Farag Ben Ismail de la

La mezquita en que un día resonaron los gritos de agonía de Yusuf, todavía existe; pero el monumento que recordaba sus virtudes, desapareció hace tiempo. Su nombre, sin embargo, permanece inscrito entre los adornos de la Alhambra, y será perpetuado mientras dure este famoso edificio que fue su orgullo y delicias embellecer.

familia Nazari, de los cuales el uno fue león de Dios, invencible domador de sus enemigos y sojuzgador de los pueblos, mantenedor de los pueblos en justicia, con leyes, y defensor de la religión con espada y lanza, y digno de la memoria eterna de los hombres; el otro a quien Dios haya recibido por su misericordia entre los bienaventurados, pues fue columna y decoro de su familia y gobernó con loable felicidad y paz el reyno mirando por la pública y privada prosperidad: que en todas las cosas hacía notar su prudencia, justicia y benevolencia, hasta que Dios todopoderoso, colmado ya de méritos, le llevó del mundo coronándole antes con la corona del martirio, pues habiendo cumplido la obligación del ayuno cuando humildemente oraba postrado en la mezquita pidiendo a Dios perdón de sus debilidades y deslices, la violenta mano de un impío, permitiéndolo así Dios justísimo, para pena de aquel malvado, le quitó la vida cuando más cercano estaba de la gracia del topoderoso, lo que acaeció el día primero de Xawal, año de setecientos cincuenta y cinco. ¡Ojalá esta muerte que hizo ilustre el lugar y la ocasión le haya sido de galardón y haya sido recibido en las moradas deliciosas del paraíso entre sus felices mayores y antepasados! Principó a reynar miércoles catorce de Dylhagia año setecientos treinta y tres. Había nacido día veinte y ocho de Rabíe postrera año setecientos diez y ocho, alabado sea Dios único y eterno que da la muerte a los hombres, y galardona con la bienaventuranza.» (J. A. CONDE, op. cit.) (N. del T.)

344

EL AUTOR SE DESPIDE DE GRANADA

MI feliz y apacible reinado en la Alhambra fue bruscamente interrumpido por la llegada de unas cartas —mientras me entregaba a la voluptuosidad oriental en las frescas salas de los baños— requiriéndome a salir de mi paraíso musulmán para sumirme una vez más en el tráfago y bullicio del polvoriento mundo. ¿Cómo iba a salir al encuentro de sus afanes e inquietudes, después de semejante vida de tranquilidad y de ensueño? ¿Cómo podría yo soportar su vulgaridad, luego de haber disfrutado la poesía del palacio nazarita?

Pocos preparativos fueron necesarios para mi partida. Un vehículo de dos ruedas, llamado *tartana,* muy parecido a una carreta cubierta, sería el medio de viaje de un joven inglés y mío, a través de Murcia, Alicante y Valencia, en nuestra ruta hacia Francia; y un individuo de largas piernas que había sido *contrabandista* y, según yo entiendo, un ladrón, había de ser nuestro guardián y guía. Pronto concluyeron los preparativos, pero surgieron dificultades para la marcha, que un día y otro era aplazada. Así transcurrieron algunos días, en los que me dediqué a vagar por mis lugares favoritos, que cada vez se ofrecían más deliciosos a mi contemplación.

Asimismo, el reducido mundo social y doméstico en el que me moviera, se me había hecho singularmente querido, y la preocupación que demostraron ante mi proyectada partida, me convenció de que eran recíprocos esos cariñosos sentimientos. Efectivamente; cuando al fin llegó el día, no me atreví a despedirme de la bondadosa doña Antonia, comprendiendo al mismo tiempo que el dulce corazón de la pequeña Dolores estaba cuando menos, repleto y muy propicio a derramarse. Así, que murmuré un silencioso adiós al palacio y a sus moradores, y bajé a la ciudad como si tuviese que volver de nuevo. Allí estaban preparados la *tartana* y el guía, por lo que, tras de almorzar con mi compañero de viaje en la *posada,* emprendí con él la marcha.

¡Humilde era el cortejo y melancólica la partida del segundo *Rey Chico!* Manuel, el sobrino de la *tía Antonia;* Mateo, mi oficioso y ahora desconsolado escudero, y dos o tres viejos inválidos de la Alhambra, con quienes había departido en amibles charlas, bajaron para verme partir, ya que una de las buenas y viejas costumbres españolas es la de salir varias millas a recibir al amigo que llega, y acompañarle otras tantas cuando se va. Así, pues, iniciamos el viaje, nuestro zanquilargo guardián a la cabeza, con su *escopeta* al hombro; Manuel y Mateo, uno a cada lado de la *tartana* y los viejos inválidos detrás.

A corta distancia, al norte de Granada, el sendero asciende gradualmente por las colinas; allí eché pie a tierra y anduve junto a Manuel, el cual aprovechó esta circunstancia para confiarme el secreto de su corazón y de todos aquellos tiernos amores entre él y Dolores, de los que yo ya estaba informado por el parlanchín y sábelotodo Mateo Jiménez. Su diploma de doctor le había franqueado el camino para la boda, y no faltaba sino la dispensa del Papa, a causa de su consanguinidad. Si por añadidura lograba el cargo de *médico* de la fortaleza, sería completa su dicha. Le di mi parabién por el juicio y exquisito tacto que había demostrado en la elección de compañera, le deseé toda clase de felicidades posibles en su unión, y expresé mi confianza en que la abundancia de cariño de la bondadosa Dolores tuviera con el tiempo objetos más durables en que ocuparse que los desleales gatos y las pícaras palomas.

Triste resultó en verdad la partida cuando me despedí de aquella buena gente y los vi descender lentamente las colinas, volviendo de vez en vez la cabeza para decirme su último adiós. Bien es verdad que Manuel tenía felices esperanzas para consolarse, pero el pobre Mateo parecía realmente abatido. Aquello significaba para él un doloroso descenso desde el cargo de primer ministro e historiógrafo, a su vieja capa parda y su hambriento oficio de tejedor. Pese a su frecuente oficiosidad, se había ganado el pobre diablo, de una forma u otra, un lugar mucho más firme en mi simpatía de lo que yo esperaba. Hubiera sido, en verdad, un consuelo en mi marcha, haberle podido profetizar la buena fortuna que le estaba destinada, y a la que yo había contribuido. La importancia que yo había demostrado otorgar a sus cuentos, hablillas y conocimientos locales, y la frecuente compañía mantenida con él en el curso de mis paseos, le habían elevado la idea de sus propios méritos y abierto una nueva carrera. El hijo de la Alhambra fue desde entonces su *cicerone* corriente y bien remunerado; hasta el punto de que —según he oído— nunca se ha visto obligado a recobrar la andrajosa y vieja capa parda en que lo encontré por vez primera.

Al caer la tarde llegué al sitio en que el camino serpentea entre montañas, y allí me detuve para dirigir una última mirada sobre Granada. La colina en que me encontraba domina un maravilloso panorama de la ciudad, la vega y los montes que la rodean, y está situada en la parte del cuadrante opuesta a la *Cuesta de las Lágrimas,* famosa por el «último Suspiro del Moro». Ahora podía comprender algo de los sentimientos experimentados por el pobre Boabdil cuando dio su adiós al paraíso que dejaba tras él y contempló ante sí el áspero y escarpado camino que lo conducía al destierro.

Como de costumbre, los rayos del sol poniente derramaban un melancólico fulgor sobre las rojizas torres de la Alhambra. Apenas podía distinguir la ventana de la torre de Comares, donde me había sumido en tantos y tan deliciosos ensueños. Los numerosos bosques y jardines en torno a la ciudad aparecían ricamente dorados por el sol, y la purpúrea bruma del atardecer estival se cernía sobre la vega. Todo era ameno y deleitoso, pero también tierno y triste a mi mirada de despedida. «Me alejaré de este paisaje —pensé— antes que el sol se ponga. Me llevaré su imagen revestida de toda su belleza.»

Luego de este pensamiento, proseguí mi ruta entre montañas. Un poco más, y Granada, la vega y la Alhambra desaparecieron de mi vista. Así terminó uno de los más deliciosos sueños de una vida que tal vez piense el lector estuvo demasiado tejida de ellos.

INDICE DE CAPITULOS

INDICE DE GRABADOS

351